PAR DELA
LA MÉDITERRANÉE

KABYLIE — AURÈS — KROUMIRIE

PAR

ERNEST FALLOT

SECRÉTAIRE DE LA SOCIÉTÉ DE GÉOGRAPHIE DE MARSEILLE

OUVRAGE ILLUSTRÉ DE GRAVURES SUR BOIS

PARIS
LIBRAIRIE PLON
E. PLON, NOURRIT et Cie, IMPRIMEURS-ÉDITEURS
RUE GARANCIÈRE, 10

1887
Tous droits réservés

PAR DELA

LA MÉDITERRANÉE

L'auteur et les éditeurs déclarent réserver leurs droits de traduction et de reproduction à l'étranger.

Cet ouvrage a été déposé au ministère de l'intérieur (section de la librairie) en février 1887.

PARIS. — TYPOGRAPHIE DE E. PLON, NOURRIT ET Cie, RUE GARANCIÈRE, 8.

ARABE SE RENDANT AU MARCHÉ.

PAR DELA
LA MÉDITERRANÉE

KABYLIE — AURÈS — KROUMIRIE

PAR

Ernest FALLOT

SECRÉTAIRE DE LA SOCIÉTÉ DE GÉOGRAPHIE DE MARSEILLE

OUVRAGE ILLUSTRÉ DE GRAVURES SUR BOIS

PARIS

LIBRAIRIE PLON

E. PLON, NOURRIT et Cie, IMPRIMEURS-ÉDITEURS

10, RUE GARANCIÈRE

—

1887

Tous droits réservés

A LA MÉMOIRE

DE

ALFRED RABAUD

Président et Fondateur
de la Société de Géographie de Marseille.

PRÉFACE

Au moment de livrer ces notes de voyage au jugement toujours redoutable du public, un scrupule me prend. Venir, après tant d'autres, parler de l'Algérie, pourra paraître hardi. Il m'a semblé pourtant qu'à une époque où les questions coloniales sont à l'ordre du jour, il ne serait pas entièrement sans intérêt de faire connaître l'impression que m'a laissée un pays que la rapidité de son développement économique modifie d'année en année. Mes récits n'ont pas d'autre valeur que la déposition d'un témoin, mais ils en ont du moins toute l'impartialité et l'absence de parti pris.

J'ai cru aussi que, par cette publication, je m'acquitterais, en mon nom personnel, comme au nom de la Société de géographie de Marseille, d'une dette de reconnaissance envers les nombreux Algériens, fonctionnaires ou colons, dont l'accueil empressé m'a permis d'étudier l'Algérie et de visiter des régions peu accessibles encore aux touristes européens. En premier lieu, je n'aurai garde d'oublier M. le Gouverneur général de l'Algérie et M. le général Saussier, commandant en chef le 19ᵉ corps, dont la haute protection m'a accompagné dans toute l'étendue de la colonie. Je tiens à mentionner également M. du Chaylard, préfet de Constantine, et M. Esménard, président de la Société de géographie de cette ville ; M. Sabatier, administrateur de la commune mixte de Fort-National ; M. le général O'Neil, commandant la subdivision de Batna ; MM. les capitaines de Saint-Germain et Heiman, des bureaux arabes de Batna et de Biskra ; M. Cazenave, premier adjoint au maire de Biskra ; M. Ali-Ben-Aouri, caïd des Ouled-Daoud ; M. le capitaine Wolff, commandant supérieur du cercle de la Calle ; M. le colonel Watteringue, commandant supérieur du cercle d'Aïn-Draham ; M. le lieutenant Pasquet, du bureau de renseignements de cette ville ; enfin, M. le commandant Coyne, attaché militaire à la résidence française à Tunis. C'est à leur bienveillance inépuisable que j'ai dû de pouvoir recueillir les matériaux de cet ouvrage. Si le lecteur y trouve quelque charme, c'est à eux tout autant qu'à l'auteur qu'il en devra reporter le mérite.

Quant à moi, ma seule ambition serait d'inspirer à quelques-uns de mes compatriotes le désir de visiter notre belle Algérie, qui ne peut que gagner à être mieux connue. Puissé-je avoir contribué à dissiper les erreurs et les préventions qui ont cours à son sujet, et à persuader à la France qu'elle a le droit d'être fière de sa grande colonie africaine.

Marseille, 20 août 1885.

PAR DELA
LA MÉDITERRANÉE

En mer, 2 mars 1884.

Je les écris donc enfin, ces deux mots « en mer », qui sont le commencement obligé de ce journal de voyage, et que je désespérais d'écrire jamais. Lorsqu'on est attaché au lieu que l'on habite par ces mille fils d'une vie d'affaires qui vous enchaînent plus fortement que le plus solide des câbles, on se demande parfois si l'on pourra venir à bout de les rompre tous. Chacun des devoirs journaliers, dont l'ensemble constitue la trame de la vie habituelle, demande, pour être momentanément interrompu, des précautions infinies, des soins qu'on ne prévoyait pas.

Enfin, la dernière amarre a été larguée, comme disent les marins, et, depuis hier, je vogue sur la Méditerranée. C'est à bord de la *Ville de Naples,* un des splendides transatlantiques dont s'enorgueillit le port de Marseille, que j'ouvre ce cahier, mollement bercé par un léger roulis. Me voici donc en route pour l'Afrique, ce pays vers lequel me portent depuis si longtemps mes études de géographe et mes rêves de jeune homme. Que de fois, en parcourant les collines boisées de vertes pinèdes qui couvrent nos côtes de Provence, mes regards ont cherché à percer l'horizon qui cache l'autre rive de la Méditerranée ! Que de fois, en contemplant la nappe calme de cette mer d'azur que nous, Méridionaux, nous avons bien le droit d'appeler *notre mer,* mes pensées se portaient vers son autre rivage, vers ce continent d'Afrique, mystérieux et plein d'attraits ! Encore quelques heures, et je vais y poser le pied. Je contemplerai l'intéressant spectacle de la vieille société musulmane en contact avec la jeune société française, et j'observerai jusqu'à quel point elle a été modifiée par ce contact. Je verrai des Arabes sous la tente et des Kabyles dans leurs montagnes ; je visiterai des Européens aux prises avec le pénible labeur de la colonisation ; je parcourrai des pays étranges, et j'étudierai des mœurs peu connues. Déjà mon cœur bondit en pensant que chaque battement de l'hélice me rapproche de cette Algérie que depuis si longtemps mon imagination s'efforce de me peindre.

C'est à cinq heures précises, avec la même exactitude qu'un train de chemin de fer, que nous avons levé l'ancre. Des nuages transparents couvraient le ciel, d'ordinaire si pur, de la rade de Marseille, et répandaient sur le paysage un ton légèrement grisâtre qui ajoutait à la mélancolie du départ. Nous avons longé les rochers d'Endoume, tout couverts de villas. Avec ma lorgnette, j'ai revu, dans le lointain, Montredon et le sommet escarpé de Marseilleveyre, théâtre de mes promenades de cet été. Le soleil descendait derrière les îles de Pomègue et de Ratoneau, lorsque la cloche du dîner m'a arraché trop tôt à la contemplation de ce paysage familier.

Après le repas, je suis monté sur la dunette. La terre avait disparu ; la lune laissait tomber ses rayons d'argent sur une mer houleuse, et Planier brillait à l'horizon, envoyant de loin au navire ses longs jets de lumière, comme un dernier adieu de la terre de France. J'ai gagné ma couchette, chassé par le froid ; mais je n'ai pas pu y trouver le sommeil. Le grincement des chaînes et la respiration puissante de la machine m'ont tenu longtemps éveillé. A travers le hublot de ma cabine, je voyais le ciel et la mer comme par une énorme lunette, et je regardais courir sur l'eau la blanche écume des vagues. Ce matin, le soleil s'est levé dans un ciel nuageux, et ses premiers rayons ont glissé sur la mer en la colorant un moment d'une rougeur fugitive, bientôt noyée dans la teinte grise qui envahissait l'horizon tout entier.

PREMIÈRE PARTIE

ALGER ET LA MITIDJA

CHAPITRE PREMIER

Arrivée nocturne. — Promenade autour d'Alger. — Le Jardin d'*Essai*. — Un lever de soleil sur la place du Gouvernement. — Les mosquées. — Un cimetière musulman.

Alger, 3 mars 1884.

Il était nuit quand la *Ville de Naples* est entrée dans la rade d'Alger. Sur la droite, apparaît un point lumineux dont l'intensité grandit à mesure qu'on approche : c'est le phare. Puis, une grande lueur indistincte se montre à l'avant du navire, et semble sortir de la mer à l'horizon : c'est la ville, dont les mille clartés, d'abord réunies en un brouillard lumineux, se détachent ensuite l'une de l'autre pour briller isolément dans l'obscurité. Voici le resplendissant éclairage du boulevard de la République, qui mire dans la nappe sombre du port sa longue ligne de feux. Nous franchissons la passe ; une immobilité soudaine, surprenante après la trépidation continuelle du navire tout le long du voyage, nous apprend que nous sommes arrivés.

A peine levé, je vais me promener sur la place du Gouvernement et le boulevard de la République, que j'ai traversés la nuit dernière. Je parcours le curieux quartier de l'Amirauté, l'ancienne île du *Penon*, où les Espagnols avaient construit une forteresse pour tenir les pirates en échec, et que Kaireddine, après les avoir chassés, réunit à la ville par une jetée. Le principal bâtiment du fort espagnol est encore debout avec ses vieilles murailles, à l'abri desquelles la garnison pouvait tirailler à son aise contre l'ennemi, toujours visible et à portée de fusil. Depuis qu'Alger, nettoyé des bandits barbaresques, est devenu une honnête ville française, on l'a couronné par un phare dont la lumière annonce au navigateur le voisinage de la terre. On y voit quelques inscriptions espagnoles et arabes, quelques ornements mauresques. Les quais, bordés de sombres voûtes, rappellent encore l'ancien nid de pirates, et font songer aux malheureux esclaves chrétiens qui ont si longtemps traîné leurs chaînes dans ce beau pays, dont la cruauté et le fanatisme des hommes avaient fait un enfer.

Une voiture nous emmène, madame F... et moi, faire le tour d'Alger, qu'enveloppe une route toute bordée de villas. Cet agréable chemin grimpe jusqu'au sommet de la colline sur le penchant de laquelle la ville échelonne ses blanches maisons, et redescend par le côté opposé au point de départ. De la hauteur de la Kasba, le promeneur plonge ses regards sur la ville et le port, immédiatement au-dessous de lui, et voit jusqu'à l'horizon la mer étendre sa nappe calme, de ce bleu tendre que j'aime tant.

Nous nous rendons ensuite au Jardin d'*Essai*, beau parc où l'on a réuni toutes les productions de l'Algérie et celles qu'on pourrait y introduire avec succès, à la fois jardin botanique et jardin d'acclimatation. Nous y voyons des bananiers, des dragoniers vigoureux, des autruches élevées dans des parcs spéciaux, qui se reproduisent aussi bien qu'en liberté. Nous remarquons surtout une allée de bambous aux troncs gros comme des arbres, dont les têtes, au feuillage sombre, se réunissent en berceau au-dessus d'une allée. Mais notre admiration éclate quand nous arrivons à une longue avenue de palmiers dont les troncs élégants s'élancent vers le ciel, tandis que, dans le lointain, un morceau de mer bleue, sur laquelle court une voile blanche, forme la plus délicieuse des perspectives. Nous atteignons la plage à l'endroit même où, à ce qu'on raconte, débarqua Charles-Quint. On imaginerait difficilement un paysage plus séduisant que celui de la rade d'Alger vue de ce point. La blancheur de ses maisons, descendant en désordre le flanc de la colline, forme un contraste plein de charme avec le bleu du ciel et le bleu de la mer. Un soleil éblouissant baigne de sa lumière vive et claire ce tableau aux tons chauds, d'où se dégage une grâce infinie.

Alger, 4 mars.

J'ai promis à madame F... de l'accompagner au train d'Oran, qu'elle doit prendre ce matin. A cinq heures et demie je frappe à sa porte, et nous nous dirigeons vers la gare. En descendant la rampe du boulevard de la République, nous revoyons au petit jour le beau panorama de la rade d'Alger, que nous avons tant admiré hier en pleine lumière ; au premier plan, le port, rempli de navires de commerce, au milieu desquels on remarque quelques grands paquebots ; au fond, la rade, qui s'étend aussi loin que porte le regard ; à droite, les riants coteaux de Mustapha ; à gauche, le curieux quartier de l'Amirauté, avec les restes de l'antique Penon, et son phare élancé, dont la blanche silhouette se profile gracieusement dans le ciel ; tout cela noyé dans la lumière grise du matin. Du côté de l'Orient, une légère teinte rougeâtre présage le spectacle splendide auquel je vais assister.

Après avoir pris congé de madame F..., je remonte sur la place du Gouvernement. Par un étrange effet de lumière, la surface du port a pris une teinte plus claire, tandis qu'au loin la rade reste d'un noir d'encre. Tout à coup, vers l'extrémité du cap Matifou, le soleil apparaît. Son disque flamboyant, émergeant avec lenteur des brumes de l'horizon, monte radieux dans le ciel. Ses premiers rayons viennent frapper, comme des flèches d'or, la calme surface du bassin; on dirait des ricochets de lumière glissant sur cette nappe unie comme une glace, et s'avançant de minute en minute. Bientôt ils atteignent la hauteur de la place. Ce ne sont déjà plus des rayons isolés, c'est un effluve lumineux qui éclaire la blanche mosquée de la Pêcherie, les arceaux de la place, et escalade l'un après l'autre les gradins du quartier arabe jusqu'au sommet de la Kasba. De moment en moment, la lumière augmente d'intensité; elle inonde enfin de ses flots la ville entière. C'est le bouquet de ce superbe feu d'artifice que la nature offre chaque matin aux habitants d'Alger, et dont profitent seuls quelques Arabes impassibles et quelques rares promeneurs.

Alger, 7 mars.

C'est aujourd'hui vendredi. J'en ai profité pour me plonger en pleine vie musulmane. Plusieurs fois déjà j'avais passé devant les deux mosquées de la Pêcherie et de la Marine; le jour m'a paru bien choisi pour les visiter. La première n'a guère de remarquable que l'extérieur; occupant l'un des côtés de la place du Gouvernement, elle contribue, avec ses blanches murailles et son minaret, à lui donner un aspect oriental. A l'intérieur, je n'ai observé que des Arabes d'une saleté repoussante, en train de se livrer à des ablutions peu convenables en public, et surtout dans un sanctuaire. La forme de croix qu'elle affecte étonne dans un monument destiné au culte musulman; on a cherché à l'expliquer par une légende ingénieuse, mais peu acceptable : un esclave chrétien, condamné par le Dey à faire le plan d'une mosquée, se serait vengé de cette humiliation en donnant à son œuvre l'aspect d'une église. Peut-être faut-il voir simplement dans ce genre d'architecture une réminiscence de Sainte-Sophie.

La mosquée de la Marine, au contraire, a un caractère mieux en harmonie avec sa destination. Au centre du bâtiment se trouve une cour carrée renfermant la fontaine aux ablutions, indispensable aux disciples de Mahomet. L'un des côtés de cette cour est utilisé pour des dépendances, sur les trois autres se développe la mosquée elle-même. Cinq travées formées par des rangées d'élégantes colonnes mauresques, rappelleraient la nef d'une cathédrale, si elles n'étaient écrasées par un plafond trop bas. Dans toute l'étendue de l'édifice, on chercherait en vain un seul ornement. Partout le sol est recouvert de nattes et de tapis, quelques-uns très-beaux, quoique usés par les pieds qui les foulent depuis qui sait combien d'années. De distance en distance, des fidèles sont en prière. Les uns se livrent à des agenouillements et des prosternements, et touchent parfois la terre de leur front. D'autres se tiennent debout et immobiles, et leur attitude grave indique seule qu'ils prient ; leur recueillement est pourtant complet, et l'approche même d'un mécréant ne réussit pas à leur faire détourner les yeux. A contempler ces longs vêtements flottants qui apparaissent au milieu des colonnes dans les attitudes diverses de la prière, je croirais voir se reproduire sous mes yeux la scène biblique de la parabole du pharisien et du péager. Quelques indigènes, leurs prières finies, disent leur chapelet, paresseusement accroupis ou étendus sur le sol. J'en aperçois même plusieurs qui semblent dormir paisiblement. Un groupe, dans des postures variées, est plongé dans une conversation animée ; ce qui ne dérange nullement les dévotions qui s'accomplissent à quelques pas plus loin. J'ai fait tout le tour, mes chaussures à la main, sans provoquer la moindre observation, le moindre regard de colère ou même d'étonnement. C'est que, par la force même des choses, à la suite de longs rapports journaliers avec les chrétiens, les musulmans d'Alger ont appris sans s'en douter à être tolérants.

Après les mosquées, j'ai voulu voir un cimetière mahométan. Plus loin que la Kasba, en dehors des fortifications, il couvre les deux versants d'un ravin qui fait face à la mer. Rien ne le désigne à l'attention; pas de ces croix plantées ni de ces monuments qui, sur les tombeaux européens, frappent de loin les regards. Si je n'avais été averti, j'aurais pu passer à côté sans le voir. Les tombes, même les plus riches, ne sont recouvertes d'aucune pierre tumulaire; quelques-unes ont un simple dallage en briques; deux ou trois seulement, appartenant sans doute à de grandes familles, sont surmontées d'un grillage en fer, qui les ferait prendre à distance pour des volières. Les tombeaux ordinaires ne sont indiqués que par un petit encadrement en bois long de 1^m,50 et large de 20 à 30 centimètres, dont les deux parois correspondant à la largeur, s'élèvent à une certaine hauteur au-dessus du sol et portent parfois une inscription arabe. Dans l'intérieur de cette sorte de caisse, les parents du défunt cultivent des fleurs, ou bien se contentent de déposer quelques touffes de myrte en guise de couronnes.

Le vendredi, les cimetières sont réservés aux femmes. Elles y vont avec leurs domestiques et leurs enfants; mais ce n'est pas seulement pour y pleurer leurs morts. On voit des groupes se former, et, pour peu qu'on approche, on entend des conversations animées, quelquefois même de joyeux éclats de rire. J'ai croisé sur la route une famille qui rentrait du cimetière et qui remportait dans des corbeilles les restes d'un goûter champêtre. Pour la femme musulmane, le cimetière est la seule promenade autorisée ; si l'on y ajoute le bain et la mosquée, on aura les trois seuls motifs qui l'autorisent à quitter légitimement sa demeure. Il est donc tout naturel que, pour cette pauvre recluse, une visite hebdomadaire au tombeau d'un parent se transforme en partie de plaisir.

Comme aucune clôture ne sépare le cimetière de la route, je n'ai eu qu'un pas à faire pour y pénétrer, en dépit de l'usage. Mon arrivée a mis en fuite une mère, sa petite fille et leur domestique. En me voyant passer près d'elles, les deux femmes ont ramené précipitamment leur voile sur leur visage. L'enfant seule, que son âge dispensait de ce soin, m'a regardé en face d'un air étonné et presque hardi. A mon retour, je les ai suivies à distance, heureux de saisir sur le fait ce trait de mœurs musulmanes. Était-ce curiosité ou frayeur? Je l'ignore. Mais tout le long de la route elles se retournaient à chaque instant, les deux femmes me lançant des regards furtifs, la petite fille, toujours en arrière, ne craignant pas de s'arrêter pour regarder en face un roumi. Je n'oublierai pas cette petite Arabe, gracieusement drapée dans ses larges vêtements rouges et blancs.

CHAPITRE II

Promenade dans le Sahel. — Un village indigène. — L'avenir de la race arabe. — Blida. — La question de la sécurité. — La Mitidja en 1830 et en 1884. — Boufarik et son marché. — Un colon.

8 mars.

J'ai consacré ma journée à parcourir la chaîne de collines qui entoure Alger et qui recouvre une partie du Sahel. Je ne me doutais pas que la brûlante Afrique renfermât des coins aussi frais et aussi verts que ceux que j'ai trouvés. Partout des ruisseaux courant parmi les pierres au fond d'un lit encaissé, et des pâturages où l'on s'étonne de ne pas rencontrer plus de vaches. Des touristes enthousiastes ont appelé cet endroit une Suisse africaine; si cette expression est singulièrement exagérée, car il serait ridicule de chercher, à 400 mètres de hauteur, les mêmes sites qu'à 3,000, il est vrai, cependant, que la verdure et la fraîcheur de ces vallons et de ces collines rappellent parfois les Alpes.

Je suis monté, par le Frais-Vallon, jusqu'au sommet du Bouzaréa. Du haut de ce point culminant, comme d'un belvédère, on embrasse d'un coup d'œil d'ensemble tous les environs d'Alger, le Sahel et une partie de la grande plaine de la Mitidja. Avec ma lorgnette, j'ai vu distinctement la baie et la pointe de Sidi-Ferruch, où j'ai tâché de me représenter la scène grandiose du débarquement de

1830, et, en arrière, le champ de bataille de Staouéli, marqué de points blancs par les bâtiments de la Trappe. Enfin, dans le lointain, j'ai pu distinguer le Tombeau de la Chrétienne.

Près du village français de Bouzaréa, un jeune indigène m'a fait visiter le village arabe, spécimen bien rare aux alentours d'Alger. Il est placé sur le versant d'un mamelon entouré d'une épaisse haie de cactus. Au sommet se trouve le marabout, petit bâtiment blanchi à la chaux, qui renferme, dans une châsse fort simple, les restes d'un saint quelconque dont je n'ai pu retenir le nom. Les gourbis sont au-dessous; j'ai voulu en visiter un. Au milieu d'un enclos formé de broussailles et d'épines, on voit deux ou trois cabanes construites en pierres et en boue, et recouvertes de chaume ou de branchages. La hauteur n'est pas assez grande pour qu'on puisse se tenir debout. Dans l'intérieur, pas d'autre meuble qu'une mauvaise paillasse. Telle est l'habitation d'une pauvre veuve qui me demande quelques sous à mon départ.

Le gourbi est l'intermédiaire entre la tente et la maison. Dans la plus grande partie du Tell, le peuple arabe a franchi la grande étape vers la civilisation, qui consiste à abandonner la vie nomade du pasteur pour la vie sédentaire du cultivateur. Par suite, il a été amené à substituer le gourbi, habitation permanente, quoique de construction facile, à la tente, demeure que l'on transporte partout avec soi, et que l'on dresse le soir pour la replier au matin. Mais cette transformation ne s'est pas arrêtée là; on m'a montré, à Bouzaréa, de véritables maisons habitées par les personnages influents de la tribu, les marabouts; elles n'ont qu'un simple rez-de-chaussée, et laissent évidemment à désirer en bien des points; mais elles sont construites en maçonnerie, et ont un tout autre aspect que les gourbis. Cette transformation dans l'habitation et le mode d'existence des Arabes du Tell s'est imposée à eux sous la pression de la nécessité, puisqu'ils quittaient les immenses plaines des hauts plateaux, si propices au bétail, pour une contrée où la culture du sol permet seule de vivre. Mais, bien qu'elle ait constitué un progrès incontestable, si l'on se place au point de vue européen, il est douteux qu'elle ait eu pour résultat une amélioration dans le bien-être des populations qui l'ont subie. En effet, il paraît établi que le peuple arabe serait plutôt en voie de décroissance. Le passage d'un état social primitif à un autre plus avancé lui a-t-il été funeste? ou bien faudrait-il chercher ailleurs les causes de ce phénomène? Mon guide m'a assuré que le village de Bouzaréa ne contenait plus qu'une trentaine d'habitations, ce qui représenterait une population bien inférieure aux sept cents indigènes que le guide Piesse donne à cette commune, qui a été certainement beaucoup plus peuplée autrefois. On explique cette diminution par de nombreux décès et par une forte émigration vers Alger. Ainsi finira probablement la race arabe; ses débris, repoussés des campagnes, se rejetteront sur les villes, où ils trouveront à gagner leur vie plus facilement, et ils se mêleront avec les Maures, ce résidu de toutes les nations qui ont successivement occupé l'Afrique du Nord depuis l'antiquité.

Boufarik, 10 mars.

Ce matin, je suis allé de Blida à Boufarik dans la voiture d'un obligeant colon des environs. Nous avons causé de la vie du fermier dans ce pays. Malgré la soumission des indigènes, elle n'est pas toujours exempte d'alertes et de dangers. Mon compagnon de route me fait part des continuelles perplexités dans lesquelles le plongent les voleurs arabes qui infestent la contrée. Il doit être toujours sur le qui-vive, la nuit comme le jour, surveiller constamment les indigènes qu'il occupe, et les renvoyer au moindre signe d'infidélité. Le soir, il ne se couche qu'après avoir fait une ronde, le fusil à la main, tout autour des bâtiments de sa ferme ; il se barricade alors chez lui avec sa femme et ses enfants, bien décidé à tirer sur le premier visiteur en burnous qui frappera à sa porte avant le lever du soleil. C'est bien autre chose à l'époque des moissons ; tant que son blé est sur l'aire, le colon ne peut pas s'accorder le luxe d'une nuit de repos ; il doit faire le guet pour tenir en respect les voleurs qui profiteraient de son sommeil pour s'emparer du fruit de son labeur. L'autorité est à peu près impuissante à mettre fin à cet état de choses. Tous les Arabes se ressemblent, et il est bien rare qu'ils se dénoncent entre eux. Parvient-on à mettre la main sur un indigène convaincu de vol? On le condamne à un certain temps de prison, et ce vagabond, qui ne savait pas comment il mangerait le lendemain, a son existence assurée jusqu'à la fin de sa peine. Le régime pénitentiaire que nous avons transporté de France en Algérie constitue un réel châtiment pour un Européen ; appliqué à un Arabe qui ne connaît rien et ne comprend rien aux délicatesses de notre bien-être, il lui apparaît presque comme un bienfait. On a entendu des indigènes sortant de prison déclarer qu'ils s'y étaient si bien trouvés qu'ils allaient se hâter de se faire condamner de nouveau. Il n'est pas surprenant qu'avec des moyens de répression tellement illusoires qu'ils semblent plutôt une prime donnée au crime, le nombre des attentats contre la propriété soit beaucoup plus considérable qu'il ne devrait l'être. Aussi les colons se plaignent-ils amèrement de n'être pas suffisamment protégés. Il est urgent de prendre des mesures efficaces pour donner satisfaction à leurs justes réclamations.

La première réforme qui s'impose est celle du régime des prisonniers indigènes, que l'on pourrait, sans inconvénients, astreindre à certains travaux utiles et soumettre à une discipline plus sévère. Une loi sur les récidivistes, permettant de déporter à la Guyane tout indigène qui aurait subi deux condamnations pour vol, rendrait de grands services, en purgeant l'Algérie d'une quantité de malfaiteurs de profession. La crainte d'encourir cette pénalité, que les Arabes redoutent presque à l'égal de la mort, exercerait sur eux une salutaire influence et mettrait peut-être un frein à leurs mauvais instincts.

La plus grande partie des Algériens considère que ces dispositions pénales seraient insuffisantes, parce que, dans la majorité des cas, les coupables échappent aux recherches de la justice, grâce à la connivence presque générale des indigènes. On a proposé, et l'opinion publique en Algérie semble se prononcer de plus en plus dans ce sens, de rétablir la responsabilité collective des tribus. Au début de la conquête, chaque fois qu'un vol ou un crime était commis par un indigène sur un Européen, la tribu voisine était déclarée responsable et obligée de livrer le coupable ou bien de payer une indemnité à la victime ou à sa famille. Cet expédient violent et arbitraire a pu être de mise au lendemain des insurrections; mais il est évident, pour tout homme qui raisonne froidement, qu'il ne saurait trouver place dans la législation d'un État civilisé, sous peine de bouleverser toutes les notions d'équité qui sont la base de nos Codes. Frapper mille innocents pour atteindre un coupable; favoriser les vengeances et les haines des chefs, qui ne manqueraient pas de livrer leurs ennemis personnels en les chargeant du crime à expier; pousser peut-être des colons peu délicats à simuler des vols ou à en exagérer l'importance, tels seraient les résultats certains de la mesure proposée.

A côté de ces inconvénients d'ordre moral, un autre se présenterait probablement : de même que le nombre des incendies a augmenté depuis qu'il existe des compagnies d'assurances, on peut supposer que le nombre des vols irait croissant dès l'instant où le propriétaire, certain d'être indemnisé, cesserait de veiller sur son bien ; ce qui irait à l'encontre du but proposé. Le seul avantage réel que l'on puisse invoquer sérieusement en faveur de la responsabilité collective, est la facilité qu'elle donnerait aux enquêtes et aux instructions judiciaires ; cette raison seule peut expliquer la quasi-unanimité qui s'est formée sur cette question parmi les Algériens. On arriverait au même but, sans léser aucun principe de justice, si une loi permettait de poursuivre collectivement, devant le tribunal compétent, le douar ou le village qui, en refusant systématiquement d'éclairer la justice sur un crime, se rendrait par ce fait le complice des malfaiteurs. Une forte amende, prononcée à propos, serait l'occasion de réflexions salutaires, et délierait peut-être, pour une autre occasion, bien des langues muettes. Pourquoi n'appliquerait-on pas aux tribus algériennes l'article 61 de notre Code pénal[1], qui punit ceux qui accueillent et cachent les malfaiteurs et qui les dérobent aux recherches de la justice ? Ce délit de complicité collective ne soulèverait aucune des objections de droit que l'on oppose, à juste titre, à la responsabilité collective, et serait beaucoup plus efficace pour la répression des crimes et délits commis par les indigènes.

Tout en causant ainsi de la grande question de la sécu-

---

[1] Cet article est ainsi conçu : « Ceux qui, connaissant la conduite criminelle de malfaiteurs exerçant des brigandages ou des violences contre la sûreté de l'État, la paix publique, les personnes ou les propriétés, leur fournissent *habituellement* logement, lieu de retraite ou de réunion, seront punis comme leurs complices. » Il suffirait de supprimer de ce texte le mot habituellement pour mettre entre les mains de l'autorité judiciaire algérienne une arme dont l'efficacité ne tarderait pas à se faire sentir.

rité, nous traversons la magnifique plaine de la Mitidja, et nous admirons ses splendides cultures, qui n'ont rien à envier aux campagnes de France. De chaque côté de la route, les prairies, les blés, les vignes s'étendent à perte de vue, jusqu'à la limite de l'horizon. Je me rappelle alors avoir lu dans tous les historiens de la conquête que, lorsqu'une colonne française sortit d'Alger pour la première fois, poussant une reconnaissance jusqu'à Blida, elle parcourut une plaine aride et desséchée, brûlée par le soleil, coupée de marécages aux eaux stagnantes, où l'on n'apercevait que de loin en loin quelque maigre bouquet d'arbres, et je rends hommage au génie colonisateur de la France. Qui reconnaîtrait dans la riante, fertile et salubre Mitidja d'aujourd'hui le pays désert et malsain de 1830? Deux cent mille hectares assainis et mis en culture; des villes telles que Blida et Boufarik sorties de terre; des villages tels que la Maison-Carrée, Baba-Ali, Douéra, Koléa, Rovigo, l'Arba, Rouiba, l'Alma, etc., en pleine voie de prospérité; tel est le résultat d'un demi-siècle de labeur.

Dur labeur que celui des premiers colons de la Mitidja! Quand on songe aux difficultés accumulées contre lesquelles ils ont eu à lutter, on se demande où ils avaient puisé des caractères assez fortement trempés pour vaincre à la fois les institutions, les hommes, la nature elle-même. Labourer entre deux alertes le champ trop étroit des concessions primitives, dans l'espoir d'en recueillir à peine de quoi ne pas mourir de faim; avoir à se défendre et à défendre sa famille contre un ennemi féroce, toujours prêt à paraître à l'improviste pour incendier les récoltes et assassiner les colons; se débattre sans cesse sous l'étreinte impitoyable de la fièvre qui mine les corps les plus robustes et brise les énergies les plus solides; voilà ce qu'était la vie aux temps héroïques de la colonisation algérienne.

Aujourd'hui, cette première période a pris fin, et les successeurs des défricheurs du début récoltent en paix les fruits de ces sanglantes semailles. Les indigènes sont soumis, et la terre est domptée. Les héros du travail ont vaincu, non sans laisser plus d'un cadavre sur la brèche.

Boufarik, dont les maisons apparaissent au loin devant nous, dans un massif de verdure, à l'extrémité de la longue route boueuse, est le monument qu'ils ont élevé de leurs propres mains, pour enseigner aux générations futures la puissance de la volonté humaine.

Cette petite ville aux rues droites et aux maisons disséminées, aux boulevards plantés de vigoureux platanes, ne ressemble aucunement à Blida sa voisine. Ici, point de remparts qui emprisonnent et compriment; Boufarik s'étend librement dans la plaine au gré de ses habitants. Elle ne sacrifie rien au luxe; à voir seulement la simplicité des maisons, on sent que la lutte pour l'existence a été rude ici. C'est la ville du travail, où tout oisif semblerait un intrus. Blida, au contraire, héritière de la cité turque qu'elle a remplacée, a reçu dans ses murailles, à côté des colons et des négociants, des fonctionnaires retraités et d'anciens militaires, attirés par la douceur de son climat et le charme de ses paysages.

Personne ne se douterait à présent que l'on a choisi, pour l'emplacement de Boufarik, le centre d'un marais empesté que les Arabes eux-mêmes se hâtaient de fuir sitôt le marché terminé. Quelques anciens habitants s'en souviennent encore, et l'un d'eux me racontait ce matin qu'il y a vingt ans il chassait la bécasse dans les rues. Aujourd'hui, toute humidité a disparu sous les efforts de la culture et du drainage, et le gibier d'eau a émigré. La fièvre, si terrible au début, presque toujours mortelle pour les premiers colons, a disparu, elle aussi; c'est à peine si, pendant les plus fortes chaleurs de l'été, on constate deux ou trois cas extrêmement bénins sur une population de neuf mille habitants[1].

J'ai la bonne fortune d'arriver un jour de marché ; il se tient à Boufarik, tous les lundis, sur une immense place ombragée de platanes. On m'assure que c'est le plus important de l'Algérie.

C'est un singulier spectacle que celui de cette foule compacte d'indigènes se croisant, affairés, dans tous les sens ; malgré leurs cris gutturaux pour attirer les pratiques ou leurs discussions animées entre vendeurs et acheteurs, vous ne les verrez jamais se départir de cette dignité de maintien, de cette gravité d'allures qui frappent chez les Arabes aussi bien que chez les Maures. Ils circulent ainsi au milieu des marchands rangés en double ligne, leurs marchandises entassées par terre, sur toute l'étendue du champ de foire. Au milieu des burnous passent des groupes de colons, vêtus de la blouse bleue, chaussés de grosses bottes et coiffés de ce grand chapeau de feutre gris aux ailes immenses qu'on appelle ici un « *cent hectares* ». Les premiers marchands qui se trouvent sur mon passage sont des Kabyles ; ils se tiennent accroupis par terre à côté d'une outre en peau de chèvre, toute suintante de l'huile qu'ils débitent. Leurs voisins, des compatriotes, comme eux descendus des montagnes de la Kabylie, sont assis derrière de petits tas d'une pâte d'un brun doré qu'ils coupent en tranches minces et transparentes ; on dirait de la confiture d'abricots : c'est du savon de leur fabrication, une de leurs industries nationales. Ailleurs, des Maures, sous une petite tente en toile blanche, pas plus grande que celle de nos soldats, étalent des étoffes de provenance européenne et même américaine, tout en dégustant gravement une tasse de café. Ici, des Arabes vendent des li-

---

[1] Recensement du 28 décembre 1881.

cous, des entraves et des cordes en feuilles de palmier
tressées. Plus loin, voici le coin des bouchers : à des per-
ches fichées en terre et réunies par de simples branches
d'arbre, pendent des quartiers de moutons tués à la mode
indigène, c'est-à-dire décapités ; le Mozabite, au teint bistré, tend à son acheteur, de ses mains ensanglantées, un
morceau de viande de couleur douteuse, d'où je vois un
nuage de mouches s'envoler en tourbillonnant. Fuyons
bien vite ce spectacle écœurant. Des beuglements m'appellent à l'autre extrémité de la vaste place du Marché.
Ce sont les bœufs de race africaine ou de race française,
mis en vente par les indigènes ou les colons. A côté se
trouvent les chevaux, mais en petit nombre aujourd'hui,
car le mauvais temps a retenu bien des marchands dans
leurs tribus lointaines. Quelques-uns de ces animaux ont
des formes assez pures ; mais tous paraissent mal nourris
et mal soignés. J'ai lu vingt fois que l'Arabe a pour sa
monture une sollicitude touchante, des égards infinis.
Rien n'est plus faux dans la généralité des cas : des coups
et une maigre pitance, voilà tout ce que le cheval obtient
de son maître, l'indigène du Tell. Pour trouver des exemples de cette tendre affection de l'Arabe pour son cour-
sier, qui a si souvent arraché des larmes aux poëtes, il
faut aller chez le riche Arabe du Sud, l'Arabe de grande
tente.

Mais il est temps de quitter le marché ; j'ai une visite à
faire à M. Débonno. Le président du comice agricole de
Boufarik, d'origine maltaise, est un homme jeune encore,
vrai fils de ses œuvres, qui a débuté dans la vie sans autre
capital que son intelligence, et qui, à force d'énergie et de
travail, est arrivé à être l'un des plus grands propriétaires
de la Mitidja. Je le trouve assis devant son bureau, à portée de son téléphone, qui le fait communiquer avec ses
treize fermes des environs. Il possède plus de deux mille

hectares de terrain et surveille lui-même ses cultures. Avec la plus grande amabilité, M. Débonno me propose de me faire visiter un de ses domaines. La voiture est bientôt attelée; nous y prenons place, et, après une demi-heure de route, nous descendons dans la cour de la belle ferme du *Figuier*. C'est une magnifique exploitation de trois cents hectares, où l'on applique tous les procédés perfectionnés qu'enseigne la science agronomique moderne. Je parcours avec intérêt les écuries, qui renferment une trentaine de superbes chevaux du pays; les étables, où de robustes bœufs et de belles vaches, revenant du pâturage, rentrent à la file et vont retrouver d'eux-mêmes chacun sa place au râtelier; enfin le parc aux moutons, où les innombrables bêtes, prises de peur à notre approche, serrent l'une contre l'autre leurs riches toisons.

M. Débonno me conduit ensuite à la cave qu'il vient de faire construire avec vingt-quatre immenses cuves, remarquables par leurs dispositions simples et pratiques. Enfin, nous nous rendons à la porcherie, véritable modèle du genre, admirable de propreté et de bon entretien; la nourriture, composée principalement de betteraves récoltées dans le champ voisin et cuites dans d'immenses marmites, est placée sur des chariots qui, roulant sur des rails Decauville, l'apportent devant l'entrée de chaque loge. Nous rentrons à Boufarik, où l'hospitalité cordiale de M. Débonno me laisse du caractère des colons algériens les plus agréables souvenirs.

CHAPITRE III

Le vieil Alger. — La ville nouvelle et son avenir.

Alger, 11 mars.

Avant de quitter Alger, j'ai voulu revoir ce qui reste de la ville arabe pour mieux graver dans mon esprit les impressions ineffaçables que j'en emporte.

Qu'on se figure des rues étroites, grimpant, en escaliers, le flanc d'une colline ; de chaque côté, des maisons aux toits plats, aux murs peints en blanc éclatant ou en bleu tendre, avec des portes basses et de petites fenêtres grillées, parfois de simples lucarnes où l'on voit avec étonnement s'encadrer un visage féminin au teint bizarre. Souvent le premier étage, soutenu par de grossiers arcs-boutants en bois, s'avance au-dessus de la rue et semble aller au-devant de la maison d'en face, ne laissant au milieu qu'un étroit espace, au-dessus duquel une bande de ciel bleu est tendue comme une écharpe d'azur. A droite et à gauche, de petites ruelles vont se perdre en tous sens dans le fouillis inextricable des maisons. Au milieu de ce pêle-mêle d'habitations entassées, où l'on a songé à peine à réserver une place pour les passants, le soleil pénètre peu : quelquefois seulement, à l'angle d'une rue pleine d'ombre, on voit tomber d'en haut une large plaque de lumière brusquement appliquée sur la blancheur d'un mur, et si l'on se retourne, on aperçoit au loin, par-dessus les terrasses, une échappée de mer. Pour rendre ces splendides effets d'ombre et de lumière, ces violentes oppositions de couleurs, il faudrait la palette ou la plume de Fromentin.

Maintenant, que l'on jette au milieu de ces rues étonnantes une foule aux costumes divers, Arabes drapés dans leurs burnous, Maures obèses avec les pantalons bouffants et la veste turque, femmes mystérieusement enveloppées dans leurs voiles blancs, et l'on aura une idée de cette chose unique au monde qui s'appelle le vieil Alger. Mais la partie de la ville arabe la plus curieuse à observer, c'est sans contredit le quartier des marchands. Dans d'étroites boutiques, où ils auraient peine à se tenir debout, et n'ayant d'autre ouverture que l'entrée, on les voit accroupis, attendant patiemment l'acheteur, ou confectionnant eux-mêmes leurs marchandises. Voici le fabricant de babouches : cette industrie semble prospère à Alger, si l'on en juge par le nombre de ceux qui l'exercent ; plusieurs ouvriers travaillent souvent dans la même boutique, et l'on voit leur tête coiffée du fez rouge s'abaisser vers les genoux, tandis que leurs mains, en s'éloignant, tirent le fil destiné à coudre le cuir. Plus loin, on s'arrête devant un fabricant de bracelets et de bagues en corne, de ces porte-bonheur qui étaient si fort à la mode en France il y a quelques années. L'ouvrier est assis par terre, derrière son petit établi de tourneur ; avec une sorte d'archet qu'il manœuvre de la main gauche, il met l'outil en mouvement, pendant que son pied gauche et sa main droite maintiennent l'objet qu'il travaille. Ailleurs, ce sont de simples marchands : le marchand de comestibles, qui trône au milieu de piles d'herbages et de fruits ; le boucher, dont la tête apparaît derrière son étal tout maculé de sang. Enfin, c'est le café maure, meublé d'une simple banquette qui fait le tour de la salle, où l'Arabe savoure sa tasse paresseusement allongé sur une natte ou bien accroupi devant une partie de tric-trac ou d'une sorte de jeu d'échecs. Partout on rencontre de ces tableaux qui mériteraient d'être fixés sur la toile ; je n'oublierai jamais une noble tête de patriarche, au teint bistré, à la barbe blanche, aux yeux brillant d'un feu sombre, que j'ai vue se détacher comme en relief dans la pénombre d'une boutique quelconque.

Au pied de la vieille ville, les quartiers neufs ont pris depuis l'occupation française un développement considérable. De belles rues bordées d'arcades, des places et des jardins publics ont occupé tout l'espace disponible à l'intérieur des fortifications. Bientôt même la ville française, trop à l'étroit derrière les murailles élevées après 1830, s'est répandue au dehors. Quelques villas avaient été construites de bonne heure, sur le riant coteau de Mustapha ; leur nombre s'est accru au point de former une ville nouvelle dont les larges avenues et les superbes maisons entourées de jardins rappellent les quartiers neufs de Nice. Une commune distincte a été créée avec cet Alger extérieur, que la largeur des fortifications sépare seule de la ville primitive. Aujourd'hui, les habitants réclament la démolition de ces anciens remparts, qui ne répondent plus au progrès de l'art militaire et qui gênent l'expansion de la cité et entravent les communications. Cette opération ne serait pas extrêmement coûteuse, car les terrains appartenant à l'État se vendraient à un prix élevé. Avec le produit de la vente, on pourrait élever plus loin un système de défense plus moderne qui protégerait la ville entière, et la mettrait à l'abri d'une attaque de troupes européennes, à laquelle elle aurait de la peine à résister aujourd'hui.

Actuellement, la ville d'Alger, si l'on compte son annexe de Mustapha et les petites communes suburbaines de Saint-Eugène, d'Hussein-Dey et de la Maison-Carrée, qui ne sont en réalité que des faubourgs, constitue une agglomération qui doit dépasser cent mille habitants[1]. Si l'on se souvient qu'en 1830, à l'entrée des Français, Alger n'avait pas plus de trente mille habitants, dont beaucoup émigrèrent, on est forcé d'avouer que cette ville n'a rien perdu à la chute de l'odjéak, et que nos compatriotes ont su utiliser leur temps.

Au point de vue commercial, le développement d'Alger n'est pas moins remarquable. Avant la conquête, le total des importations et des exportations de la Régence tout entière ne dépassait pas huit millions[2]. En 1880, le commerce du port d'Alger a atteint à lui seul le chiffre respectable de 147,629,705 francs. Après cinquante ans seulement d'occupation, c'est un résultat qui mérite d'être noté. L'accroissement continu du commerce recevra une impulsion nouvelle lorsque le réseau des chemins de fer sera achevé : la ligne de Ménerville à Tizi-Ouzou apportera sur les quais d'Alger tous les produits de la grande Kabylie ; celle de Constantine y amènera les récoltes des nouveaux villages de la vallée de l'Isser ; enfin, la ligne de Laghouat, depuis longtemps projetée, permettra l'exploitation des hauts plateaux de la province et facilitera l'exportation des dattes du Sahara.

Cependant, malgré tous ces avantages commerciaux, Alger paraît plutôt appelé à devenir une ville de luxe et de plaisirs. Son titre de chef-lieu de la colonie, son magnifique climat, et surtout l'admirable site qui l'entoure, en feront le rendez-vous des désœuvrés de la colonie et le lieu de retraite des colons enrichis. Aussi ne néglige-t-on rien pour y attirer les étrangers et pour en faire une grande et belle ville, digne capitale de l'Algérie française.

[1] Le recensement de 1881 donnait un total de 92,283 habitants.
[2] MERCIER, *L'Algérie et les questions algériennes*, p. 83.

DEUXIÈME PARTIE

EN KABYLIE

CHAPITRE PREMIER

Ménerville, une ville à ses débuts. — Le rôle des cantiniers dans la colonisation. — Palestro et la vallée de l'Isser. — La défense de Palestro en 1871. — De Ménerville à Tizi-Ouzou. — La colonisation alsacienne et ses résultats. — Situation de Tizi-Ouzou. — La vallée du Sébaou.

Ménerville, 12 mars.

Je suis arrivé ici de nuit, après avoir traversé la partie orientale de la Mitidja, maintenant presque aussi bien cultivée que le reste de la plaine. On m'avait prévenu que Ménerville n'est pas autre chose qu'une vaste cantine. Aussi n'ai-je été qu'à demi surpris, hier soir, en parcourant la principale rue du village à la recherche d'un gîte, de ne voir que quatre maisons, quatre auberges. Cependant, en consultant mon guide Piesse en chemin de fer, j'avais lu que Ménerville est habitée par près de huit cents Européens[1]; je me suis endormi en me demandant si je n'étais pas victime d'une mystification, et si Ménerville

---

[1] Le recensement de 1881 accuse 5,704 habitants dans la commune, dont 2,430 dans la ville même.

existait bien ailleurs que dans l'imagination de la librairie Hachette.

Au jour, cette impression s'est modifiée. Une grande place plantée d'arbres qui seront grands dans quelques années, avec la mairie et la gendarmerie sur les côtés; une jolie petite église; une prison et un bel hôpital de cent vingt lits; des rues bien tracées, mais incomplétement bâties; des auberges et de nombreux débits de boissons à l'usage des ouvriers qui travaillent à la ligne du chemin de fer; quelques maisons de colons bien construites; des cabanes en planches pour les habitants trop peu fortunés pour faire construire; des gourbis pour de plus pauvres encore : tel est Ménerville, tête de ligne actuelle de l'Est-Algérien. Mais il n'y a pas lieu de rire, car tel qu'il est ce village représente une somme de travail respectable, courageusement entrepris et qui mérite le succès; dans quelques années sans doute, lorsque la locomotive courra d'un côté jusqu'à Constantine, de l'autre jusqu'à Tizi-Ouzou, le village d'aujourd'hui aura passé au rang des villes. Actuellement, Ménerville offre cet intérêt spécial qu'on peut y saisir sur le vif l'histoire des débuts de presque toutes les localités algériennes qui se sont créées depuis la conquête.

C'est aux cantiniers qu'il faut remonter, si l'on veut trouver leur première origine. Ces industriels besoigneux, sans sou ni maille, suivent partout les agglomérations d'hommes, troupes en campagne ou chantiers de travaux publics, pour débiter des petits verres et vendre les objets indispensables à la vie. Il n'est pas nécessaire d'avoir un bien gros capital pour entreprendre ce métier. On commence par vivre sous une mauvaise cabane en diss et en broussailles qui ne coûte que la peine de l'élever et qui offre l'avantage de se déplacer sans difficultés pour suivre le régiment ou le chantier. Au bout d'un certain temps, si l'on a gagné quelque argent et si l'on trouve un point où il y ait chance de vendre continuellement aux voyageurs et aux passants, on s'y fixe et l'on construit une baraque en bois; quelques années plus tard, si les affaires sont satisfaisantes, on fait bâtir une habitation en pierres pour avoir davantage ses aises et revenir à la vie civilisée. La réunion de plusieurs de ces maisons de cantiniers donne naissance au village, et c'est ce qui a fait dire plaisamment que l'absinthe a colonisé l'Algérie. Bientôt quelques-uns de ces modestes commerçants, ceux qui ont le mieux réussi, demandent des concessions de terrain au gouvernement, s'il y en a de vacantes aux environs. Ils cultivent, bien ou mal; peu importe; mais la culture commence. Plus tard arrivent des colons, qui, venus de France dans le seul but de demander leur subsistance au lot de terrain qu'ils ont reçu de l'État, font faire à l'agriculture un nouveau progrès. Avec le temps, des colons libres se présentent, et des transactions ont lieu soit avec les premiers émigrants, soit avec les indigènes. Dès lors la colonisation a définitivement jeté ses racines dans la contrée, et si la terre est fertile et les saisons propices, elle prendra un essor que rien n'arrêtera. Telle est l'histoire de Bel-Abbès, de Boufarik, de Philippeville et de bien d'autres localités algériennes. Espérons que la liste n'est pas close et que beaucoup de noms nouveaux viendront s'y ajouter encore.

Dès mon lever, je suis monté sur une des hauteurs qui dominent Ménerville, afin de me rendre compte de la configuration du pays. Le village est bâti entre deux collines peu élevées et revêtues de buissons épineux, sur le col même des Beni-Aïcha, ce qui en fait la porte de la Kabylie. Ses maisons, à demi cachées dans la verdure des arbres, et sa petite église, qui élève vers le ciel la flèche de son clocher d'ardoise, occupent le sommet d'un dos d'âne dont les deux versants, couverts de cultures, descendent vers l'oued Isser et vers l'oued Corso. Dans le lointain, vers l'est, se dresse la masse sombre des montagnes kabyles, couronnées par le Djurdjura aux sommets neigeux et baignant leur pied dans le lit caillouteux de l'Isser.

Je redescends pour prendre la voiture qui m'emporte à Palestro. La route atteint bientôt la vallée du fleuve, qu'elle ne quittera plus que pour franchir quelques-uns de ses affluents. Sur les deux rives, les hauteurs d'abord peu élevées, de simples mamelons, sont tantôt incultes, tantôt couvertes de prairies, de champs de blés et de vignobles nouvellement plantés. Nous traversons des villages : Souk-el-Haad, Beni-Amran ; ils paraissent prospères, autant qu'on peut en juger du haut de l'impériale d'une diligence. Du reste, pourquoi ne le seraient-ils pas? Dans toute la vallée de l'Isser les terres sont excellentes et les pluies plus fréquentes que dans la Mitidja, à cause de la proximité des hautes montagnes. Pendant l'été, le fleuve n'est jamais à sec. La fièvre qui existe encore à certains endroits est le seul obstacle sérieux que rencontrent les colons ; mais là, comme partout ailleurs, elle tend à disparaître devant le progrès des cultures. Bientôt les berges deviennent plus abruptes, les montagnes se rapprochent et s'élèvent, et la route doit serpenter à flanc de coteau ; nous sommes dans les gorges de Palestro. La végétation a presque disparu : quelques buissons croissent seuls entre des roches rougeâtres qui doivent faire un merveilleux effet, lorsque le soleil les éclaire de son éclatante lumière. Malheureusement, des nuages le voilent aujourd'hui, ce qui enlève singulièrement au pittoresque de ce passage célèbre. Au fond du ravin, l'Isser roule son eau vaseuse. La gorge devient si étroite qu'il a dû se frayer un lit entre deux rochers à pic. La route est obligée de passer en tunnel. A quelques pas de là, une charmante cascade tombe comme un flot de dentelles du flanc opposé de la montagne. La vallée s'élargit de nouveau, et bientôt apparaît, sur un plateau dominant le fleuve, Palestro, l'héroïque village qui s'est immortalisé pendant l'insurrection de 1871.

C'était aux plus mauvais jours de cette année néfaste. Tandis que Paris et plusieurs grandes villes luttaient contre l'insurrection communaliste, l'Algérie presque entière était en feu. Les tribus kabyles, sachant l'armée occupée en France, s'étaient soulevées et descendaient de leurs montagnes comme un torrent dévastateur; elles incendiaient les fermes et les villages de la plaine, massacraient les colons et espéraient bien s'emparer d'Alger et jeter les Français à la mer. Palestro se trouva sur leur route. Fondé depuis deux ans à peine, ce village ne comptait qu'une cinquantaine d'hommes en âge de prendre les armes. Malgré leur petit nombre, ils résolurent de combattre jusqu'au dernier soupir. Le maire et le curé à leur tête, ils s'enfermèrent avec leurs femmes et leurs enfants dans trois maisons barricadées à la hâte, et pendant quatre jours ils résistèrent à l'assaut de quinze mille Kabyles. Il fallut la trahison et l'incendie pour venir à bout de ces braves. A la faveur d'une trêve qu'ils avaient sollicitée, les chefs indigènes pénétrèrent dans la gendarmerie, principal refuge des assiégés, et violant la foi jurée, ils y introduisirent leurs hommes, qui accablèrent les Français sous le nombre : deux seulement échappèrent au massacre. Déjà l'église et le presbytère avaient été incendiés, et le curé et plusieurs colons avaient trouvé la mort sous leurs décombres. Seule la maison du cantonnier tenait encore. Acculés dans ce réduit, les derniers défenseurs de Palestro firent des prodiges. Chassés du rez-de-chaussée par les Kabyles, ils se réfugièrent sur la toiture en forme de terrasse, et là, exposés à l'ardeur du soleil, privés d'eau et de vivres, ils tiraient encore avec l'héroïsme du désespoir, tandis que la maison incendiée brûlait au-dessous d'eux. Vaincus, enfin, par les prières des femmes et des enfants, qui réclamaient à grands cris la fin de leur supplice, ils consentirent à se rendre à condition d'avoir la vie sauve. Le lendemain une petite colonne de troupes, partie en toute hâte d'Alger à la nouvelle de l'insurrection, arrivait sur le théâtre de cette lutte tragique : elle n'y trouvait plus que des décombres encore fumants et des cadavres mutilés auxquels elle eut la triste satisfaction de rendre les derniers devoirs.

La place publique de Palestro reconstruit a servi de fosse commune à plus de cinquante victimes de ces dramatiques événements. Sur un socle de marbre blanc qui conserve leurs noms, la reconnaissance publique de l'Algérie a élevé une statue représentant un colon, le fusil à la main, les traits respirant une énergie farouche, qui défend une femme et un enfant. L'exécution de cette œuvre peut sembler un peu naïve ; elle n'en est pas moins un hommage bien mérité rendu à des héros et une leçon perpétuelle de courage et de patriotisme à l'usage de la jeune génération de la colonie. En face du monument se dresse la nouvelle église, relevée sur les fondements de l'ancienne. A quelques minutes de la place, au-dessus de la route, on voit encore la maison cantonnière où s'accomplit le dernier acte du drame. Elle aussi a été restaurée : c'est une petite maison blanche aux volets verts et au toit plat qu'entoure un jardin clos de murs. En faisant le tour de cet humble logis, que rien ne signale à l'attention de l'étranger, je ne puis songer sans émotion aux vaillants qui luttèrent derrière ces faibles murailles et qui, par la résistance qu'ils opposèrent pendant plusieurs jours aux tribus insurgées, sauvèrent peut-être Alger d'une catastrophe.

Palestro n'avait, en 1871, que six maisons en pierres

qui furent incendiées par les Kabyles, et ne comptait pas plus de cent douze habitants, dont la moitié à peine survécut au désastre. Aujourd'hui, c'est un village en pleine prospérité, dont la population dépasse cinq cents Européens. Lorsque la voie du chemin de fer, dont j'ai admiré au retour les magnifiques travaux d'art, sera terminée, elle assurera à ce village, en communications rapides avec Constantine et Alger, un très-bel avenir.

On est confondu d'admiration, quand on songe à ce qui a été fait dans ce pays depuis la chute de l'Empire. Non-seulement les ruines amoncelées par l'insurrection ont été relevées, mais les villages se sont agrandis, de nouveaux ont été créés, des fermes ont surgi de toutes parts, les champs cultivés remplacent partout les terrains vagues, et la locomotive ne tardera pas à donner une puissante impulsion à toutes les forces productives de la nature, ignorées il y a quelques années. Et pendant ce temps, il est encore de mode en France de dire et d'imprimer que le Français n'est pas colonisateur. Si ceux qui répètent sans cesse ce prétendu axiome économique désirent savoir ce qu'il renferme de vérité, je leur conseille d'aller visiter la vallée de l'Isser : ils reviendront convaincus qu'aucun peuple en dix ans n'a accompli de plus grandes choses en fait de colonisation.

Tizi-Ouzou, 13 mars.

En quittant Ménerville, la diligence traverse dans toute sa largeur la belle vallée de l'Isser, que j'ai remontée hier. Partout, des deux côtés de la route, se montrent des champs de blé et des vignes. Nous voyons en passant le village de Blad-Guitoun et, après avoir traversé le fleuve, ceux d'Isserville, entouré de bois d'eucalyptus ; de Bordj-Ménaïel, le plus important de la région, siège d'une justice de paix ; enfin, d'Haussonviller, où nous nous arrêtons pour déjeuner. L'auberge, tenue par de braves colons, est propre et le repas simple, mais bon.

Nous sommes ici au centre de la colonisation alsacienne et lorraine qui a défrayé pendant un temps la polémique des journaux français et algériens. Avec ce parti pris de dénigrement que n'arrête pas même la crainte de porter atteinte au prestige national, bien des journalistes ont affirmé que le résultat de cette tentative patriotique, pour laquelle la France a dépensé ses millions sans compter, a été à peu près nul. Dans un ouvrage récent, M. Gaffarel, professeur à la Faculté de Dijon, déclare que la colonisation de 1871 n'a abouti qu'à une déception. Comment se fait-il donc qu'en 1884 je trouve peuplés et bien vivants tous les villages créés en Kabylie, qui devraient être tombés en ruine, si leurs habitants les avaient abandonnés? L'opinion publique, fâcheusement impressionnée par les mécomptes qui ont entravé l'entreprise au début, a eu le tort de généraliser ce qui ne se présentait que comme faits particuliers, et s'est trop hâtée de crier à l'insuccès. En réalité, les premiers colons installés en 1871 n'ont pas tous répondu à ce qu'on attendait d'eux. Un certain nombre, anciens ouvriers de fabriques, mal préparés à la vie agricole, se sont découragés trop tôt; ils ont préféré vendre à vil prix les terres, les bestiaux et les instruments qu'ils devaient à la générosité de leurs compatriotes, et quitter le pays. Pendant le repas, la conversation entre voyageurs roulait sur ce sujet. Un fonctionnaire, fixé depuis longtemps dans la région, me confirmait qu'une partie seulement des premiers émigrants ont réussi, et sa femme, bien que Strasbourgeoise, avouait que le départ des autres n'était pas à regretter; car leur insuccès, le plus souvent, n'a pas eu d'autre cause que leur paresse ou leur inconduite. Le cocher de la voiture est plus explicite encore : il proclame bien haut que ces colons fantaisistes ont bu leurs concessions. Cependant, ces déserteurs d'un nouveau genre ont été remplacés par des cultivateurs plus sérieux, et les villages n'ont rien perdu au change. Il faut remarquer, en effet, que le but poursuivi par l'État en appelant en Algérie les émigrés d'Alsace et de Lorraine était, tout en tendant la main aux victimes de l'odieuse proscription allemande, de travailler au peuplement de la colonie. On peut regretter que certains émigrants ne se soient pas montrés dignes de l'intérêt qu'avait éveillé en France leur situation malheureuse, et n'aient pas su profiter de la chance inespérée de fortune qui leur était offerte. On peut constater que ces départs ont entravé un moment l'action du gouvernement et entraîné des pertes d'argent; mais on doit reconnaître en définitive que, malgré tout, l'œuvre entreprise a été réalisée. Il résulte, en effet, des documents officiels que, au 1er mars 1875, deux cent soixante-douze familles, soit mille deux cent deux personnes, ont été installées dans la province d'Alger[1]. Au dernier recensement, la population européenne des trois seuls villages d'Isserville, Blad-Guitoun et Bordj-Ménaïel, qui n'avaient pas reçu tous les émigrants du département, était de mille six cent trente habitants. Entre Ménerville et Tizi-Ouzou, le long d'une route sur laquelle j'ai compté sept villages, on ne rencontrait que quatre ou cinq maisons au moment de l'insurrection de 1871.

Haussonviller, de même que le Camp-du-Maréchal et Bou-Kalfa, que nous rencontrerons plus loin, ont été créés par la Société de protection des Alsaciens-Lorrains qu'avait fondée le comte d'Haussonville, dont le nom a été donné au premier de ces villages. Cette société a d'abord essuyé les mêmes déboires que le gouvernement, par suite du

---

[1] *La colonisation officielle en Algérie*, par le comte D'HAUSSONVILLE. Paris, 1883.

mauvais choix des colons. Mais, profitant bientôt de l'expérience acquise, elle a décidé de n'appeler en Algérie que des cultivateurs disposant de quelques ressources, et depuis lors elle a obtenu des résultats satisfaisants. Elle a fondé trois centres et installé près de sept cents colons, aujourd'hui presque tous dans une situation voisine de la prospérité. Un semblable succès, obtenu après quelques années seulement d'efforts intelligents par l'initiative de quelques hommes de cœur, ne peut qu'encourager à la création de sociétés analogues. La Société française de colonisation, qui s'est constituée récemment, rendra certainement à l'Algérie de grands services en contribuant au recrutement de colons probes et laborieux.

Haussonviller a été construit dans une position très-saine, sur la chaîne de hauteurs qui sépare le bassin de l'Isser de celui du Sébaou. Au sortir du village, une côte assez roide conduit à la ligne de séparation des deux vallées. Du haut du col on aperçoit pour la première fois le Sébaou, le grand fleuve kabyle, qui déroule dans une large plaine son cours sinueux. On descend par une série de lacets la croupe gazonnée de la montagne, sur laquelle paissent de loin en loin quelques troupeaux de bœufs et de vaches sous la conduite d'un berger déguenillé. Sur la route, quelques Kabyles poussent devant eux des ânes chargés ; d'autres s'avancent majestueusement sur le dos d'un chameau qui balance en marchant sa tête débonnaire. Ce sont les derniers animaux de cette espèce que je rencontrerai de quelque temps, car le climat de la Kabylie et la nature montueuse du sol ne leur permettent pas d'y vivre.

Au Camp-du-Maréchal, on a atteint le niveau de la plaine et l'on commence à remonter le cours du Sébaou, à peu près vers l'endroit où, renonçant à la direction générale de l'est à l'ouest, qu'il a suivie presque depuis ses sources, il fait un brusque coude vers le nord pour atteindre la mer non loin du port de Dellys.

Les cultures sont maintenant plus espacées. Nous passons à côté d'une belle ferme solidement construite. Une muraille percée de meurtrières entoure tous les bâtiments et lui donne l'aspect d'une forteresse. Le propriétaire, ancien notaire d'Alsace, que l'annexion a forcé de s'expatrier, est en train de refaire ici sa fortune perdue; il a tenu à se prémunir contre les chances d'une insurrection. Plus loin, nous traversons le village de Draben-Kedda. Les colons, qui ne sont arrivés que depuis un an, ont déjà construit de jolies habitations et ont commencé aux environs des plantations de vigne. Ce sont en partie des fils et des filles des premiers émigrants Alsaciens et Lorrains qui se sont mariés entre eux et ont obtenu des concessions dans le voisinage de leurs parents. N'est-ce pas là la meilleure preuve que les efforts qui ont été faits par l'État pour coloniser ce pays n'ont pas été stériles? Si les enfants, arrivés à l'âge d'homme, n'ont d'autre désir que de constituer à leur tour de nouvelles familles de cultivateurs et de suivre l'exemple paternel, c'est qu'ils ont définitivement adopté leur nouvelle patrie, et qu'ils sont certains de pouvoir y vivre dans l'aisance.

Nous laissons sur la gauche Bou-Kalfa, qui avait été fondé par M. Jean Dolfus, ancien maire français de Mulhouse, et a été cédé par lui à la Société d'Haussonville. Devant nous, sur la hauteur, nous apercevons Tizi-Ouzou, où nous ne tardons pas à entrer par une pluie torrentielle.

14 mars.

Tizi-Ouzou, la capitale de la Grande-Kabylie, est une petite ville avec des rues bordées de maisons, des boulevards plantés d'arbres, des places et un jardin public. Les seuls monuments, si l'on peut leur donner ce nom trop ambitieux, sont la sous-préfecture, vaste bâtiment orné de deux colonnades, l'église et une prison à peine achevée. En 1871, on ne trouvait ici que quelques maisons qui furent pillées et brûlées par les Kabyles. La population est aujourd'hui de près de deux mille habitants.

Tizi-Ouzou, dont le nom signifie *col des genêts épineux*, est un point stratégique de la plus haute importance. Il est placé, en effet, au lieu du passage forcé de tous les voyageurs qui, de la partie montagneuse du pays, veulent se rapprocher de la mer, vers Dellys, ou se rendre à Alger, et de ceux qui, revenant de la plaine, retournent dans leurs montagnes ou désirent atteindre la vallée du Sahel et Bougie par les nombreux cols du Djurdjura. En cet endroit, la vallée du Sébaou, qui entraîne vers la mer toutes les eaux kabyles, se resserre tout à coup. Un contre-fort que la chaîne principale envoie vers la mer se dressait devant le fleuve comme une infranchissable barrière. Il a fallu que les eaux se frayassent elles-mêmes un passage en usant le rocher sous leur puissant effort. Lorsque l'on sort de la ville par la route, encore inachevée, qui mènera un jour jusqu'à Bougie, on ne tarde pas, après quelques minutes de descente, à arriver au niveau de la riche plaine du Sébaou. Longeant vers le nord-est la base des montagnes, on a bientôt atteint le fleuve, que l'on franchit sur un beau pont de fer à l'endroit où, après avoir décrit une courbe majestueuse, il engouffre ses eaux dans l'étroit défilé, entre les deux murailles de rochers à pic du Belloua et de l'Erboud. Le spectacle a ce caractère de grandeur et d'éclat qui manque rarement aux paysages africains. Après avoir franchi les gorges, le Sébaou revient sur lui-même et se trouve avoir décrit un arc de cercle dont la corde a été de tout temps la grande route de la Kabylie. Cette corde, en effet, franchit la chaîne de mon-

LABOUREUR KABYLE.

tagnes qui oblige le fleuve à se détourner de sa route, en son point le plus bas, le col de Tizi-Ouzou.

La situation topographique de cette ville explique le rapide accroissement qu'elle a pris depuis 1871. Placée au milieu de la vallée du Sébaou, entourée de plaines fertiles, où la colonisation prend chaque jour plus d'extension, elle est appelée à grandir encore et à devenir non-seulement un centre militaire et administratif, mais aussi et surtout un centre agricole et commercial. Le chemin de fer en projet, qui dans quelques années l'unira à Alger, en fera l'entrepôt obligé des produits de la Kabylie tout entière. Les indigènes de la montagne y apporteront en foule leurs fruits, leurs olives et leur huile, et les colons des nouveaux villages du Haut-Sébaou, de Temda, Mékla, Fréha, viendront y vendre leur blé et leur vin.

Tizi-Ouzou est dominé par deux collines d'inégale hauteur. La première, le Belloua, porte sur son sommet, élevé de sept cent dix mètres, un marabout célèbre parmi les tribus d'alentour. Sur la seconde, qui n'a que deux cent quarante mètres, les Turcs avaient construit un bordj pour pouvoir dominer le pays. La vieille forteresse, qui a vaillamment résisté à un blocus de vingt-cinq jours pendant la dernière insurrection, sert de caserne à la garnison française. Une compagnie de tirailleurs indigènes qui l'occupe forme le dépôt du régiment de la province et est chargée d'équiper et d'instruire les nombreuses recrues qui viennent chaque jour briguer l'honneur de servir sous notre drapeau. C'est à ce faible effectif que se réduisent les forces militaires qui seraient chargées de protéger la ville et les nombreux villages européens de la Kabylie, si un nouveau soulèvement venait à se produire. On peut se demander s'il est bien prudent d'agir ainsi et s'il ne serait pas plus sage de diminuer les garnisons des grandes villes du littoral, où la sécurité est aussi grande qu'en France, pour augmenter celles des régions dont la soumission est plus récente.

Cependant il ne paraît pas que les Kabyles soient disposés à se révolter de nouveau. Tout semble indiquer, au contraire, qu'ils ont définitivement pris leur parti de notre installation dans leur pays et qu'ils ne songent qu'à mettre à profit la paix que nous leur avons apportée pour leurs travaux agricoles ou leur commerce. Un de mes amis me racontait l'anecdote suivante. Il traversait, il y a quelques années, le champ d'un indigène. « Tes figuiers sont près de mourir, dit-il au propriétaire; pourquoi n'en plantes-tu pas de nouveaux? — Je ne tiens pas, répondit en riant le Kabyle, à planter des figuiers pour que tu manges les figues. — Que veux-tu dire? demanda le promeneur. » Le visage du Kabyle s'assombrit : « Les Français, dit-il, me prendront ma terre, comme ils l'ont déjà prise à tant d'autres. — A ceux qui se sont révoltés; ne te révolte pas, et personne ne touchera à ce qui t'appartient. — Je ne demanderais pas mieux; mais si les Kabyles de la montagne se soulèvent, je serai bien obligé de les suivre. » Il y a peu de temps, la même personne, repassant dans les parages où avait eu lieu cette conversation, constatait que les cultures indigènes s'étaient notablement étendues, preuve évidente que toute idée d'insurrection a disparu de l'esprit des Kabyles.

CHAPITRE II

La route de Fort-National. — Souvenirs de 1857 et de 1871. — Le siége de Fort-National. — Mœurs kabyles. — Un paysage célèbre. — Un village kabyle. — Topographie de la Kabylie.

Fort-National, 15 mars.

A six heures du matin, me voici de nouveau en voiture. J'ai trouvé un compagnon de voyage, M. J..., avocat au barreau de Bordeaux, qui vient chercher dans ce pays du soleil et de la lumière l'oubli momentané des brumes de la Garonne. Son itinéraire coïncide avec le mien pour quelques jours; nous sommes enchantés l'un et l'autre de pouvoir échanger nos impressions et tromper la monotonie des routes trop longues par d'agréables causeries.

En moins d'une demi-heure nous arrivons à l'oued Aïssi, qu'il faut franchir à gué. Nous apercevons bien un pont, jeté sur la rivière à quelques centaines de mètres en amont, et nous pourrions supposer, si nous parcourions tout autre pays du monde, qu'il est destiné à permettre le passage entre les deux rives. Mais nous sommes en Algérie, où les choses ne se passent pas comme ailleurs.

Un hiver, il y a déjà plusieurs années, à la suite de pluies abondantes, l'oued Aïssi s'est permis de livrer passage dans son lit à une quantité d'eau plus considérable que les Ponts et Chaussées ne l'y avaient autorisé; il a même poussé le mépris de l'administration jusqu'à emporter les talus et les rampes d'accès au pied desquels il aurait dû docilement couler. Est-ce pour punir le fleuve révolté, ou bien par manque de temps et d'argent? Je l'ignore. Quoi qu'il en soit, aucune réparation n'a été faite. Le pont construit à grands frais élève au milieu de l'eau ses belles arches de pierre, isolées de toute communication avec les rives, et les malheureux voyageurs passent comme ils peuvent et quand ils peuvent. La rivière, grossie par des pluies récentes, se répand dans un lit large de près d'un kilomètre et se partage en sept ou huit bras. Si la crue, déjà très-forte, l'avait été davantage, le passage présenterait de sérieux dangers et serait peut-être impraticable.

En arrivant sur la berge, nous voyons une troupe de Kabyles accourir à notre rencontre. Ils sont placés là par l'administration pour aider au passage des voitures. Dans l'eau jusqu'aux genoux, les burnous retroussés sous les cuisses, ils galopent en avant et de chaque côté de la voiture, indiquant le meilleur passage et prêts à prévenir tout accident. Dans le bras principal nos roues enfoncent jusqu'aux moyeux; les chevaux tirent sur les traits à les rompre; le cocher frappe de son fouet à tour de bras. Enfin, le mauvais pas est dépassé, et, cahin-caha, nous atteignons l'autre rive sans encombres.

A partir de l'oued Aïssi, la route s'élève par une série de plateaux successifs sur lesquels elle forme des lacets pleins de hardiesse. Nous sentons que nous laissons derrière nous la Basse-Kabylie, la Kabylie de la plaine, et que nous entrons définitivement dans la montagne. Après avoir dépassé une prairie où les troupes qui se rendent à Fort-National, ou qui en reviennent, s'arrêtent pour la grand'halte, nous abandonnons la voiture, qui s'élève par degrés sur des pentes sinueuses et fort roides, et nous nous engageons à pied dans des raccourcis, charmants petits sentiers kabyles tracés le long des crêtes, au milieu d'une véritable forêt d'oliviers séculaires. Nous croisons des groupes d'indigènes en burnous blanc et fez rouge qui se rendent au marché, les uns à pied, les autres montés sur des ânes ou des mulets. Ce qui frappe au premier abord dans leur aspect, c'est la malpropreté. Presque tous sont vêtus de haillons sordides, et la couleur de la petite calotte rouge qui leur couvre le sommet du crâne disparaît souvent sous une couche de crasse si épaisse qu'on la croirait en cuir. Riches et pauvres ont le même accoutrement, et ce n'est pas ici que les vêtements peuvent servir à établir les distinctions sociales.

La montagne que nous escaladons se compose, comme toutes les montagnes voisines, d'une série de mamelons pointus dont chaque sommet domine le précédent. Elle a été le théâtre des luttes sanglantes de 1857 et de 1871. Sur notre gauche, nous apercevons le village d'Ighil-Guéfri, que, le 21 mai 1857, au lever du soleil, le général Yousouf montrait de la plaine au maréchal Randon en lui disant : « C'est là qu'à sept heures du matin vous fumerez votre cigare » Et il l'enleva, en effet, après un combat acharné. A mesure qu'on s'élève, on peut se rendre compte des difficultés inouïes qu'eut à surmonter l'armée française pour emporter d'assaut les trois chaînes en éventail qui se réunissent à Fort-National. Chaque mamelon était garni d'intrépides défenseurs, retranchés dans un village, qui luttaient pour leur indépendance, maintenue jusqu'alors à travers les siècles contre tous les envahisseurs. On comprend que la victoire ait été chèrement achetée.

Cette campagne a été l'un des titres de gloire les plus légitimes des généraux de l'Empire. Mais je ne puis m'empêcher de songer que les mêmes faits d'armes ont été accomplis depuis avec des moyens d'exécution beaucoup moindres par les généraux de la République, qu'une presse stipendiée n'a pas comblés des mêmes éloges. Ils ne disposaient que de jeunes troupes à peine instruites au lieu de l'armée d'Afrique de 1857, que vingt années de guerre avaient trempée, et cependant ils ont livré les mêmes combats et remporté les mêmes victoires. Notre guide bienveillant nous montre la route que suivirent les colonnes Lallemand et Cérès dans cet assaut gigantesque. Toute la chaîne que nous gravissons a été défendue pied à pied par les Kabyles; il n'y a pas un arbre, pas une touffe de cactus qui n'ait abrité un tirailleur. Un vieil olivier, le tronc traversé par un obus, est encore debout à côté du chemin, comme un souvenir vivant de cette terrible époque.

L'aimable colon qui nous accompagne nous raconte alors le siége de Fort-National, auquel il a pris part; ce siége mémorable de deux longs mois, qui est l'une des pages glorieuses de l'histoire militaire de l'Algérie. Sept cents hommes, dont près de deux cents mobilisés, composaient toute la garnison de la place. Une nuée de Kabyles, tous les hommes valides des tribus environnantes, garnissaient les hauteurs qui dominent la ville, et tiraient nuit et jour sur les assiégés. Notre compagnon de route nous décrit les tranchées creusées par les révoltés, et arrivant presque jusqu'aux remparts, et les deux vieux canons turcs, sans affûts, mis en batterie par d'anciens tirailleurs et lançant leurs boulets impuissants contre les solides murailles du fort. Il nous fait assister à la sortie du 12 mai, dans laquelle le capitaine Ravez culbuta tous les ennemis qu'il put approcher, et à l'assaut que les Français soutinrent dans la nuit du 21 au 22 : les bandes furieuses des Kabyles se ruaient contre la forteresse avec une rage indescriptible; pendant une nuit et un jour, il fallut défendre les remparts contre ces forcenés, qui revenaient plus nombreux chaque fois qu'ils avaient été repoussés. Enfin, le 15 juin, les assiégés eurent la joie de voir la colonne du général Lallemand commencer l'escalade de leur montagne. Le chef de bataillon Maréchal, qui commandait la place, ne pouvant contenir son impatience, se mit à la tête de ses meilleures troupes et se fraya bravement un passage, au travers des lignes ennemies, à la rencontre de l'armée libératrice. Il la trouva à quelques kilomètres de Fort-National; les Kabyles, défaits, fuyaient de tous côtés, et la victoire restait encore une fois aux vaillantes troupes françaises. La Kabylie avait échappé au danger de retomber dans la barbarie; elle était désormais et pour toujours ouverte à la civilisation.

Nous avons achevé la partie la plus roide de l'ascension; nous avons atteint la crête, sorte d'étroit plateau que nous n'avons plus qu'à suivre pour arriver à Fort-National. De tous côtés apparaissent, au milieu des oliviers, des villages aux toits bruns perchés sur des pointes de mamelons ou accrochés aux flancs escarpés de la montagne. On sent qu'on se trouve au milieu d'une population nombreuse. Des femmes et des jeunes filles, la tête enveloppée d'un linge de couleur, avec des ornements bizarres au cou et aux jambes, descendent à la fontaine, leur cruche en terre, de forme antique, appuyée sur l'épaule. Rude est la tâche de ces pauvres créatures, obligées d'aller chercher, quelquefois à une grande distance, l'eau nécessaire à leur ménage, et de la remonter elles-mêmes au village. Elles sont chargées aussi de faire la provision de bois; semblable tâche paraîtrait déshonorante à un homme. On rencontre souvent des jeunes gens qui se promènent les mains vides, à côté de leur vieille mère, accablée sous le poids d'un fardeau trop pesant pour ses forces. Un pareil spectacle, qui révolte un Européen, paraît tout naturel à un Kabyle, pour qui la femme est un être inférieur à l'homme. Mon ami, le pasteur L..., de Tizi-Ouzou, me racontait à ce sujet l'amusante anecdote suivante. Il se promenait un jour en voiture avec madame L...; arrivé à un passage difficile, il était descendu et conduisait le cheval par la bride. Vient à passer un Kabyle de sa connaissance qui engage la conversation avec lui : « Que vous êtes singuliers, vous autres Français, dit-il ; tu es là à te fatiguer pendant que ta femme se repose ; remonte donc en voiture et fais-la travailler. » Inutile d'ajouter que M. L... n'eut garde d'écouter ce conseil ; il en profita, au contraire, pour adresser à son interlocuteur un sermon bien senti sur le respect dû à la femme ; mais je doute fort qu'il ait eu un grand succès.

A mesure que l'on approche de Fort-National, la circulation devient plus active. Des bandes de petits garçons courent après notre voiture, de toute la vitesse de leurs jambes, en criant : « Soldi! soldi! Jette un sou! Macach papa, macach maman ; tous morts ; jette un sou! » A les en croire, il n'y aurait que des orphelins dans ce pays! Leur jargon, moitié français, moitié sabir, ne parvient pas à m'émouvoir ; je leur réponds d'aller à l'école, au lieu de mendier sur la route ; la voiture roule, et le refrain « Macach papa, macach maman » se perd dans l'éloignement. La mendicité, qui n'est pas justifiée par le besoin, puisqu'elle est générale, est une habitude si profondément enracinée chez les enfants kabyles, que l'instruction elle-même semble impuissante à la détruire. Dernièrement, une dame à qui un petit kabyle demandait l'aumône, lui donnait, comme moi, le conseil d'aller à l'école. « A l'école, répondit en bon français le bonhomme, mais j'y suis allé! Regarde mon certificat d'études primaires. » Et le petit mendiant tendit fièrement le papier revêtu des signatures universitaires ; puis, l'ayant soigneusement replacé dans un pli de son burnous, il alla tendre la main à un autre passant.

Devant nous se dessine la ligne des remparts de Fort-National. Bientôt nous franchissons la porte. Nous sommes dans l'intérieur de la forteresse, sur le cours ombragé de beaux arbres. En quelques heures nous nous sommes élevés de près de mille mètres.

Fort-National, même jour.

A peine descendus de voiture, nous avons hâte de chercher un point culminant d'où la vue puisse s'étendre au loin sur le panorama célèbre de Fort-National. Nous sortons de la ville par la porte opposée à celle par laquelle nous sommes arrivés, et longeons, à l'extérieur, les glacis des fortifications. La réputation de ce paysage superbe n'est pas exagérée. Des montagnes aux formes étranges, sur les pentes desquelles s'accrochent des oliviers et des champs cultivés, et dont chaque sommet est garni d'un village qui éclate comme une tache rouge et blanche sur le fond vert du tableau, occupent le premier plan. Dans le lointain se dresse la gigantesque muraille rocheuse du Djurdjura, aux flancs abrupts et dénudés, dont les sommets, blancs de neige, brillent dans le ciel bleu comme une frange d'argent.

Ce premier tribut payé à l'admiration légitime qu'inspirent partout les beautés naturelles, je vais présenter mes devoirs à M. Sabatier, l'administrateur de la commune mixte. Cet intelligent fonctionnaire, qui a eu l'honneur d'introduire en Kabylie le régime civil, me donne d'intéressants détails sur l'organisation administrative du pays.

Je me retire enchanté du bienveillant accueil de M. Sabatier. Au moment où je prends congé : « Vous allez demain à Aïn-el-Hamman, me dit-il. Je dois m'y rendre également ; nous pourrons faire route ensemble. Cela me permettra de vous donner quelques renseignements curieux sur la constitution politique et l'organisation sociale de la Kabylie. » C'est avec le plus grand plaisir que j'ai accepté cette offre.

M. J... et moi, accompagnés d'un *aïssa,* employé indigène de l'administration civile que M. Sabatier a bien voulu mettre à notre disposition, nous partons pour aller visiter un village kabyle. Aux environs de Tizi-Ouzou, les villages sont entourés de fortes haies de cactus. Je ne remarque pas ici cette disposition. Presque tous sont perchés sur des sommets en pointe. On y accède par un sentier qui aboutit à une étroite ruelle en escalier, pavée de larges pierres et bordée de maisons de chaque côté; c'est la grand'rue du village. Ces maisons sont basses et n'ont qu'un rez-de-chaussée; mais la bâtisse n'est pas plus défectueuse que celle de beaucoup de pauvres hameaux de nos pays; la toiture est en briques d'un brun rougeâtre. On nous mène à l'endroit où se réunit la djemaa, le conseil municipal; c'est une grande cabane entièrement vide, dont le toit est soutenu par un pilier qui occupe le centre du bâtiment. Les membres de l'assemblée s'accroupissent par terre, le long des murs, et discutent gravement les intérêts de la cité, du *taddert,* suivant le mot kabyle. Cet édifice, à l'origine, servait de mosquée; mais il est affecté, maintenant, à l'usage de la djemaa. Nous demandons ensuite à voir la mosquée actuelle. Notre guide paraît assez embarrassé. « Ici, nous dit-il, chacun fait sa prière chez lui, s'il a envie de la faire. » Cependant, après avoir hésité un moment, après avoir consulté les anciens du village, il finit par nous conduire à une hutte sordide que traverse la rue, sorte de passage couvert, dont chaque côté est occupé par un large banc en terre dallé de pierres. C'est là que la djemaa se réunissait autrefois; mais depuis qu'elle tient ses séances dans la mosquée, on y envoie coucher les mendiants de passage, qui trouvaient auparavant un abri dans le sanctuaire, conformément à l'usage de tous les pays musulmans. Ce changement d'affectation d'une mosquée, effectué du consentement général de la population, montre combien peu les Kabyles sont attachés aux formes extérieures de l'islamisme.

J'exprime le désir de visiter l'intérieur d'une maison. Le guide va trouver l'*oukil*, le trésorier de la commune, et lui traduit ma demande. C'est un vieillard de mauvaise mine, le visage déchiré par une affreuse cicatrice. Il se lève avec un empressement qui ne paraît pas très-spontané, et nous introduit chez lui. A notre entrée, deux femmes se sauvent au fond de la pièce obscure en détournant la tête, tandis que le maître de céans fixe sur nous son œil jaloux. L'habitation se compose d'une seule pièce, basse et obscure, sans autre ouverture que la porte, et divisée en deux parties. La première sert à la fois de cuisine, de salle à manger et de chambre à coucher; dans le fond, un simple trou creusé dans le sol constitue le foyer; la fumée qui s'en échappe sort par la porte. Par terre sont répandus divers ustensiles de ménage, en partie d'origine française. De grandes jarres placées contre les murailles contiennent la provision de grains; un coffre en bois peint renferme les objets précieux; des vêtements sont suspendus aux poutres du plafond; quelques nattes étendues sur le sol constituent les seuls lits connus en Kabylie, comme, du reste, chez tous les indigènes de l'Afrique. La seconde partie de l'appartement, celle qui est à gauche de la porte, forme une sorte de soupente, plus élevée que le reste de la pièce et sur laquelle on place les récoltes et les provisions de toute nature.

Au-dessous de ce qui remplace ici le grenier, et en contre-bas de la partie habitée, se trouve l'étable : l'âne ou le bœuf entre par la porte, descend deux ou trois marches, et se trouve chez lui, dans une sorte de cave où l'on ne peut pénétrer qu'en passant par la pièce principale. En sortant de chez l'*oukil*, nous allons chez l'*amin*, le maire du village. C'est un homme riche, propriétaire d'un café à Fort-National. Il possède deux maisons séparées par une cour, la première occupée par ses domestiques ; la seconde, un peu moins sale, habitée par sa famille. Il n'y a en ce moment à la maison que des enfants et des femmes. Les unes continuent leur travail sans paraître faire attention aux étrangers ; les autres se tiennent immobiles, effarées, mais curieuses ; quelques-unes sont jolies ; mais la plupart ont l'air usé et flétri par le travail. Ce simple coup d'œil jeté sur des intérieurs kabyles suffit pour me donner la raison de la malpropreté qui choque si fort les étrangers en ce pays. L'entassement des familles dans un étroit réduit et la rareté de l'eau dans les villages expliquent amplement ce défaut si repoussant.

Une promenade aux environs de Fort-National nous permet de nous rendre compte de la topographie du pays.

Nous atteignons un sommet qui a servi de point trigonométrique, et d'où la vue s'étend à de grandes distances dans toutes les directions. Du haut de cet observatoire, il nous est facile, à l'aide d'une lorgnette et d'une bonne carte, de débrouiller le chaos des montagnes qui nous entourent et de nous faire une idée exacte de la configuration géographique de la Kabylie. En face de nous, l'immense chaîne du Djurdjura ferme l'horizon vers le sud. Le sommet neigeux du Lella-Kadidja[1] étincelle sous les feux du couchant. D'autres pics, qui lui cèdent à peine en hauteur, dentellent la crête.

Le Djurdjura affecte la forme générale d'un fer à cheval, dont l'une des extrémités, cachée à nos regards, va s'appuyer à la mer près de Bougie, tandis que l'autre, également invisible, se termine au bord de l'Isser, en face de Ménerville. De la chaîne principale se détachent, vers la

---

[1] Il est élevé de 2,308 mètres au-dessus du niveau de la mer.

partie concave, plusieurs rameaux secondaires, véritables contre-forts composés uniformément d'une série de mamelons coniques, séparés par des cols et allant en diminuant d'élévation à mesure qu'on s'éloigne du point d'attache. Sur la pointe de chaque mamelon un village est posé. Cette disposition, toute particulière à ce pays, étonne le voyageur. Nous pouvons suivre du regard, dans toutes ses ondulations, le chaînon de Fort-National, depuis le col de Tirourda, où il se détache du Djurdjura, jusqu'à la ville. A cet endroit, il se divise en plusieurs branches qui s'écartent comme les doigts d'une main ouverte et vont mourir dans la plaine du Sébaou par des dégradations successives. Nous distinguons aussi vers l'ouest, de l'autre côté de la vallée de l'oued Aïssi, le contre-fort qui, vers son extrémité, porte la ville de Tizi-Ouzou et qui se termine par le sommet du Belloua. Plus loin, dans la même direction, mais cachée à notre vue, une autre ramification du tronc principal, auquel les géographes n'ont pas encore imposé un nom, commence aux environs de Dra-el-Mizan, et, après avoir séparé dans la partie basse de leur cours l'Isser du Sébaou, va finir à la mer. Enfin, au loin, dans la direction de l'est, une dernière chaîne part du col d'Akfadou, et, après avoir décrit diverses sinuosités, court parallèlement à la côte jusqu'à Dellys, séparant la vallée du Sébaou de la Méditerranée. Le versant méridional du Djurdjura est plus escarpé encore que le versant kabyle; de ce côté, il ne se ramifie par aucun contre-fort. Les deux fleuves de l'Isser et du Sahel enserrent de toutes parts le massif de la Grande-Kabylie, qu'ils embrassent comme les deux branches d'une gigantesque accolade.

CHAPITRE III

Fort-National et son avenir économique. — Une conférence à dos de mulet sur la constitution kabyle. — Le rôle de la race kabyle dans le développement futur de l'Algérie. — Les écoles en Kabylie. — Aïn-el-Hammam. — Une soirée aux avant-postes de la civilisation.

Fort-National, 16 mars.

Fort-National n'est guère autre chose qu'une place forte. La garnison se compose en ce moment d'un bataillon de zouaves et des services auxiliaires : artillerie, génie, train des équipages, etc. En dehors de l'élément militaire, la ville n'a aucune importance, et ne semble pas appelée à en prendre de longtemps. Elle est restée stationnaire depuis 1871 et n'a pas eu sa part dans le mouvement d'augmentation des populations qui s'est manifesté partout en Algérie depuis une douzaine d'années. On se demande, d'ailleurs, où pourraient s'installer de nouveaux immigrants. Fort-National est bâti sur un mamelon que les remparts enveloppent de leur ceinture. Plus des trois quarts de l'espace circonscrit est occupé par les casernes et autres établissements militaires. Deux ou trois rues superposées remplissent le terrain resté libre. C'est là qu'habite la population civile, qui ne compte que huit cent trente-deux habitants. A part les fonctionnaires, elle ne se compose que d'aubergistes et de quelques commerçants. Le colon proprement dit n'existe pas ici. Seuls les habitants qui ont subi le siége ont reçu en cadeau, du gouvernement, quelques hectares séquestrés aux rebelles. Mais l'agriculture européenne ne semble pas appelée à se développer sur ces hauteurs. La qualité médiocre du terrain et son prix élevé, conséquence naturelle du régime de la propriété individuelle, le seul connu en Kabylie, et de la densité considérable de la population, s'opposeront toujours au succès du colon. C'est dans la plaine kabyle, sur les bords du Sébaou, et peut-être de son affluent, l'oued Aïssi, dans le bas de son cours, que la colonisation trouvera de l'espace. Elle y est déjà installée et s'y implante chaque jour davantage. La région de Fort-National et du Djurdjura ne peut offrir autre chose aux Français qu'un terrain commercial à exploiter. Depuis longtemps déjà quelques négociants hardis se sont établis au milieu des Kabyles, et leur achètent leur huile et leurs olives. Les résidus des moulins, que les indigènes jetaient autrefois sans en tirer aucun parti, sont devenus l'objet d'un commerce lucratif; traités par les procédés perfectionnés connus en Europe, ils produisent encore une certaine quantité d'huile que l'on obtient ainsi à bas prix. Ces transactions sont susceptibles de se développer dans de larges proportions, par suite de l'augmentation toujours croissante de la population et du bien-être que le maintien de la paix et la facilité des communications tendent à introduire chez ce peuple autrefois si misérable. La culture du sol, au contraire, restera presque exclusivement entre les mains des indigènes, qui adopteront certainement nos méthodes d'exploitation, dès qu'ils auront pu se convaincre de leurs avantages. Déjà ils ont appris des Français la culture de la pomme de terre, qu'ils ne connaissaient pas avant leur arrivée, et ils se sont mis, à l'exemple des colons européens de la plaine, à planter de la vigne, qu'ils ne cultivaient autrefois qu'en treille et pour en manger le fruit. Aujourd'hui, tout propriétaire kabyle a son petit champ de pommes de terre, précieuse réserve pour l'hiver, et chaque année on voit surgir de nouvelles plantations de vigne.

Ce peuple intelligent et travailleur a pour l'agriculture une passion dont rien ne peut donner une idée. Devenir propriétaire d'un morceau de terrain, si petit soit-il, est la suprême ambition de tout Kabyle, et, pour atteindre ce but, il ne reculera devant aucun travail, devant aucune fatigue. Dur à la peine, d'une sobriété à toute épreuve, d'une persévérance que rien ne rebute lorsque son intérêt est en jeu, il entassera sou sur sou jusqu'à ce qu'il ait réussi, à force de privations, à conquérir l'aisance qu'il rêve, et après l'avoir acquise, il ne changera rien à ses habitudes et continuera à travailler avec la même opiniâtreté jusqu'à son dernier jour. C'est à ces qualités de vaillance, d'énergie et de persévérance que les Kabyles ont dû de pouvoir se perpétuer dans les montagnes où les ont refoulés les envahisseurs de la plaine, et de réussir à arracher des entrailles d'une terre ingrate de quoi nourrir une population trop dense. Qu'on s'étonne si ces mêmes qualités, transmises de génération en génération et accentuées par les nécessités mêmes de l'existence, ont été poussées à l'excès et ont produit chez eux des défauts correspondants! C'est ainsi qu'il est impossible de n'être pas frappé de cette âpreté au gain qui est un des traits les plus visibles du caractère kabyle. Il y a bien peu de choses qu'un Kabyle refuserait de faire pour de l'argent. L'excuse de ces rudes montagnards se trouve dans leur pauvreté, dans l'extrême rareté du numéraire, qui avait fait fixer jadis par certaines tribus le taux légal de l'intérêt à 33 pour 100 [1]. On retrouve jusque dans leur législation les preuves d'un état

---

[1] HANOTEAU et LETOURNEUX, *La Kabylie et les coutumes kabyles*, t. II, p. 194.

social si singulier, et dont on chercherait en vain l'analogue chez tout autre peuple. Avant la conquête française, les Kabyles, qui possédaient dans leurs kanouns un code aussi complet, sinon aussi parfait que notre Code civil, ne connaissaient d'autre pénalité que l'amende pour certains crimes et pour la plupart des délits; une peine pécuniaire était suffisamment redoutée pour servir de frein à une société où la rudesse et la grossièreté des mœurs s'élevaient à peine en bien des cas au-dessus de la barbarie.

Mais, à côté des défauts très-réels que j'ai signalés, il est juste de mettre en regard deux qualités qui complètent la physionomie de ce peuple singulier. En premier lieu, l'hospitalité n'est exercée nulle part d'une façon plus complète et plus généreuse que dans les montagnes du Djurdjura; ce n'est pas seulement, comme ailleurs, une vertu privée, c'est ici une institution nationale. Dans tous les villages, l'étranger, quel qu'il soit, est certain d'être reçu comme un ami, d'être logé et nourri, selon son rang et sa position sociale, pendant toute la durée de son séjour. Chaque maison est désignée à tour de rôle pour abriter les voyageurs de passage; chaque habitant est tenu de leur offrir successivement leur repas, et si quelqu'un cherchait à se soustraire à cette obligation, la djemaa serait là pour le contraindre à remplir ses devoirs. Ce sentiment est si profondément enraciné dans le cœur des Kabyles, que pendant la grande famine qui désola l'Algérie en 1867, ils accueillirent à bras ouverts douze mille Arabes, leurs ennemis héréditaires, et pourvurent pendant plusieurs mois à tous leurs besoins. Il faut signaler encore l'amour de la famille, que certaines peuplades noires de l'Afrique intertropicale semblent à peine ressentir, et qui est aussi développé chez les Kabyles que chez n'importe quelle nation civilisée. On me citait des jeunes gens engagés dans nos régiments de tirailleurs algériens, qui trouvent le moyen de prélever sur leur modeste solde de quoi faire vivre leurs vieux parents. Ces demi-sauvages ne pourraient-ils pas être cités en exemple à plus d'un conscrit français ?

Aïn-el-Hammam, 17 mars.

A l'heure convenue avec M. Sabatier, nous nous trouvons, M. J... et moi, devant la porte qui regarde le Djurdjura. Nos mulets et nos guides nous attendent. M. Sabatier ne tarde pas à paraître, monté sur une mule et précédé d'un cavalier au manteau bleu. Il va assister à un mariage qui a lieu ce soir dans la famille de son collègue, l'administrateur de la commune mixte du Djurdjura. Sans perdre de temps, nous nous mettons en route, longeant à flanc de coteau le contre-fort à l'extrémité duquel est bâti Fort-National. La conversation s'engage sur les mœurs et les coutumes du pays, et M. Sabatier, se rappelant sa promesse de la veille, veut bien nous parler des institutions politiques et sociales de la Kabylie, dont il a fait une étude approfondie.

Dans aucun pays du monde, on n'a jamais poussé aussi loin qu'ici le régime fédératif. Si l'on veut arriver au point de départ initial de tout le système, il faut descendre jusqu'à l'individu. Le Kabyle, homme libre par excellence, n'est pas, comme dans nos pays unitaires, une simple fraction du peuple souverain ; il est souverain lui-même. Réuni à un groupe d'hommes, égaux en droits avec lui, il forme la *karouba,* premier degré de l'échelon fédératif. A l'origine, la *karouba* était une véritable famille dont tous les membres étaient unis par les liens du sang ; mais, par la suite du temps, le souvenir d'une origine commune s'est effacé, et il n'est plus resté qu'une association d'intérêts. On pourrait comparer la *karouba* kabyle à la *gens romana,* avec cette différence que tous ses membres sont égaux, et que patrons et clients y sont également inconnus.

Chaque karouba a l'administration de ses biens, le plus souvent indivis, élit son président, le *tamen*, qui doit veiller aux intérêts communs, les défendre chaque fois qu'ils sont menacés, et, si la guerre éclate, prendre le commandement des guerriers. Plusieurs *karoubas* confédérées forment le village, le *taddert*, véritable État autonome en même temps que commune, mais état fédératif. Le groupement d'un certain nombre de villages voisins constitue la tribu, et enfin la réunion de plusieurs tribus associées dans un but de défense contre l'ennemi du dehors, donne naissance à la confédération. Il est très-singulier que chacun des anneaux de cette chaîne politique, qui part de l'homme pour aboutir à la confédération, corresponde exactement à une division géographique; en effet, la karouba n'est autre chose qu'un quartier du village, la commune c'est le village lui-même ; la tribu aligne ses villages sur la crête d'un même contre-fort, et la confédération a presque toujours pour cause une circonstance topographique quelconque, telle que la défense d'un défilé ou d'un col contre les envahisseurs. C'est ainsi que dans ce curieux pays l'organisation politique s'adapte exactement à la configuration du sol, à tel point que l'on pourrait se demander si le pays a été fait pour l'homme, ou l'homme pour le pays.

Il est intéressant d'étudier au sein du village le fonctionnement de cette institution un peu complexe, mais merveilleusement pondérée. Dans la vie politique kabyle, un rôle important appartient aux *çofs,* qui y jouent le même rôle qu'en Europe les partis politiques. Cependant la différence est grande entre un çof kabyle et ce que nous appelons un parti : tandis qu'il y a dans tout parti un fonds d'idées communes politiques ou religieuses, que l'on s'efforce de faire triompher, le çof ne connaît rien de semblable ; il n'a d'autre but que la défense des intérêts privés de ses membres. Empêcher l'individu d'être opprimé par le nombre en lui offrant l'appui d'autres individus en nombre suffisant pour faire respecter ses droits méconnus, telle est sa raison d'être. C'est par sa naissance que l'on entre dans un çof, et l'on n'en sort pas sans un motif grave. Pour augmenter le nombre de ses adhérents, condition nécessaire de richesse et de puissance, le çof dépasse les limites du taddert; il s'étend de village en village, jusqu'aux extrémités de la confédération, toujours prêt à défendre par tous les moyens, au besoin les armes à la main, celui de ses membres qui serait opprimé ; souvent il a été l'occasion des luttes interminables qui ont jadis ensanglanté la Kabylie. Ici encore il y a une corrélation à établir entre les institutions politiques et la topographie du pays; chaque village est divisé en deux çofs, le çof bou-fellah (çof d'en haut), et le çof bou-adda (çof d'en bas) [1].

Le village est gouverné par une *djemaa* (conseil) formée par les *tamens*, chefs électifs des *karoubas*. Mais cette représentation de collectivités aurait pu violer le principe fondamental des démocraties qui attribue le pouvoir au nombre, en donnant la majorité au çof le moins nombreux, puisque chaque *karouba* n'avait qu'un seul représentant, sans aucun égard pour son importance numérique ; on a donc imaginé, pour rétablir l'équilibre, d'ouvrir la djemaa à des vieillards, à des invalides du travail, qui, pris indistinc-

---

[1] M. Sabatier explique l'origine de ces dénominations singulières par l'arrivée dans les villages de la montagne des Berbères de la plaine, refoulés par les envahisseurs (*Revue d'anthropologie*, année 1882, p. 441). Ne serait-il pas plus simple de n'y voir autre chose qu'un souvenir des anciennes luttes qui précipitaient jadis les populations pauvres du Djurdjura sur les habitants plus fortunés de la vallée du Sébaou? Avec le temps, chacun des partis a dû chercher à recruter des adhérents dans les tribus ennemies, ce qui a pu amener la juxtaposition des deux çofs dans tous les villages.

tement dans l'un ou l'autre çof, siégent sous le nom d'*akkals* ou sages, et qui, tout en assurant le respect de la loi du nombre, apportent aux délibérations, par leur âge et leur expérience, un élément de pondération et de conciliation bien nécessaire au milieu des luttes ardentes et passionnées dont le village était souvent le théâtre. Ainsi constituée, la djemaa administre le taddert. Autrefois elle joignait à ses pouvoirs politiques des attributions judiciaires qui lui ont été enlevées depuis la conquête. Elle élit son amin, agent du pouvoir exécutif, dont les fonctions correspondent à peu près à celles de nos maires, et qui est forcément le candidat de la majorité; mais, par suite d'un usage étrange, à chaque élection, le candidat vaincu, celui de la minorité, par conséquent, obtient par le fait même de son échec, les fonctions d'oukil [1]; il est chargé de surveiller les actes du parti au pouvoir, d'exercer un contrôle permanent sur l'administration de l'amin, et en même temps devient le trésorier de la commune, et effectue tous les payements, conformément aux décisions de la djemaa. C'est exactement comme si, dans nos États parlementaires, le chef de l'opposition devenait *ipso facto* ministre des finances; on peut se demander si cette combinaison originale ne serait pas parfois un frein salutaire à certaines dépenses engagées par le parti au pouvoir.

Telle est, dans ses grands traits, la constitution kabyle. N'est-il pas singulier de voir un peuple presque barbare arriver à une organisation politique aussi logique et aussi rationnelle, résoudre, avec les seules lumières du bon sens, le problème si délicat de la représentation proportionnelle des majorités et des minorités, et, dépassant en cela nos théoriciens les plus hardis, assigner à la minorité un rôle équitable dans le gouvernement de l'État? Ce n'est pas

---

[1] Il est bon d'indiquer ici que chez les Kabyles toutes les fonctions publiques sont entièrement gratuites.

que je ferme les yeux sur les défauts et les lacunes de cette constitution, ni que je veuille la présenter comme un modèle à imiter. Résultat inconscient de l'histoire tout entière de la Kabylie depuis les siècles les plus reculés, autant que des mœurs et du caractère kabyles, produit du sol lui-même qui lui sert de cadre indispensable, elle est et restera kabyle. Semblable à ces plantes rares qui ne peuvent croître qu'à une certaine altitude ou sous une latitude donnée, l'air pur et vivifiant du Djurdjura est nécessaire à cet organisme étrange. Le Kabyle non plus ne saurait s'en passer ; son horizon politique ne s'étend pas au delà des libertés municipales, mais il ne saurait vivre sans elles. Éclairée par la sanglante leçon de 1871, la France semble avoir compris qu'on ne peut faire impunément violence à la nature, et que vouloir imposer à un peuple les institutions contre lesquelles proteste un passé plusieurs fois séculaire, c'est à la fois une injustice que le droit du conquérant ne peut faire absoudre, et un moyen déplorable d'asseoir sa domination et de faire respecter son pouvoir. Puisse-t-elle persévérer dans la politique réparatrice qu'elle a inaugurée en Kabylie depuis quelques années ! De la manière dont elle saura se concilier l'estime et la sympathie, en même temps que le respect des Kabyles, dépend, dans une large mesure, la sécurité de l'Algérie tout entière.

M. Sabatier nous apprend, en effet, que tandis que la population arabe paraît être en voie de décroissance, la population kabyle, au contraire, augmente avec une surprenante rapidité. Il a constaté par une statistique de trois années, qu'il y a dans la commune mixte de Fort-National deux naissances en moyenne pour un décès. Pendant cette période (1881-1883), l'accroissement moyen résultant de l'excès des naissances sur les décès a été de 18,03 pour 100, tandis que le gain annuel dû aux mêmes causes était, en Algérie, de 12 habitants pour 100 pour les Israélites, de 9 pour les Espagnols, de 5 pour les Italiens et les Maltais, et de 4 pour les Français [1]. Il est donc établi que la race kabyle est celle qui se développe avec le plus de rapidité sur le sol algérien. Faut-il se réjouir ou s'effrayer de cette constatation assez inattendue? De quelque manière qu'on l'envisage, elle doit s'imposer à l'attention du gouvernement chargé de maintenir l'ordre et la paix dans la colonie. Bien loin d'être appelés, comme les Arabes, à disparaître et à se fondre dans le reste de la population, les Kabyles ont un rôle considérable à jouer dans l'histoire future de la partie septentrionale du continent africain. Quel sera ce rôle? Sont-ils destinés à mettre sans cesse l'œuvre de la colonisation en péril par des révoltes continuelles, ou bien, entrant résolument dans la voie du progrès, voudront-ils appliquer les qualités d'énergie et de persévérance qui les distinguent à poursuivre, de concert avec les Français, le grand travail de civilisation que nous avons entrepris depuis un demi-siècle? La réponse à cette question est en grande partie entre les mains de l'administration. Si elle sait convaincre le peuple kabyle que son intérêt bien entendu exige qu'il sorte enfin de l'ignorance dans laquelle il croupit depuis des siècles, si elle trouve le secret de l'élever par degrés au-dessus de son état de demi-barbarie et jusqu'au niveau de notre civilisation, elle aura rempli la grande mission que la France s'est donnée ; elle aura couronné la conquête matérielle par la conquête morale, la plus difficile et la plus glorieuse des deux.

A priori cette tâche ne paraît pas irréalisable. Les Kabyles, en effet, ne semblent pas obstinément rebelles au progrès. Pour l'Arabe, la notion même du progrès n'existe

---

[1] Ces chiffres, que M. Sabatier avait bien voulu me commnuiquer lors de mon passage à Fort-National, ont été publiés depuis par les *Bulletins de la société d'anthropologie de Paris*, année 1884.

pas; son état social tout entier découle du Coran, et tenter d'y changer quoi que ce soit, c'est porter une main sacrilége sur une institution presque divine. Le Kabyle, au contraire, distingue très-nettement la religion, qui reste pour lui dans le domaine de l'âme et de la conscience, des institutions civiles et politiques qui sont déterminées par l'intérêt général, en dehors de toute considération religieuse. Dès lors, qu'une modification se produise dans les besoins ou dans la situation matérielle de la nation, et elle entraînera forcément un changement dans les lois du pays. Il y a, du reste, des exemples de kanouns qui ont été abrogés, d'autres qui ont été modifiés sous la pression des événements. On voit donc que les Kabyles admettent parfaitement l'idée du progrès; toute la difficulté consiste à leur faire comprendre que leur situation économique n'est pas parfaite, et qu'il y a utilité pour eux à ne pas rester stationnaires. De même qu'ils se sont mis à cultiver la pomme de terre et la vigne le jour où ils ont vu les colons français tirer un bénéfice de ces cultures, de même ils apprendront tous à lire et à écrire quand ils auront touché du doigt les avantages de l'instruction.

A cet égard, l'administration française est entrée dans une voie où on ne peut que lui souhaiter de persévérer. Ces dernières années, de nombreuses écoles ont été ouvertes en Kabylie. Dans la seule commune mixte de Fort-National, M. Sabatier a organisé sept écoles de garçons dirigées par des maîtres français avec des aides indigènes. Elles réunissent actuellement huit cents enfants. Ce n'est pas sans peine que ce résultat a été atteint. Les Kabyles, qui possèdent les institutions les plus démocratiques peut-être du monde entier, ont avec cela un caractère éminemment conservateur; pour ne pas faire en toutes choses ce que leurs ancêtres ont fait, il faut qu'ils soient poussés par un intérêt bien pressant. On comprend les préjugés qu'il a fallu vaincre pour décider quelques parents à envoyer leurs enfants à une école française. Je n'affirmerais pas que la crainte de déplaire aux représentants de l'autorité n'ait influé considérablement sur leur détermination. Quoi qu'il en soit, l'habitude prise par quelques-uns se généralisera quand on verra les jeunes gens instruits dans les écoles obtenir des positions lucratives et honorables. Mais c'est surtout à l'encontre de l'éducation des filles que les préjugés sont vivaces et invétérés. Qu'il soit bon et utile de donner à la femme, cet être inférieur qui n'a été créé que pour satisfaire les passions de l'homme, la même instruction que l'on donne aux hommes qui veulent devenir des *savants,* est une idée qui n'entrera pas de longtemps dans la tête d'un Kabyle. Dans la crainte peut-être de courir à un échec s'il ouvrait une école publique de filles, M. Sabatier se borne, pour le moment, à recueillir les orphelines de sa commune dans un établissement où il les élève et leur fait donner une instruction primaire. L'administrateur d'Aïn-el-Hammam a été plus hardi; il a son école de filles; mais elle ne réunit, m'a-t-on assuré, que les filles de ses employés. Malgré toutes ces difficultés, les jeunes Kabyles apprennent le français avec une facilité surprenante; ils sont intelligents et retiennent sans peine les leçons de leurs maîtres. Une remarque intéressante a été faite à leur sujet : tandis que les Arabes, bien doués dans leur première jeunesse, voient leur intelligence se nouer en quelque sorte lorsqu'ils arrivent à l'âge de quatorze ou quinze ans, et ne montrent plus, dès lors, aucune aptitude pour l'étude, l'intelligence des jeunes Kabyles franchit sans accident l'âge critique et continue son développement normal. Cette aptitude pour les travaux intellectuels permet de concevoir de sérieuses espérances pour l'avenir de la race kabyle. Si le gouvernement continue à encourager et à développer les écoles primaires, on peut prévoir que dans vingt ans d'ici presque tout le monde parlera français en Kabylie. Alors disparaîtra la principale barrière qui sépare les deux peuples en présence : la différence de langue ; en se comprenant mieux, ils oublieront les sanglants souvenirs qui se dressent entre eux, ils apprendront à s'apprécier réciproquement et prepareront ainsi pour un avenir plus lointain leur fusion définitive.

Tandis que nous causons ainsi du présent et de l'avenir de la Kabylie, nous poursuivons notre route, nous rapprochant à chaque pas du Djurdjura, qui étale à nos regards toute sa magnificence. Nous passons au-dessous du village d'Ichériden, célèbre par les deux sanglants combats de 1857 et de 1871. Le contre-fort que nous longeons sépare la vallée du Sébaou de celle de son affluent l'Aïssi ; au col de Tizi-Oussalou, nous dominons les deux versants, aux pentes rapides, avec un léger filet d'eau courant à leur pied, tout au fond des deux ravins.

Aïn-el-Hammam (la Source du Bain), où nous arrivons à quatre heures, n'est indiqué sur aucune carte, pas même sur les plus récentes. Ce petit centre français n'existe que depuis l'organisation de la commune mixte de Djurdjura, dont il est le chef-lieu, c'est-à-dire depuis deux ou trois ans à peine. On y a groupé les principaux services administratifs indispensables au fonctionnement du nouveau régime civil. Le bordj de l'administrateur, belle maison neuve aux solides murailles, est la seule construction en pierres. Les murs de la cour sont percés de meurtrières, et, telle qu'elle est, cette habitation, perdue au milieu des montagnes kabyles, serait en état de soutenir un siége contre les tribus environnantes. Les autres bâtiments, la gendarmerie, la justice de paix, l'école, sont de simples mais confortables baraques en bois. Une mauvaise auberge, établie dans une sorte de gourbi, complète le village, encore à l'état embryonnaire. C'est là que mon compagnon et moi nous allons demander un gîte pour la nuit. L'hôtesse, une ancienne cantinière du 106e de ligne, nous explique qu'elle n'est arrivée que depuis quelques jours, que son installation est encore incomplète, mais qu'elle fera de son mieux pour nous fournir jusqu'au lendemain la table et le logement.

Un dîner des plus modestes nous est servi ; mais notre appétit, aiguisé par la marche et par l'air du Djurdjura, se contente à peu de frais. Le difficile sera le couchage ; notre hôtesse nous apprend qu'elle n'a pas encore reçu les lits qu'elle compte offrir par la suite aux voyageurs. Mais une ancienne cantinière n'est pas embarrassée pour si peu Deux tables, dont celle sur laquelle nous avons pris notre repas, un matelas et une paire de draps suffisent pour improviser un lit de camp d'un nouveau genre. La soirée se passe avec les habitués de l'établissement, qui se mettent en frais à notre occasion, tout heureux d'accueillir des étrangers. C'est la seconde société du village qui, ce soir, s'est donné rendez-vous à l'auberge, pour se consoler peut-être de n'avoir pas été invitée chez l'administrateur avec les hauts fonctionnaires de l'endroit. Le greffier de la justice de paix, Corse à la langue fleurie, se rencontre avec un employé subalterne de l'administration civile, taillé en hercule. Un interprète, jeune indigène aux traits fins et délicats, se place à côté d'eux ; il parle le français avec autant de facilité que sa langue maternelle, et paraît posséder de l'instruction. L'un des héros de la fête est un petit vieillard aux membres robustes qui fume avec obstination une énorme pipe, et répond au nom de « père La Poule » ; nous le soupçonnons de remplir les modestes mais utiles fonctions de cantonnier. Ajoutez-y trois spahis, au visage impassible, drapés avec des attitudes de statues dans leurs immenses manteaux rouges, et enfin deux per-

4.

sonnages muets, vêtus à l'européenne, la tête couverte d'un grand chapeau de feutre vissé sur leur crâne et qui n'ouvrent la bouche que pour vider leur verre. Tous ces personnages, aux costumes variés, réunis autour d'une table surchargée de bouteilles, sous la clarté douteuse d'une lampe à pétrole suspendue au plafond, prennent parfois, dans la demi-obscurité de la pièce, des aspects presque fantastiques. Si je n'avais éprouvé depuis mon départ de France toute la gradation des sensations de la surprise et de l'étonnement, je me demanderais si c'est bien moi qui suis jeté dans ce milieu d'une telle étrangeté. Pour égayer l'assistance, le greffier raconte des histoires gauloises. Le père La Poule sert de cible aux plaisanteries de ses amis, et s'y prête avec bonhomie. Le jeune Kabyle, qui sait ses auteurs, récite des fables de Lafontaine et débite des tirades de Corneille et de Racine. Pour terminer cette soirée, si pleine de couleur locale, il veut bien nous chanter des chansons arabes et kabyles. Nous pouvons ainsi sentir la différence des deux langues : la première est plus musicale et plus douce, la seconde plus rude et plus gutturale; mais toutes deux, si j'en juge par les traductions qui me sont données, peuvent exprimer des sentiments et des idées également poétiques. Cependant les bouteilles succèdent aux bouteilles. La soirée se prolonge. Une rude journée nous attend pour demain ; aussi nous tarde-t-il de mettre à profit les quelques heures de repos dont nous pouvons disposer avant le départ. Enfin, chacun se retire; le silence se fait dans la baraque, et nous sommes enchantés de pouvoir gagner nos lits, je devrais dire nos tables.

CHAPITRE IV

Nos guides. — Le mariage en Kabylie. — La religion chez les Kabyles. — Le christianisme et les Kabyles. — Le col de Tirourda. — La vallée du Sahel.

Metz, le 18 mars.

Le jour, à son lever, nous trouve déjà en marche. Nous suivons la route qui continue à longer le contre-fort de Fort-National. A notre droite, tout au fond de la vallée, coule l'oued Aïssi.

Nous avons pris, hier soir, congé de M. Sabatier. Aujourd'hui, nous sommes seuls avec nos muletiers, et nous en sommes réduits à leur conversation. Par bonheur, ils parlent français; c'est une excellente occasion d'entrer avec des Kabyles en rapports plus intimes que nous n'avons pu le faire jusqu'à présent. Notre première impression sur leur compte n'a pas été des plus favorables; hier soir, ils nous ont réclamé un salaire plus élevé que celui qui avait été convenu au départ de Fort-National, et devant leur menace de retourner sur leurs pas avec leurs bêtes, il a bien fallu en passer par une partie de leurs exigences. Mais maintenant que les questions d'intérêt sont réglées à leur satisfaction, Si-Lounis et Ahmed sont charmants, pleins d'entrain et de gaieté. Si-Lounis n'est pas le premier venu, tout muletier qu'il est : il appartient à une des grandes familles du pays et il est *oukil* dans son village. Il est un peu mou de caractère et a l'air maladif. C'est un échantillon des

Kabyles blonds, dont l'origine a donné lieu à un si grand nombre de suppositions. Il est nouveau marié et en pleine lune de miel, ce qui excite les plaisanteries de son camarade. Il se contente de répondre en énumérant toutes les qualités de sa femme. « Vois-tu, me dit-il en manière de conclusion, je suis si content d'avoir une femme, que j'économise le plus que je puis pour avoir bientôt de quoi en *acheter* une seconde. » C'est l'expression usuelle dont on se sert ici pour dire se marier, et elle n'est que la trop fidèle image du mariage tel qu'on le pratique. Ce contrat sacré n'est pas autre chose, en effet, qu'un marché débattu entre le père qui doit recevoir le prix de sa fille et le fiancé qui le payera, sans que jamais la jeune fille soit consultée. Elle n'a qu'à suivre l'époux qui lui est imposé, et dont elle deviendra la servante fidèle et dévouée.

Ahmed fait avec Si-Lounis le plus parfait contraste. Brun de teint, comme la généralité de ses compatriotes, c'est un solide et vigoureux gaillard. Il n'est pas riche, et ne possède pas encore les ressources nécessaires pour se marier; mais il ne désespère pas d'arriver, lui aussi, à force de travail. C'est un garçon intelligent, et qui, sans être jamais allé à aucune école, a appris à parler très-passablement le français. Je désirais fixer mes idées sur le rôle que joue l'islamisme dans la société kabyle et sur le degré d'influence dont jouissent les marabouts, cette caste religieuse qui constitue en Kabylie la seule représentation officielle de la religion. J'avais obtenu sur ce sujet bien des renseignements contradictoires de la part des Européens établis en Algérie. Je demande à Ahmed s'il y a dans le pays beaucoup de marabouts, s'ils sont puissants et honorés. Mon muletier sourit d'un air de pitié.

« Les marabouts, répond-il avec un haussement d'épaules significatif, finis les marabouts! » Il m'explique alors qu'à la suite des insurrections de 1857, et surtout de

1871, les principaux marabouts qui se sont trouvés parmi les indigènes les plus compromis, ont été arrêtés par l'autorité française et condamnés à diverses peines qui les ont éloignés de leur pays. Comme la considération qui s'attache à un marabout est toujours motivée par ses vertus personnelles et sa ferveur religieuse, il n'est plus resté que les moins dignes d'estime et de respect, qui ne peuvent pas exercer une influence considérable sur leurs compatriotes. Une autre cause a porté une rude atteinte au prestige des marabouts. Ces étrangers, pour la plupart Arabes, venus en missionnaires de l'islam, avaient su se rendre nécessaires aux Kabyles par leur instruction : eux seuls savaient écrire et étaient en état de rédiger les actes publics. En outre, comme ils avaient eu la prudence de ne s'affilier à aucun çof, ils étaient naturellement désignés pour servir d'arbitres dans une foule de cas, et étaient souvent choisis pour trancher, avec leur impartialité reconnue, les procès embarrassants. Aujourd'hui, la France a ouvert des écoles d'où les enfants sortent au bout de quelques années avec des connaissances plus étendues que celles que possède le plus savant des marabouts, et, d'autre part, elle a établi des tribunaux qui dispensent, dans beaucoup de cas, les Kabyles d'avoir recours aux lumières des marabouts. Aussi perdent-ils chaque jour du terrain dans l'esprit public; leur influence décroît, et elle est fatalement condamnée à disparaître entièrement.

La religion de tous les Kabyles, sans exception, est l'islamisme; mais le nombre de ceux qui pratiquent les cérémonies extérieures du culte musulman est très-restreint. Ils se déclarent hautement mahométans, et si l'on voulait leur imposer par la force une autre religion, ils se révolteraient immédiatement; mais chaque fois que leur intérêt particulier se trouve en conflit avec une prescription quelconque du Coran, ils n'hésitent pas un instant à mettre le

Coran de côté et à passer outre. J'ai déjà dit que leur législation civile et politique était animée d'un esprit tout autre que l'esprit musulman. On prétend que, malgré cela, le Kabyle est fanatique, et l'on cite certains traits de l'insurrection de 1871 qui tendraient à le prouver. Il est bien possible que, sous l'influence de prédications incendiaires, et au milieu de la tourmente insurrectionnelle, quelques individualités aient fait preuve d'un réel fanatisme. Mais ce n'est pas pendant les époques troublées qu'il faut chercher chez un peuple des exemples propres à le faire juger avec impartialité. C'est plutôt aux périodes de calme qu'il faut regarder. En temps normal on ne voit pas ce qui pourrait faire accuser le Kabyle de fanatisme. On s'expliquerait même difficilement qu'une nature aussi froide, aussi positive, aussi attentive à ses intérêts matériels, se laissât dominer par une idée au point de tout lui sacrifier et de commettre en son nom des actes coupables, au risque de s'attirer des désagréments. Je croirais volontiers le Kabyle superstitieux, ce qui n'aurait pas lieu de surprendre, puisqu'il s'agit d'un peuple chez lequel l'ignorance est générale. Nos deux muletiers portent suspendu à leur cou un petit morceau de cuir carré auquel ils attribuent des vertus mystérieuses. C'est un véritable scapulaire, moins l'image. Cette sorte d'amulette est très-répandue en Kabylie.

En résumé, les Kabyles me sont apparus comme attachés au mahométisme par tradition beaucoup plus que par conviction personnelle. Leur tempérament, leurs habitudes séculaires ne les portent pas de ce côté. « Ce sont des positivistes sans le savoir », me disait M. Sabatier. Cette opinion peut paraître paradoxale; elle repose cependant sur une connaissance approfondie du caractère kabyle. Elle s'explique, du reste, par l'histoire religieuse du pays. C'est par la force brutale que l'islamisme a été introduit en Kabylie, et l'historien Ibn-Kaldoun raconte que les Berbères apostasièrent treize fois. Bien que sous l'influence des marabouts ils aient définitivement adopté le Coran, pour eux la religion n'en est pas moins une importation étrangère, et le livre qui leur sert de code religieux est resté à peu près lettre morte. L'Arabe, en effet, n'était parlé, avant la conquête, que par de rares Kabyles, et n'était lu par aucun. Les marabouts eux-mêmes, qui, dans leurs écoles, étudient le Coran, ne se livrent le plus souvent qu'à un stérile exercice de mémoire, et seraient dans l'impossibilité d'expliquer le sens des versets qu'ils récitent [1]. On comprend que dans ces conditions l'islamisme n'ait pas pénétré bien profondément la Kabylie; il est resté, pour ainsi dire, à fleur de peau chez le Kabyle.

De ces observations, qui ont été faites déjà d'une façon plus ou moins complète par divers voyageurs, certains auteurs ont conclu que les Kabyles ne demanderaient pas mieux que de se débarrasser du mahométisme et d'embrasser, si on les y encourageait tant soit peu, la religion de leurs vainqueurs. C'est se bercer de singulières illusions et examiner la question d'une façon superficielle que d'annoncer hautement des probabilités semblables. Le Kabyle a beau n'être qu'un musulman fort tiède, il se méfie instinctivement du christianisme comme d'une nouveauté sans précédent dans les annales de ses ancêtres [2], et il le méprise comme étant une religion étrangère dont il n'a pas

[1] Un Kabyle ayant jadis traduit le Coran dans sa langue maternelle; le livre fut brûlé par les marabouts, qui déclarèrent que l'arabe seul était digne d'exprimer la pensée du Prophète.

[2] Contrairement à ce qui a été dit souvent, rien ne prouve que les Kabyles aient été chrétiens avant l'époque à laquelle ils ont embrassé l'islamisme. Peut-être y a-t-il eu des églises chrétiennes dans les colonies romaines de la côte et de la vallée du Sébaou; mais il n'existe aucun indice historique que le christianisme ait jamais pénétré dans les montagnes du Djurdjura, la vraie patrie des Kabyles.

pénétré l'esprit. De plus, il est très-attaché à la polygamie, bien qu'il s'en abstienne souvent par pauvreté ou par avarice, et le seul fait que la religion chrétienne s'oppose à cet usage suffirait pour la lui rendre suspecte. Il ne faudrait cependant pas affirmer que la conversion d'un Kabyle est chose impossible ; il existe quelques exemples de musulmans turcs ou arabes convertis à l'Évangile, dont les séparaient des barrières bien autrement puissantes. A la vérité, on aurait de la peine à citer des Kabyles ayant embrassé sérieusement le christianisme ; mais il est bon d'ajouter que jusqu'à ce jour les tentatives faites pour les y amener ont été à peu près insignifiantes [1].

Il est intéressant de se demander, en se plaçant uniquement au point de vue français, s'il y aurait avantage à ce que des essais suivis de propagande chrétienne fussent tentés en Kabylie. Je n'hésite pas à me prononcer pour l'affirmative. Il est évident, en effet, qu'après la différence de langage, la différence de religion est la plus sérieuse barrière qui nous sépare du peuple kabyle. Supposons-le parlant français et conquis aux différentes formes du christianisme, et, dans cette hypothèse, la fusion des deux races serait bien près de se faire. Il est évident qu'un Kabyle qui, après un examen suffisant et sous la pression de convictions intimes, aurait renoncé au Coran et accepté l'Évangile, se trouverait par ce seul fait lié d'une manière indissoluble à la cause de la France. En principe donc on ne peut qu'approuver toute tentative faite en vue de ce résultat, désiré par tous ceux qui s'intéressent à l'avenir de la Kabylie. Mais j'entends

---

[1] Les Jésuites, remplacés depuis peu par les Pères Blancs d'Alger, ont créé il y a quelques années une école à Djema-Saridj. Mais ils déclarent eux-mêmes que leurs efforts ne tendent, pour le moment, qu'à instruire et à civiliser les Kabyles, et qu'ils remettent à une époque indéterminée le moment où ils pourront leur faire connaître le catholicisme.

l'objection que l'on m'opposera. « Le résultat que vous vous proposez, dira-t-on, est évidemment désirable. Mais n'est-il pas à craindre que si l'on porte sur le sol kabyle les discussions religieuses, on n'ouvre une ère d'agitations qui pourrait compromettre la sécurité. » La réponse est facile. Il existe deux sortes de prosélytismes : il y a un prosélytisme aveugle et autoritaire qui ne sait qu'attaquer à tout propos les croyances contraires et batailler à tort et à travers ; celui-là serait évidemment dangereux. Il y en a un autre, par contre, plus intelligent et aussi plus sûr, qui consiste à présenter uniquement ses propres idées en comptant sur leur supériorité pour en amener le triomphe et qui évite tout ce qui pourrait blesser ceux que l'on désire convaincre. Ce prosélytisme-là ne présenterait aucun danger en Kabylie, car il ne risquerait pas de surexciter les passions. Je n'ai pas besoin d'ajouter qu'une entreprise semblable ne dépend que des Églises françaises, catholique ou protestante, et que le devoir de l'administration serait d'observer la plus stricte neutralité et d'exiger de tous le respect des lois [1].

Une autre considération devrait porter les esprits éclairés, — je parle de ceux qui sont exempts de cette sorte de fanatisme antireligieux, aussi déplorable dans ses conséquences que l'autre, — à désirer que les musulmans aient l'occasion de connaître les principes de la religion chrétienne sous ses diverses formes. On a observé que si l'influence de l'éducation et d'un milieu européen suffisait souvent à faire

---

[1] Il existe des missionnaires qui, poussés par le louable désir d'accomplir leur ministère, se croient autorisés à braver lois et règlements ; ils n'hésitent pas à exercer la médecine et à ouvrir des écoles sans être munis des diplômes et brevets nécessaires. Ils devraient comprendre que, puisqu'ils sont établis en territoire français, leur premier devoir est de donner l'exemple du respect des lois françaises.

d'un Arabe ou d'un Kabyle un homme civilisé, instruit et extérieurement semblable à nous, ce même homme, mis à la tête d'une situation exigeant de la probité, ne répondait pas toujours à la confiance qui avait été placée en lui. Un trop grand nombre d'indigènes algériens ayant accepté nos mœurs et nos idées font abus des boissons alcooliques interdites par le Coran et s'imaginent par là faire preuve d'indépendance d'esprit et montrer qu'ils sont au-dessus des préjugés de leurs concitoyens. De tels faits, qui ne sont malheureusement que trop fréquents, s'expliquent par la situation morale de ceux qui tombent dans ces écarts. Ayant poussé en quelque sorte sans aucun antécédent au milieu d'une civilisation qui offre ses dangers, ils n'ont, pour y résister, ni nos croyances religieuses, ni ces traditions d'honneur conservées dans nos familles de génération en génération, et qui sont un des freins qui agissent avec le plus de puissance dans notre société. L'idée purement philosophique du devoir n'a pas toujours sur eux un empire suffisant pour les maintenir dans le droit chemin. Dès lors, il n'est pas surprenant de voir leur moralité sombrer au premier orage. Ne serait-il pas préférable pour eux, même au point de vue strictement civilisateur, qu'ils possédassent ces fortes convictions chrétiennes qui sont le plus solide point d'appui que l'homme puisse trouver pour lutter contre ses passions?

A mesure que l'on se rapproche de la chaîne du Djurdjura, le nombre des villages augmente; à certains endroits, d'un seul coup d'œil, on peut en embrasser jusqu'à une dizaine. Partout le regard se repose sur des pentes cultivées et boisées d'oliviers; dans le fond de la vallée, de plus en plus encaissée, la rivière coule, fraîche et limpide. Nous atteignons une maison cantonnière, simple cabane occupée momentanément par un détachement de troupes que commande un capitaine en mission topographique dans le pays.

UNE RUE A ALGER

Bientôt après, nous dépassons le village de Tirourda, le dernier de ce côté du Djurdjura [1].

Nous quittons alors le contre-fort que nous avons suivi depuis notre départ de Fort-National, pour escalader la chaîne principale. Il nous faut encore contourner un sommet pour aller chercher le col, qui se cache par derrière. Les cultures ont cessé brusquement; la végétation diminue par degrés à mesure qu'on s'élève. Quelques cèdres rabougris garnissent seuls les pentes arides et pelées de la montagne. Le paysage a pris un aspect sauvage qu'il n'avait pas à une moins grande hauteur. De distance en distance apparaissent des deux côtés de la route quelques flaques de neige, dernier souvenir de l'hiver, que les rayons du soleil ne tarderont pas à faire disparaître entièrement. A mesure que nous nous élevons, nous voyons d'épais brouillards accourir au-dessus de nos têtes. Un dernier regard en arrière, sur la vallée du Sébaou, et nous entrons en plein dans la brume. Nous franchissons ainsi le col à une hauteur de dix-huit cent soixante-dix-huit mètres, sans pouvoir distinguer à trois pas devant nous, et nous commençons à descendre le versant opposé. Soudain un coup de vent déchire le brouillard, qui s'envole à droite et à gauche et semble se replier sur lui-même au-dessus de nos têtes. La vallée du Sahel nous apparaît dans toute sa beauté. Au premier plan, les pentes du Djurdjura, beaucoup plus roides sur ce versant que sur l'autre, et boisées d'oliviers et de chênes verts; dans le fond, le fleuve qui déroule ses mille contours comme un serpent d'argent au milieu des prairies; en arrière, les chaînes, accumulées les unes sur les autres, des Babors, arides en général et brûlées par le soleil, mais tachées par endroits de pâturages d'un vert

---

[1] Les Kabyles prononcent *Djeurdjra*. Il serait temps que l'on adoptât pour ce mot une orthographe uniforme.

sombre, qui brillent au loin comme d'énormes émeraudes.

Après ce splendide lever de rideau, nous descendons à travers des pierres éboulées semblables à une moraine de glacier. Sous des arbres, à côté d'un torrent qui tombe, en grondant, de la montagne, nous nous arrêtons le temps de prendre un frugal déjeuner. Puis nous continuons la descente par des pentes rapides, en suivant des sentiers défoncés par les pluies sur lesquels nos mulets ont peine à se retenir. La grand'route a pris fin au col ; le tronçon qui gravit ce versant est encore inachevé. Nous traversons des villages kabyles perdus au milieu d'énormes oliviers. Aux alentours, nous voyons des meules à olives et des presses à huile fort primitives, composées d'un simple pas de vis en bois mis en mouvement par des barres transversales comme le cabestan d'un navire. Partout les femmes sont au travail avec leur étrange bonnet rouge et noir, leur robe blanche et leur ceinture rouge. Quelques-unes, la robe relevée entre les jambes, foulent les olives avec leurs pieds pour en faire sortir l'huile. Des hommes labourent leurs champs avec des attelages de bœufs.

Enfin, voici la plaine. Du petit village de Tazmalt, de création récente, mais déjà florissant avec sa population de 257 habitants européens, nous nous dirigeons sur Metz, autrement dit Akbou, en suivant le cours tortueux et paresseux du Sahel. Les montagnes qui forment la ceinture orientale de la vallée sont admirables, autant par l'étrangeté de leurs formes que par la richesse et la variété de leurs tons, qui feraient le bonheur d'un aquarelliste.

A six heures du soir, nous arrivons à l'étape, et nous nous séparons de Si-Lounis et d'Ahmed. Nos deux intrépides muletiers ont fait à pied cette longue journée de près de quatre-vingts kilomètres, et ils recommenceront demain pour regagner leur village.

FANTASIA.

TROISIÈME PARTIE

A TRAVERS LE DÉPARTEMENT DE CONSTANTINE

CHAPITRE PREMIER

Akbou et la colonisation dans la vallée du Sahel. — Bougie. — L'Oued-Agrioun et le Chabet-el-Akra. — La petite Kabylie. — Sétif.

Lorsqu'on descend la belle vallée du Sahel, Metz apparaît de loin, étagé sur le penchant d'une colline qui domine le cours du fleuve. C'est un grand village dont l'origine ne remonte pas au delà de 1872, et qui comptait en 1881 643 habitants. La population doit avoir augmenté depuis lors. Il sert de chef-lieu à la commune mixte d'Akbou, organisée le 1er janvier 1881.

Ce n'est que depuis l'insurrection de 1871 que la colonisation a débuté dans cette vallée. Les terres séquestrées aux tribus révoltées ont été distribuées aux colons et ont servi à créer les centres de Tazmalt, de Metz, de Seddouck, de Sidi-Aïch et de Bitche (El-Kseur). A côté des cultivateurs implantés par l'État, quelques colons libres se sont établis. Un négociant marseillais, M. Philip, depuis longtemps installé sur les bords du Sahel, où il possède un moulin à huile, a constitué un important vignoble. Malgré les inconvénients qui résultent de la rareté de l'eau pendant l'été, il est incontestable que la colonisation réussit, puisque cette année même des terres vendues aux enchères par l'administration, ont trouvé acquéreur au prix de deux cents francs l'hectare.

J'ai retrouvé ici une ancienne connaissance : le Kabyle Mohamed ben***, que j'avais rencontré autrefois. C'est une curieuse histoire que la sienne. Né dans les montagnes de Dra-el-Mizan, il y serait certainement resté, confondu avec la masse de ses compatriotes et partageant leur ignorance et leur misère, sans une circonstance qui eut sur son existence entière les conséquences les plus imprévues. Son père, qui avait plusieurs femmes, vivait en mauvaise intelligence avec sa mère. Cette aversion rejaillit sur le fils, qui fut, dès sa plus tendre enfance, en butte aux mauvais traitements. Le jeune Mohamed, poussé à bout, résolut de s'y soustraire par la fuite ; aussi s'est-il toujours donné comme une victime de la polygamie, qu'il exècre. A la suite de diverses aventures, il fit la rencontre d'un général français, qui le prit en affection, le garda à son service et lui fit donner une solide instruction. Il fit avec lui la campagne d'Italie ; puis, son protecteur étant mort, il fut envoyé par le gouvernement algérien à l'École d'agriculture de Grignon. Il passa ainsi plusieurs années en France, où il acheva de se transformer. N'eût été son teint bronzé et le fez qu'il portait sur la tête, personne n'aurait soupçonné son origine et sa nationalité. Survinrent la guerre de 1870 et l'insurrection de l'Algérie. Mohamed se sentait un cœur trop français pour rester indifférent à des événements aussi douloureux. Il s'engagea dans l'armée et obtint le grade d'officier dans les tirailleurs algériens. La révolte comprimée, il donna sa démission et revint s'établir en Kabylie. Mais, différant en cela de beaucoup de ses compatriotes, qui, après avoir pris au contact des Européens des allures d'hommes civilisés, les oublient une fois rentrés chez eux pour retomber bientôt au niveau de leurs frères barbares, il a conservé au milieu des Kabyles les usages, les manières et les idées qu'il avait en France. Je l'ai retrouvé aujourd'hui tel que je l'avais laissé il y a douze ans. Il a même progressé depuis lors : naturalisé Français, il a épousé, il y a plusieurs années, une Européenne, conformément aux règles du Code civil, et il est devenu père de plusieurs enfants, présages de la future union des races latine et kabyle. Un tel exemple ne démontre-t-il pas jusqu'à l'évidence qu'en dépit des pronostics pessimistes de certains esprits prévenus ou sceptiques, le Kabyle n'appartient pas à un peuple voué à une irrémédiable déchéance, et qu'il n'est pas impossible de le civiliser et de l'élever à notre niveau?

Bougie, 21 mars.

Quelle charmante petite ville que Bougie ! Au fond d'une rade, la plus sûre de l'Algérie, ses maisons roses et blanches s'élèvent en amphithéâtre dans un encadrement de montagnes qui séduit dès le premier abord. Presque toutes possèdent un jardin ou bien sont munies d'un large balcon, garni de plantes grimpantes et de vases de fleurs, d'où la vue s'étend au loin sur la mer. Partout, dans les rues, on respire l'enivrante senteur des orangers fleuris. J'ai vu pour la première fois ici un bananier à la large fleur épanouie, poussant en pleine terre devant la porte d'un café. Les environs immédiats de la ville sont couverts de jardins plantés d'énormes oliviers, de citronniers, de mandariniers et d'orangers qui produisent des fruits délicieux.

Il est surprenant que les habitants n'aient pas songé à

utiliser les avantages de leur situation pour développer les orangeries et faire, au moyen de leurs fruits, concurrence à Blida. On croirait, du reste, qu'ils ne sont pas animés de ce besoin d'action, de cette fièvre de progrès qui caractérise les autres Algériens. La ville, qui ne compte que 5,086 habitants, est stationnaire depuis quelques années. Il y a lieu d'espérer pourtant que cette situation se modifiera d'une manière avantageuse lorsque le chemin de fer, dont la construction a été votée, aura réuni Bougie au réseau algérien. La ligne nouvelle qui se soudera à Beni-Mansour à celle d'Alger à Constantine, apportera sur les quais d'embarquement tous les produits de la vallée du Sahel depuis Bouira jusqu'à la mer, ceux de la fertile Medjana et une partie de ceux de la plaine de Sétif. Le mouvement commercial de Bougie ne peut donc manquer de s'accroître avec le développement prévu de la colonisation dans toute cette région, et la facilité des transports qu'inaugurera d'ici à peu d'années la voie ferrée.

Sétif, **21** mars.

La première partie de la route de Bougie à Sétif a passé inaperçue pour nous : il faisait nuit. Le jour n'a paru qu'au moment où l'on rencontre l'oued Agrioun, à deux ou trois kilomètres de son embouchure. Nous allons remonter son cours presque jusqu'à sa source. Le pays est boisé : c'est la première forêt digne de ce nom que je rencontre en Algérie. Le chêne-liège en forme l'essence principale ; mais on ne l'exploite malheureusement pas. Il y a aux alentours de Bougie une richesse forestière énorme, dont l'État ne tire aucun parti. On laisse des arbres magnifiques tomber de vétusté à côté du chemin et pourrir sur place, s'ils n'entravent pas la circulation. Le budget du service est trop maigre pour permettre une organisation sérieuse et surtout fructueuse ; c'est là une économie bien mal entendue. Le nombre des gardes forestiers est notoirement insuffisant : il n'y en a ici que vingt, m'a-t-on assuré, pour surveiller une étendue de deux cent mille hectares. Qu'on s'étonne, après cela, de la fréquence des incendies ! Il est urgent de remédier à cet état de choses avant que les dernières forêts algériennes soient devenues la proie des flammes.

La colonisation commence à peine à pénétrer dans la vallée de l'Oued-Agrioun. Quelques rares fermes se rencontrent seules de loin en loin depuis la mer jusqu'au Chabet. Cependant le pays paraît fertile sur les rives du fleuve. La fièvre sévit encore et fait de temps en temps quelques victimes. Seul le travail européen pourra la vaincre, comme il l'a fait à Boufarik et ailleurs.

Par contre, le pays est des plus intéressants à traverser au point de vue pittoresque. De chaque côté de la rivière, des pentes boisées réjouissent les yeux. Les deux chaînes de montagnes entre lesquelles coule l'Agrioun découpent dans le ciel leurs sommets aux contours élégants et grandioses. Par-dessus la première chaîne de la rive droite, le Ta-Babor montre par moments sa tête blanchie par la neige.

Nous arrivons au Chabet-el-Akra, la merveille de l'Algérie. Après un coude brusque, le fleuve, que l'on remonte, sort d'une gorge étroite, entre deux énormes rochers à pic, si rapprochés l'un de l'autre qu'ils lui laissent à peine un passage. Ce site sauvage rappelle l'entrée du désert de la Grande-Chartreuse ; mais l'éclatante lumière qui le baigne lui donne un caractère tout à fait africain. Ce n'est encore que le prélude des impressions que le touriste va éprouver. A peine a-t-on fait quelques pas dans l'intérieur du défilé qu'on s'arrête frappé d'admiration, écrasé presque par la grandeur du spectacle que l'on a sous les yeux. Décidément l'Afrique, en cet endroit, l'emporte sur le

Dauphiné. A droite et à gauche, d'immenses murailles de rochers dressent leurs parois verticales à une hauteur vertigineuse. Leur couleur, d'un noir d'encre, ajoute à la splendide horreur du paysage. Ce n'est pas sans raison que les Arabes ont nommé ce passage Chabet-el-Akra, *les gorges de l'angoisse*. Parfois, sur ce fond sombre, se détache une large tache rougeâtre ou d'un jaune d'ocre qui ferait croire que l'éclat du soleil a calciné la roche. Dans le fond, le torrent bondit en mugissant de rocher en rocher. En levant la tête vers le ciel, on aperçoit bien haut dans l'azur un vol de noirs faucons qui traversent l'espace en jetant des cris aigus, ou bien un vautour, les ailes étendues, qui plane majestueusement au-dessus de l'abîme. On parcourt ainsi l'espace de plusieurs kilomètres sans que l'admiration première diminue un instant. Vers le milieu du trajet, la route franchit le fleuve sur un pont hardiment jeté, à une grande élévation d'un bord du défilé à l'autre, ce qui permet de l'embrasser du regard sous un aspect nouveau. Plus loin, se trouve le point le plus saisissant du parcours : la gorge semble se bifurquer en deux branches ; c'est un torrent qui, se précipitant du haut de la montagne par un étroit ravin, donne cette illusion. En face du promeneur, s'avançant en forme de promontoire élevé, un immense rocher se dresse, semblable à une tour construite par des géants. C'est la dernière émotion réservée au voyageur. Ensuite, la vallée s'élargit et l'on ne tarde pas à déboucher dans la plaine. J'emporte du Chabet un souvenir ineffaçable : par l'ampleur magistrale de ses lignes, par l'impression d'horreur qui se dégage de l'ensemble de son paysage, il mérite d'être cité parmi les grands spectacles de la nature.

Nous nous arrêtons pour déjeuner à Kerrata, un petit village bien situé dans une plaine fertile. On me montre au bord du fleuve un moulin appartenant à un ancien proscrit de 1852 qui s'est fixé ici et qui a fait fortune. Les indigènes que nous rencontrons maintenant ont une allure tout autre que ceux parmi lesquels nous avons vécu ces derniers jours. Toutes les femmes ont le visage voilé; ceci nous montre que nous sommes sortis du pays kabyle pour entrer en pays arabe.

Nous ne tardons pas à abandonner l'oued Agrioun, qui n'est plus maintenant qu'un simple ruisseau, pour suivre un de ses affluents, et nous quittons la plaine pour nous élever par des lacets longs et roides sur les montagnes nues et pelées de la Petite-Kabylie. Les cultures sont rares, car l'eau est peu abondante. Nous traversons les deux villages de Tizi-N'Béchar et d'Amoucha, de création toute récente.

Nous les avions dépassés depuis un certain temps, lorsque nous apercevons un rassemblement d'indigènes au milieu de la route. Il doit se passer quelque chose d'extraordinaire. Nous approchons, et la voiture s'arrête. Un terrible accident vient d'arriver : des ouvriers travaillaient à empierrer la route et promenaient sur le ballast qu'ils venaient de répandre un de ces lourds cylindres destinés à l'écraser, lorsque un jeune enfant arabe qui passait est tombé si malheureusement que l'énorme machine lui a roulé sur le corps. Son cadavre est encore là, sanglant et mutilé, étendu sur les pierres du chemin, la tête engagée sous le fatal rouleau. Debout à ses côtés, ses parents le contemplent impassibles, tandis que le juge de paix, assis sur le bord du chemin, rédige son procès-verbal. La voiture nous entraîne; mais je ne puis chasser ce triste spectacle de mon esprit. Je me demande si le cadavre que je viens de voir n'est pas le symbole de l'avenir réservé à la race arabe tout entière. Saura-t-elle accepter la loi du progrès qui s'impose maintenant à elle, ou n'est-elle pas plutôt destinée à périr à notre contact, écrasée sans pitié sous le rouleau de la civilisation?

Le village d'Ouricia, où nous arrivons ensuite, vient me distraire de ces pensées lugubres. Il est l'œuvre de la Société genevoise de colonisation qui a reçu de l'État, en 1853, vingt mille hectares de terrain aux environs de Sétif.

Comme la plupart des grandes Sociétés analogues, elle n'a pas répondu à ce qu'on attendait d'elle. Après avoir installé quelques colons, pour paraître satisfaire aux conditions de son cahier des charges, au lieu de cultiver elle-même ses terres, elle se contente de les louer aux Arabes. Cette manière de procéder est regrettable, car elle a pour résultat de laisser à peu près improductives des terres excellentes, et ce n'est certainement pas dans ce but que la concession a été donnée; mais elle me paraît surtout fâcheuse pour les actionnaires, qui obtiendraient d'une culture intelligente des revenus bien plus considérables. Cette situation aura forcément un terme; il arrivera, en effet, un moment, lorsque la terre en Algérie aura acquis une valeur plus élevée qu'aujourd'hui, où les propriétaires qui n'auront pas cultivé auront intérêt à vendre pour ne pas conserver entre les mains un capital improductif. C'est ce que fait déjà la Société algérienne. L'État se sera donc trouvé avoir, par ces concessions d'une étendue exagérée, constitué en vue de l'avenir des réserves inattendues pour la colonisation libre. Ce n'est pas là le résultat qu'il voulait atteindre, et mieux eût valu qu'il gardât ses terres pour les vendre lui-même. Cependant, l'erreur qu'il a commise n'aura fait que retarder le développement de la colonisation; son succès est désormais certain, et rien ne pourra l'arrêter dans sa marche.

Nous dépassons un dernier village, Fermatou, et nous descendons dans la plaine de Sétif, dont les murailles apparaissent au loin. Nous franchissons la porte, et la voiture s'arrête sur un cours planté d'arbres.

Cette ville est une création toute française. J'ai connu en France un ancien militaire qui me racontait avoir travaillé, en 1839, sous les ordres du général Galbois, à élever les premiers baraquements dans une plaine entièrement déserte. Il ne se reconnaîtrait certes plus aujourd'hui. Sétif est devenu une sous-préfecture de 5,833 habitants. Son enceinte fortifiée est déjà trop étroite pour contenir sa population ; un faubourg commence à s'élever au dehors, à côté de la gare.

La forme rectangulaire de cette enceinte impose à ses rues une régularité qui les rend monotones. Si ce n'était la mosquée, édifice tout neuf d'ailleurs, on se croirait dans une petite ville de France.

CHAPITRE II

Les Hauts-Plateaux. — En route pour le Sahara. — Un paysage africain. — La colonisation dans le désert.

Batna, le 23 mars.

Nous avons pris le train ce matin, par un temps de pluie qui s'est éclairci vers le milieu du jour. Jusqu'à El Guerra, pauvre village de quelques maisons perdues dans la plaine, la route est celle que j'ai déjà parcourue en venant de Sétif. Après avoir dépassé l'embranchement, le terrain reste uniformément plat et couvert de blés et de prairies, jusqu'à Aïn-Mlila. Ce village, déjà important quoique de création récente, marque à peu près la limite du Tell. A partir de là, on court vers une chaîne de collines qui semblent barrer la plaine à l'horizon et qui forment la ceinture des Hauts-Plateaux. Cependant un passage assez large s'ouvre au milieu d'elles et permet à la voie de les franchir sans changements de niveau considérable. Il serait difficile, de la portière d'un vagon, de déterminer la ligne précise qui sépare le Tell des Hauts-Plateaux, car on ne traverse aucun col appréciable à la vue. Mais on s'aperçoit que la nature du terrain change insensiblement : les pierres augmentent et couvrent le sol à certains endroits; les maigres champs de blé des indigènes n'apparaissent plus que de loin en loin. On sent vaguement qu'on entre dans une nouvelle région. La voie ferrée contourne les collines et vient longer la base du Djebel-Nifenser, *le bec de l'aigle,* dont les rochers jaunâtres découpent dans le ciel pur leur sommet dentelé, légèrement saupoudré de neige. Sur la droite se montre une belle nappe d'eau : c'est le chott Tinsilt, au milieu duquel sont rangés en bataille des régiments de flamants roses. La dimension de cet étang est peu considérable; d'un seul coup d'œil on embrasse toute son étendue, ainsi que sa ceinture de montagnes dénudées, mais aux tons chauds et colorés.

Une fois le chott dépassé, on est en plein sur les Hauts-Plateaux. On ne voit plus qu'une immense plaine sans autre végétation que d'arides touffes de diss. Au milieu paissent de loin en loin quelques troupeaux de moutons ou des bandes de chameaux qui broutent leur maigre pitance avec autant de volupté que des vaches suisses paissent l'herbe grasse et savoureuse dans laquelle elles s'enfoncent jusqu'au poitrail. Parfois un groupe de tentes noires en forme de pyramides se montre au loin, ou bien un cavalier arabe, fièrement campé sur sa monture, regarde passer le train. Les rares stations indiquées comme des villages, ne se composent que de la gare et de deux ou trois maisons dispersées aux alentours. On s'est trompé si l'on a voulu créer ici des centres agricoles. Dans ce pays, qui, par la nature du sol, rappelle la Crau de Provence, l'élève du mouton donnerait probablement de bien meilleurs résultats.

On aperçoit en passant le mystérieux monument du Médracen, qui apparaît dans le lointain pour disparaître bientôt après, et que l'on prendrait à distance pour un monticule pierreux, si l'on n'était prévenu. Plus loin nous longeons sur la gauche la chaîne du Djebel-bou-Arif, orientée du nord-est au sud-ouest, dont le sommet principal, chargé de neige tombée ces derniers jours, brille d'une éclatante blancheur. La plaine sans limites a fait place à une vallée peu large, mais arrosée et verdoyante en ce moment, où les cultures commencent à reparaître ; elle s'élargit peu à peu pour former la plaine de Batna.

C'est ici que le chemin de fer s'arrête, au moins provisoirement. Il n'y a que quelques mois que cette ligne est inaugurée, et déjà un prolongement est voté jusqu'à Biskra, et projeté jusqu'à Tougourt.

Que dire de Batna? Qui a vu Sétif a vu Batna : même mur d'enceinte rectangulaire ; même division en quartier militaire et quartier civil ; mêmes rues qui se coupent à angles droits. La seule différence est que Batna est moins peuplé ; il n'a que 2,548 habitants.

Biskra, 24 mars.

A cinq heures du matin, une diligence attelée de six vigoureux chevaux nous entraîne vers le désert. Il fait froid ; les ruisseaux sont couverts de glace. Il faut endosser les pardessus et dérouler les couvertures. Nous partons pour le Sahara, emmitouflés comme pour un voyage en Sibérie. C'est que Batna, élevé de 1,021 mètres au-dessus du niveau de la mer, est l'une des villes de l'Algérie où l'hiver se fait le plus sentir.

La plaine de Batna, limitée des deux côtés par des hauteurs boisées, se resserre à mesure qu'on s'avance vers le sud, jusqu'à l'extrémité des Hauts-Plateaux. A la limite, sur un terrain plat bien arrosé, se trouve le village d'Aïn-Touta, qui, après des débuts pénibles, est entré dans une ère de prospérité, à en juger par les maisons qu'on est en train d'y bâtir. C'est le dernier village français, avant-garde de la civilisation sur les confins du désert. La source qui l'alimente toute l'année et qui suffit à arroser ses champs, appartient déjà au système des fleuves sahariens.

Au delà, les collines qui bornent la vallée, le terrain, le paysage tout entier revêtent une teinte jaunâtre qui présage l'approche du Sahara. Une chaîne de montagnes qui barre l'horizon prend, vue à distance, une couleur violet bleuâtre ou rose tendre d'une délicatesse infinie. On marche à sa rencontre, et à l'instant où l'on croirait buter contre elle, la route tourne brusquement et démasque une brèche dans la muraille de rochers jaunes. On dirait qu'un écroulement a eu lieu tout exprès pour permettre à la rivière de passer. Quelques maisons européennes se sont installées là.

La diligence s'arrête, et nous descendons pour déjeuner.

A peine avons-nous eu le temps d'achever notre repas, que la lourde voiture s'ébranle de nouveau, entraînée par le galop de ses chevaux frais. Elle pénètre dans la gorge, franchit la rivière sur un pont romain restauré, et traverse en quelques minutes le défilé. Tout à coup, nous laissons échapper un cri d'admiration et d'étonnement. Comme à la suite d'un changement à vue, un spectacle tout nouveau apparaît à nos yeux : une immense plaine fauve encadrée de montagnes d'une aridité complète et brûlées par le soleil; sur les deux rives de l'oued, une forêt de palmiers dont la verte silhouette se marie si harmonieusement à ce ciel et à cet horizon; une troupe de chameaux qui s'avancent à la file, de leur pas tranquille et toujours égal, en balançant leur long cou et leur tête d'autruche; des petites maisons cubiques construites en argile, sans aucun enduit, telles qu'on en voit sur les gravures qui représentent les villages du Soudan; des Arabes en burnous blanc couchés sur le devant de leur porte, et des femmes aux robes voyantes, de couleur rouge ou bleue, tout cela baigné d'une éblouissante lumière qui répand sur tout ce paysage une chaleur de ton et une vigueur dont rien ne peut donner une idée. Une fois qu'on a franchi la porte d'Or d'El-Kantara, on a réellement mis le pied dans un monde nouveau. « Voici l'Afrique, me suis-je écrié, la vraie Afrique, l'Afrique du soleil et de la lumière! Jusqu'ici l'Algérie n'était que la prolongation de la Provence. »

A El-Kantara, nous laissons la route terminée. Au delà, elle n'est achevée que sur certains espaces, aux endroits où le besoin s'en faisait le plus vivement sentir. En Algérie, comme dans tous les pays neufs, on est obligé de courir au plus pressé, s'en remettant au temps du soin de perfectionner toutes choses. Du reste, on travaille activement à certains tronçons, et nous inaugurons un beau pont à deux arches, sur lequel aucune voiture n'a jamais passé avant la nôtre, mais dont la dernière crue a endommagé une des culées. Ailleurs, la route n'est qu'une simple piste, tracée par les ornières, et la diligence, au moindre caprice, prend à droite ou à gauche, sans aucun inconvénient. Après les pluies abondantes de ces derniers jours, une route nationale de cette nature, n'est pas précisément l'idéal du genre; nous rencontrons plus d'un mauvais passage où toute la vigueur de nos six chevaux suffit à peine pour nous permettre d'avancer. Encore, sommes-nous heureux de pouvoir passer. Les communications ont été interrompues pendant plusieurs jours par les torrents débordés, et notre voiture est la première à reprendre le service.

Il ne faudrait pas croire que toute trace de colonisation ait disparu après Aïn-Touta. Sans parler de l'oasis d'El-Outaya, où nous nous arrêtons un instant pour relayer, et qui a été replantée en entier depuis l'occupation française, nous passons à côté d'une petite oasis créée par un de nos compatriotes. Un ancien officier en retraite, le commandant Rose (je puis dire son nom sans indiscrétion, car c'est la carte de l'état-major qui me l'a appris), s'est établi en plein Sahara, après avoir épousé une arabe.

Il a choisi un endroit, appelé du nom poétique de Fontaine des Gazelles, y a planté des palmiers et s'y est construit une confortable habitation. Plus au sud encore, près d'El-Outaya, un autre Français, M. Dufour, récemment décédé, a créé une belle exploitation rurale. Ajoutons à cette liste, certainement incomplète, les noms de M. Fau, dans l'Oued-Rirh, et de M. Tarry, à Ouargla, et nous verrons que notre pays ne manque pas de hardis pionniers qui vont jusqu'au milieu du désert faire connaître et estimer la France pacifique et laborieuse.

Nous espérions franchir de jour le col de Sfa, d'où l'on découvre toute la perspective du Sahara et de ses oasis ; mais nous avions compté sans le mauvais état de la route et sans un accident, peu grave heureusement, qui a failli nous empêcher d'arriver ce soir à Biskra. Un timon s'est brisé en plein désert, et le temps perdu à le réinstaller tant bien que mal nous a mis en retard. A peine sommes-nous repartis, que nous voyons le soleil, comme un globe de feu, descendre majestueusement dans les brumes du couchant ; presque aussitôt la nuit tombe ; et quand nous atteignons le col, nous ne distinguons plus sous nos pieds qu'une immensité noire, au-dessus de laquelle s'allument les étoiles, resplendissantes dans un ciel d'un éclat merveilleux.

CHAPITRE III

A quoi sert le palmier dans le Sahara. — Une oasis. — L'entrée du gouverneur général à Biskra.

Je ne sais comment exprimer mon admiration pour Biskra, pour sa splendide végétation, pour ses horizons immenses et sans bornes, pour son soleil brûlant, pour son ciel d'azur.

Je ne puis me lasser de contempler le palmier. Ce n'est pas l'arbre chétif et phthisique de nos jardins publics du midi de la France ; ce n'est pas non plus l'arbre rachitique qui fait pâmer les Anglais sur les promenades de Nice. C'est ici qu'il faut le voir, plein de vigueur et de force, pousser son tronc élancé vers le ciel bleu, au milieu duquel il épanouit son élégant panache de palmes retombantes. C'est le seul grand arbre que l'on trouve dans le Sahara ; mais il y abonde, et l'on n'en compte pas moins de cent trente variétés, dans la partie du désert soumise à la France. On le rencontre à chaque pas. Si le palmier est partout ici, il est tout également : sans lui, la ville ne serait pas bâtie, puisqu'il n'y aurait pas de commerce de dattes ; les habitants ne se seraient pas rassemblés, puisque c'est lui qui les nourrit de son fruit ; l'oasis n'existerait pas, car elle n'est pas autre chose qu'un groupe plus ou moins considérable de palmiers. A l'abri de son ombre tutélaire, l'indigène édifie sa maison, cultive son jardin, récolte ses fruits, son orge et son blé. La datte, qui est sa nourriture habituelle, fait aussi sa fortune ; avec le tronc du palmier, il fabrique les poutres de sa demeure ; avec les branches rapprochées l'une contre l'autre, et maintenues par des tiges transversales, il construit des portes légères et solides ; les feuilles le protègent contre les rayons d'un soleil trop ardent. Par contre, là où cesse le palmier, plus rien : l'immense plaine fauve ; du sable et des cailloux ; la chaleur accablante; point d'eau pour se désaltérer ; point de culture possible ; on peut passer, on ne saurait séjourner : c'est le désert dans toute sa stérilité, dans toute son horreur.

Mon arrivée a coïncidé avec celle du gouverneur général de l'Agérie, qui revient d'une longue tournée accomplie dans l'extrême sud de nos possessions. Cela m'a permis de voir Biskra un jour de fête. A l'entrée de la ville, on a dressé un élégant arc de triomphe formé de branches de palmiers ; devant la promenade publique, les arcades des maisons sont décorées avec des palmes. Partout, des drapeaux tricolores, suspendus aux fenêtres ou perchés sur les toits, ouvrent joyeusement leurs plis à la brise du désert. De tous côtés passent des groupes d'Arabes en costume de fête. Les cheiks, les caïds ont, pour la circonstance, revêtu leurs plus beaux vêtements, sorti leurs armes les plus riches et monté les plus élégants de leurs chevaux de luxe. Assis sous les arcades du *café du Sahara*, nous voyons les cavaliers porter leurs messages, les goumiers partir pour la fantasia, le flot des curieux s'écouler dans la direction où le gouverneur sera reçu par les autorités. Tout ce mouvement, ce bruit, ce chatoiement d'uniformes et de vêtements aux couleurs voyantes qui éclatent au soleil, forment un ensemble d'impressions qu'on ne peut goûter ailleurs qu'en Afrique.

Nous nous mettons en marche, nous aussi, pour assister au spectacle, en suivant les groupes d'Arabes à pied ou les cavaliers attardés qui nous indiquent la route. Sortant de la ville française, nous pénétrons dans l'oasis, composée d'une multitude de jardins, entourés de murs en boue, par-dessus lesquels les palmiers montrent leur tête qui se détache gracieusement sur le ciel bleu. De loin en loin se montrent quelques vieux oliviers, derniers vestiges de la colonisation romaine dans le désert; des orangers, des mandariniers, des citronniers, des abricotiers, des grenadiers, toute la série des arbres fruitiers si appréciés en Europe. Ailleurs, le sol est recouvert de champs d'orge, dont l'épi est déjà formé et sera mûr avant un mois.

Souvent nous enjambons des canaux d'irrigation d'une disposition originale. A certains endroits, la branche mère est divisée en deux ou trois bras par une petite levée en terre. Chaque propriétaire a droit à l'eau qui passe dans l'un des bras pendant un nombre d'heures déterminé; c'est ce que les indigènes appellent leur *dar*. Cet usage, dont l'origine remonte fort loin, n'a jamais donné lieu à aucune contestation entre voisins. C'est l'étendue de terrain que l'on peut arroser avec un dar qui est, dans l'oasis, l'unité de mesure agraire. Cette étendue varie suivant la nature des cultures : elle est de deux hectares pour les terres complantées en palmiers, et de dix hectares pour les terres de culture [1].

Le vieux Biskra, le village indigène, antérieur à l'occupation française, m'a permis d'étudier de plus près la construction des maisons sahariennes. Les seuls matériaux qui soient employés sont le bois de palmier et la terre. Avec de la boue mêlée de débris de paille, de quelques cailloux et de détritus de toute espèce, les habitants font des

---

[1] Ces terrains se vendent, à Biskra, de 2,000 à 2,500 francs le dar.

briques qu'ils laissent tout simplement sécher au soleil, et qu'ils se contentent ensuite de réunir avec de la terre délayée dans de l'eau. Ce genre d'édifice est acceptable dans un pays où l'atmosphère ne contient jamais la moindre humidité. Mais lorsque, par extraordinaire, il vient à pleuvoir, l'habitation court grand risque, et si les pluies se prolongent pendant plusieurs jours, ce qui, heureusement, n'arrive guère qu'une fois dans la vie d'un homme, la boue est bientôt liquéfiée, et le bâtiment est à reconstruire. C'est ce qui vient d'arriver tout récemment à Laghouat, où plus de cent maisons ont fondu sous l'averse en une nuit. La forme invariable de l'architecture des oasis est le cube percé d'une porte basse et de petites fenêtres. La toiture est une terrasse sur laquelle on aperçoit tantôt un homme en train de faire ses dévotions, la face tournée vers l'orient, tantôt une gracieuse silhouette de jeune fille aux vêtements flottants.

Les rues sont barrées parfois par de lourdes portes en bois, sans doute pour faciliter la défense, à l'époque où les oasis étaient exposées aux attaques continuelles des pillards. Tels qu'ils sont, ces villages sahariens, avec leurs murailles de terre, et l'abri que leurs jardins clos de murs pouvaient offrir aux défenseurs, devaient être en état d'opposer une résistance sérieuse aux nomades du désert, armés uniquement de leurs lances ou de leurs mauvais fusils. On s'explique même que les habitants, embusqués derrière leurs palmiers et retranchés derrière leurs murailles, aient pu tenir un certain temps, comme à Zaatcha, contre des troupes françaises mal pourvues en artillerie.

Tout le long du trajet, nous voyons des indigènes nonchalamment couchés devant leur porte, roulés dans leur burnous ; les uns dorment, les autres frappent avec la paume de la main sur une espèce de tambourin, qui ressemblerait tout à fait à un tamis s'il était percé de trous.

Des femmes, vêtues de bleu, les oreilles surchargées d'énormes pendants qu'elles fixent à la partie supérieure du cartilage, le visage tatoué de trois petites croix, l'une au milieu du front, les deux autres sur les pommettes des joues, et la tête couverte de la coiffure kabyle, nous regardent passer en filant de la laine, leur quenouille à la main. Cette race paraît fortement mélangée de sang noir. Un certain nombre de véritables nègres habitent, du reste, un quartier de la ville.

Nous traversons ainsi l'oasis dans toute sa longueur, et nous atteignons le commencement de la route de Tougourt. La chaleur est accablante ; si nous avons laissé hier la neige et la glace à Batna, c'est le mois de juillet du midi de la France que nous trouvons ici. Le préfet, accompagné des autorités civiles, s'est arrêté à l'ombre d'un bouquet de palmiers. Au loin, dans la vaste plaine nue, on distingue confusément un groupe de cavaliers. C'est le cortége des autorités militaires qui s'est porté au-devant du gouverneur. Nous voyons, avec nos lorgnettes, les chevaux rangés en bon ordre. Mais voici un spahi qui passe devant nous, lancé à fond de train ; il est superbe ainsi, sur sa haute selle arabe, son ample manteau rouge soulevé par la course, rivé lui-même à son cheval, sur lequel il dévore l'espace. Il va annoncer au préfet que le gouverneur est en vue. En effet, une fusillade éclate pour saluer son approche, et un mouvement se produit dans le groupe des cavaliers. En un instant le cortége se forme, et le voici qui défile au galop. Deux chasseurs d'Afrique ouvrent la marche. Derrière eux viennent les deux fils du caïd de Biskra, beaux hommes, montés sur de superbes chevaux, magnifiquement harnachés et couverts de housses de soie, absolument pareilles à celles des chevaliers du moyen âge. L'un d'eux est vêtu de velours violet, l'autre de soie rose. Ils précèdent la voiture du gouverneur, traînée par des mulets du train des équipages. Le premier fonctionnaire de la colonie est en costume de voyage; il a la tête couverte du chapeau-casque, si nécessaire dans le Sahara, et paraît fatigué de la pénible tournée qu'il vient d'accomplir. C'est dans cet appareil, d'une simplicité toute républicaine, qu'il fait son entrée à Biskra. En arrière et sur les côtés galopent les spahis et les cavaliers des goums, commandés par le caïd en personne, Ben Ganah, drapé, comme un général romain, dans son magnifique manteau de pourpre à franges d'or. Il s'avance, solide en selle, malgré son âge avancé, portant au cou la croix de commandeur de la Légion d'honneur, récompense méritée des services qu'il a rendus à la cause française. Au centre du groupe des cavaliers, un Arabe porte le drapeau tricolore orné d'un croissant.

Mais le cortége est déjà passé, rapide comme un tourbillon; il disparaît bientôt sous les palmiers de l'oasis. Il ne me reste plus que le souvenir de chevaux magnifiques, de costumes éclatants, d'armes reluisantes, se mêlant dans un désordre pittoresque, sous l'éclat incomparable du soleil du désert, vision magique trop tôt disparue, mais qui laissera dans mon esprit une empreinte inoubliable.

Nous nous égarons, en rentrant, à travers les palmiers et les champs d'orge. Les dernières détonations, qui arrivent de loin à notre oreille, nous apprennent que le cortége est arrivé dans la ville. Tandis qu'à l'hôtel de ville, le gouverneur procède aux réceptions officielles, nous grimpons sur une hauteur qui domine Biskra, pour voir le soleil se coucher. A nos pieds, l'oasis et ses cent cinquante mille palmiers forment une masse d'un vert sombre. Plus loin, le désert immense, aride et nu, que rien ne borne, s'étend à perte de vue. Au nord, le regard est arrêté par des montagnes qui revêtent au couchant des couleurs merveilleuses. Les unes sont violettes ou bleuâtres; d'autres prennent une teinte d'un rose tendre et velouté, pour laquelle j'ai cherché longtemps une comparaison satisfaisante. La plus exacte est encore celle qui m'est fournie par leur nom même, et que l'imagination poétique des Arabes a trouvée depuis des siècles. C'est la chaîne de l'Ahmar-Kaddou, de *la joue rouge*, que nous admirons en ce moment. On croirait voir, en effet, le flanc de la montagne se couvrir à cette heure de la délicate rougeur qui colore la joue d'une timide jeune fille. A mesure que le soleil baisse, l'éclat de cette coloration semble augmenter; mais l'astre disparaît, et la nuit ne tarde pas à couvrir de son ombre toutes ces magnificences.

CHAPITRE IV

Une ville française au désert. — Biskra capitale du Sahara français. — Son avenir commercial.

Biskra, 27 mars.

Biskra, en tant que ville française, ne date guère que du rétablissement de la paix, en 1871. Auparavant, le vieux Biskra, peuplé uniquement d'indigènes, existait seul, à côté du fort Saint-Germain.

Depuis lors, quelques négociants, attirés par le commerce des dattes, n'ont pas craint de venir s'établir en plein désert, et une ville nouvelle est sortie de terre en quelques années. Sa population civile est de quelques centaines de Français. Ses maisons, pour lesquelles on a très-heureusement imité, dans une certaine mesure, l'architecture locale, sont alignées, en bon ordre, à côté de l'oasis.

La place principale est entourée de constructions aux toits plats, en forme de terrasse, dont le premier étage, en saillie sur le rez-de-chaussée, est soutenu par des piliers en maçonnerie. On a obtenu ainsi une galerie couverte, sous laquelle on peut circuler à l'abri des rayons du soleil, avantage inappréciable sous ce climat de feu. Tout le centre de la place est occupé par un magnifique jardin public planté de palmiers et d'autres arbres des tropiques, où des ruisseaux d'eau courante entretiennent une agréable fraîcheur, tandis que de nombreux mimosas en fleurs répandent dans l'air leur parfum doux et pénétrant. Un second jardin se trouve à l'extrémité de la ville. Ces deux squares, et surtout le goût oriental qui a présidé à la construction des maisons, donnent à Biskra un cachet d'originalité tout particulier, et qui n'est pas dépourvu de charmes.

Les premiers architectes qui ont tracé le plan de la ville ont cru à son avenir, et, pour ne pas gêner son développement futur, se sont gardés de l'environner de murailles : un fort suffit à garantir la sécurité de ses habitants. Les progrès déjà accomplis en douze ou treize ans sont un gage certain de la prospérité qu'assure à Biskra sa situation exceptionnelle. Le climat, comme on serait peut-être tenté de le croire, ne sera pas un obstacle sérieux. Il est aujourd'hui démontré par l'expérience que, contrairement à la croyance générale, l'Européen peut vivre dans le Sahara. Il y a maintenant des Français, militaires et même civils, établis dans les principales oasis soumises à notre domination. Sans parler des garnisons et du personnel des bureaux arabes, on en trouve, depuis quelques années, à Tougourt, à Ouargla, et même à El-Oued, dans le Souf, une des régions les plus inhospitalières du désert. A Biskra même, la petite colonie européenne vit et prospère. Les trois ou quatre mois d'été sont seuls difficiles à supporter. Les habitants aisés vont passer cette période de terribles chaleurs à Batna ou dans les villes du Tell; ceux, au contraire, que leurs occupations ou leur situation de fortune retiennent chez eux, finissent par s'accoutumer aux rigueurs d'une température embrasée. A part cet inconvénient, le climat de Biskra est d'une salubrité parfaite ; la fièvre y est inconnue et aucune maladie locale grave n'a été signalée. Le célèbre *clou de Biskra* n'est qu'un simple furoncle d'une nature particulièrement tenace, mais qui n'a, dans la généralité des cas, aucun effet nuisible sur la santé. Ici, comme ailleurs, les enfants d'Européens naissent, grandissent et se développent d'une manière parfaitement normale. Une preuve plus concluante encore m'a été fournie par deux enfants d'une douzaine d'années : nées sous le ciel brumeux de Lyon, elles ont été amenées ici très-jeunes et se sont toujours parfaitement portées.

Bien loin d'entraver le développement de Biskra, son climat deviendra pour lui un auxiliaire puissant. La température, d'une douceur sans égale, dont on jouit ici pendant toute la durée de l'hiver, jointe à la beauté du ciel et au charme attirant de l'oasis, en fera le séjour de prédilection des malades.

Depuis quelques années, les villes d'hiver du littoral français de la Méditerranée redoutent de voir Alger leur enlever leur riche clientèle étrangère ; et, cependant, Alger n'a guère que sa pittoresque ville arabe à offrir aux malades de plus que Nice ou Menton ; c'est trop peu pour compenser les ennuis d'une traversée. Biskra, par contre, qui possède une température plus élevée et toujours égale pendant l'hiver, deviendra, avec le temps, un rival sérieux pour nos villes des Alpes-Maritimes. La seule difficulté qui arrête les hiverneurs, l'éloignement, disparaîtra dès que le chemin de fer sera terminé. Si les Compagnies algériennes se décident enfin à créer des trains express, et elles s'y décideront dès qu'elles auront des Anglais à transporter en nombre suffisant, il ne faudra plus que cinq ou six heures pour aller de Philippeville à Biskra. Ces dernières années déjà, les touristes, malgré la lenteur des trains et la fatigue d'une longue journée de diligence, commencent à prendre la route du Sahara. Dès qu'il sera possible de monter dans un vagon à Philippeville, pour n'en descendre qu'à Biskra, les malades n'hésiteront plus à faire le voyage, et les étrangers afflueront.

Mais ce n'est pas uniquement sur l'espoir de devenir une ville d'hiver que repose la prospérité future de Biskra; c'est d'abord, et surtout, sur sa situation exceptionnelle qui le destine à être un centre commercial de premier ordre. La datte a été de tout temps un fruit apprécié sur les tables d'Europe; mais il n'arrivait sur nos marchés qu'après de longues pérégrinations à dos de chameau, et après avoir passé par les mains de nombreux intermédiaires arabes. Or Biskra, qui est à près de trois cents kilomètres dans l'intérieur, se trouve placé au centre du pays de production de ce fruit savoureux. Non-seulement les cent cinquante mille palmiers de son oasis en produisent chaque année une abondante récolte, mais les oasis environnantes des Ziban, dont les neuf cent mille palmiers donnent une récolte annuelle de près de quatorze millions de kilogrammes de dattes, sont obligées de s'approvisionner à Biskra. Ce n'est pas tout : d'autres groupes d'oasis sont, par leur position, sous sa dépendance économique. L'Oued-Rirh, ce chapelet d'oasis long de cent vingt kilomètres, qui commence à quatre-vingt-dix kilomètres au sud de Biskra, ne peut exporter ses produits vers la mer sans traverser la capitale des Ziban. Or ce pays a singulièrement prospéré depuis que, en 1854, la France y a établi son autorité.

Grâce aux nombreux puits artésiens qui ont été forés depuis cette époque, le bien-être est revenu dans les villages ruinés par des guerres continuelles. La population a presque doublé en trente-cinq ans, et les plantations de palmiers se sont accrues considérablement : il y en avait plus de cinq cent mille en 1880. Le Souf, groupe d'oasis à l'est de Tougourt, vers la frontière tunisienne, que les bureaux arabes administrent directement depuis deux ou trois ans, compte environ cent soixante-quinze mille dattiers, dont les fruits appartiennent à la qualité la plus estimée. Une partie de la récolte est expédiée à Tunis par caravanes ; mais il serait facile de l'attirer tout entière sur le marché de Biskra, beaucoup plus rapproché. Enfin, l'oasis d'Ouargla, qui peut choisir, pour l'expédition de ses produits, entre Biskra et Laghouat, compte quatre cent cinquante mille palmiers. En résumé, le nombre des dattiers de la région saharienne dont Biskra est destiné à devenir le centre commercial et administratif, dépasse deux millions, et la récolte annuelle est évaluée à plus de dix millions de francs. On voit qu'il y a là les éléments d'un commerce considérable [1].

La culture des palmiers deviendra aussi pour les Français une industrie lucrative. Quelques-uns l'ont tentée avec succès ces dernières années. MM. Fau et Fourreau ont constitué, en 1880, la Compagnie de l'Oued-Rirh, qui se propose de creuser des puits artésiens et de planter des dattiers. Ils ont déjà acheté de vastes étendues de terrain, soit dans les Ziban, soit à Tougourt. Une autre Société par actions s'est formée récemment dans le même but sous le nom de Société agricole et industrielle de Batna. Enfin, MM. Treille, Saladin et Forcioli, sont propriétaires de l'oasis d'El-Amri, vendue aux enchères par l'État, qui l'avait confisquée à ses habitants à la suite de l'insurrection de 1876.

Il ne faudrait pas croire que le dattier est la seule ressource de nos possessions sahariennes. Les arbres fruitiers, au nombre de huit cent mille, donnent aux habitants un revenu de près de deux millions par an. Quand les oranges et les mandarines pourront être exportées avec facilité, il n'y a pas de doute que la production n'augmente considérablement. Les oasis produisent, en outre, du blé et de

---

[1] Ces chiffres sont empruntés à la brochure *Les Oasis de l'Oued-Rirh en 1856 et 1880*, par M. Jus.

l'orge. Mais, jusqu'à présent, la production de ces céréales, aussi nécessaires à la vie dans le Sahara que dans d'autres contrées, est restée inférieure à la consommation, et la population sédentaire qui les cultive était encore, il n'y a pas longtemps, tributaire, pour ces denrées si précieuses, des nomades qui remontent chaque année dans le Tell pour y faire leur provision, et qui, à leur retour, leur revendaient très-cher le blé échangé contre leurs dattes. Depuis quelques années, cette situation tend à se modifier. Les habitants des oasis, qui ont maintenant, grâce à la France, de l'eau en quantité suffisante, étendent chaque année leurs cultures, et l'on peut, dès à présent, prévoir le jour où ce seront les habitants français ou indigènes de Biskra et de l'Oued-Rirh qui vendront aux Arabes nomades les blés qu'ils auront eux-mêmes récoltés ou qu'ils auront fait venir du Tell sur leurs marchés. Cette révolution économique, qui est en train de s'accomplir, aura le double résultat d'accroître notablement l'importance commerciale de Biskra et de la région des oasis, et en même temps de placer les tribus turbulentes du désert, si difficiles à contenir, sous la dépendance politique de quelques marchés où nos troupes sont établies à poste fixe.

Parlons enfin de deux produits qui n'attendent que l'impulsion des capitaux français pour prendre, selon toute vraisemblance, une place considérable dans le mouvement commercial dont Biskra sera le centre. Le premier de ces produits est le vin. La vigne a poussé de tout temps dans les oasis sahariennes. Même à l'époque toute récente où elle était à peu près inconnue dans le Tell algérien, les habitants des Ziban en plantaient çà et là quelques ceps, uniquement pour manger le raisin. Il serait donc possible de la cultiver sur une large échelle, à l'ombre des palmiers, pour obtenir du vin. Par suite de la nature sablonneuse du terrain et du voisinage continuel de l'eau, qui permettrait au besoin la submersion, on aurait de grandes chances d'être entièrement à l'abri du phylloxera, dont le spectre menaçant hante, malgré eux, l'imagination de tous les colons algériens. Par contre, on aurait sans doute à redouter les ravages du siroco.

Le coton était aussi cultivé jadis dans le Sahara. Cette culture a été abandonnée, il y a longtemps déjà, sans doute à l'époque où des guerres continuelles avaient amené la décadence des oasis, et où les puits, mal entretenus, ne fournissaient plus qu'une quantité d'eau insuffisante que l'on réservait précieusement pour empêcher les palmiers de mourir. Ce qui s'est fait autrefois peut se faire de nouveau, maintenant que les barrages et les puits artésiens permettent des irrigations abondantes. Des essais tentés il y a quelques années, dans l'Oued-Rirh, par l'ancien agha Ben-Driss, ont donné des résultats satisfaisants. A El-Outaya également, le coton croît dans la propriété Dufour. Ces tentatives isolées n'ont encore résolu la question que théoriquement. Il faudrait les renouveler sur une plus vaste échelle pour acquérir la certitude que les obstacles qui ont fait échouer la culture cotonnière dans le Tell pourront être surmontés dans le Sahara. L'un des principaux est la cherté de la main-d'œuvre, qui ne permet pas au colon algérien de produire du coton à un prix aussi bas que le planteur d'Amérique. Si l'on pouvait utiliser dans les oasis le travail des femmes, ce qui ne paraît pas incompatible avec les usages locaux, on obtiendrait une main-d'œuvre économique qui fournirait la clef du problème cotonnier en Afrique.

Enfin l'élévation de la température pendant l'hiver, jointe à l'abondance de l'eau, permettra sans doute à Biskra la culture des primeurs, dès que la vapeur facilitera l'exportation rapide de ces produits, si recherchés des gourmets européens.

Je crois en avoir assez dit pour démontrer l'importance économique de la région des oasis, si longtemps négligée par les touristes et les négociants français. La voie ferrée, en rapprochant le Sahara des pays civilisés, aura bientôt réparé cet oubli.

QUATRIÈME PARTIE

UNE EXCURSION DANS LES MONTS AURÈS

CHAPITRE PREMIER

Géographie physique des monts Aurès. — Les populations primitives de l'Afrique du Nord. — Origine des Zénatas. — Les divers groupes berbères. — Intérêt qu'offrent les Chaouias pour l'étude de l'ethnographie africaine.

Avant de poursuivre le récit de ce voyage, il ne sera pas inutile de présenter quelques considérations générales sur la géographie physique, l'ethnographie et l'histoire de la région des monts Aurès, que le lecteur va être appelé à parcourir avec moi. A défaut d'autres attraits, les pages qui vont suivre présenteront au moins celui de la nouveauté ; car, jusqu'à ce jour, le pays qui en sera l'objet a été, de toutes les parties de l'Algérie, la plus mal connue et la moins visitée des voyageurs et des touristes.

Jacques Bruce, qui fut consul d'Angleterre à Alger, de 1764 à 1768, fut le premier Européen qui pénétra dans ces montagnes reculées. Ce fut une circonstance toute fortuite qui lui permit d'accomplir cette rapide exploration. Il parcourait la plaine qui s'étend au pied des Aurès, visitant les ruines de Timgad, lorsqu'il fit la rencontre d'un chef campé aux environs qui, bien des années auparavant, avait été fait prisonnier par des Italiens à bord d'un navire barbaresque, et amené à Nice, où on l'avait condamné aux travaux forcés comme pirate. Bruce avait eu des bontés pour lui, l'avait aidé à obtenir sa liberté et à regagner l'Afrique. Reçu comme un frère par l'ancien forçat reconnaissant, il fut conduit par lui dans sa tribu, où il put faire un court séjour.

Lors de la conquête française, les Aurès furent de nouveau visités et parcourus dans tous les sens par nos officiers. Mais tandis que toutes les autres parties du territoire algérien ont été décrites dans de nombreuses publications, cette curieuse région est restée plongée dans un oubli complet. Ce fut encore un Anglais qui la révéla en quelque sorte au public. M. le colonel Playfair, consul d'Angleterre à Alger, qui avait entrepris de refaire les voyages de son illustre prédécesseur dans l'Afrique du Nord, visita les Aurès en 1875. Son intéressante relation a été publiée en anglais[1]. Deux ans plus tard, M. Masqueray, professeur à l'École supérieure des lettres d'Alger, chargé d'une mission archéologique dans le sud de l'Algérie, fit une exploration complète du massif[2]. C'est à ces deux seuls voyageurs que l'on doit encore demander aujourd'hui tous les renseignements que l'on possède sur une région pourtant bien digne de provoquer l'attention des savants et d'attirer les touristes amateurs des violents contrastes naturels.

Les cartes publiées jusqu'à ce jour ne permettent pas de se former une idée juste de ce pays. La carte de l'état-

---

[1] *Travels in the footsteps of Bruce*. London.
[2] Les principaux résultats de ce remarquable voyage ont été publiés dans la *Revue africaine* (années 1877-1880); mais il est regrettable que le savant professeur n'ait pas donné un travail d'ensemble résumant ses observations.

major elle-même, dans son édition la plus récente (1882), renferme de nombreuses inexactitudes, aussi bien dans la transcription des noms géographiques que dans le tracé du système orographique. Cependant les études de la brigade topographique qui a terminé les travaux de triangulation pendant l'été de 1883, jointes aux nombreux levés des officiers des bureaux arabes, font espérer que l'on ne tardera pas à posséder une carte des Aurès à laquelle il sera possible d'accorder toute confiance[1]. La description qui suit est le résumé de mes propres observations, jointes aux renseignements qui m'ont été fournis par les hommes les mieux à même de connaître le pays.

Le massif montagneux qui porte depuis l'antiquité le nom d'Aurès, se dresse au sud de la province de Constantine, entre les Hauts-Plateaux et le désert. Il se relie à cette immense chaîne d'élévations, d'altitude variable, qui, détachée du grand Atlas marocain, forme le rebord méridional des plateaux et, traversant la Tunisie en diagonale, va finir dans la Méditerranée, au cap Bon. La section qui porte le nom d'Aurès, la plus orientale de l'Algérie, est aussi la plus élevée, et c'est ce qui explique que les Hauts-Plateaux, arides et à peu près incultes dans le reste de leur étendue, soient cultivables presque en totalité dans la province de Constantine. Tandis qu'ailleurs le vent du Sahara, franchissant sans difficulté de faibles hauteurs, va les stériliser de son souffle, les cimes élevées des Aurès, dont l'une est le point culminant de l'Algérie tout entière, imposent une infranchissable barrière aux influences funestes du désert.

Le massif couvre tout l'espace de terrain compris entre

---

[1] Le Dépôt de la Guerre a publié en 1886 une carte du cercle de Biskra en huit feuilles, au $\frac{1}{200000}$, qui répond à ce *desideratum* pour une partie du massif.

le lit de l'oued El-Kantara à l'ouest, et à l'est les montagnes du sud de Tébessa, vers la frontière tunisienne. Entre ces deux limites extrêmes se ramifie tout un système montagneux fort compliqué, dont il est difficile, sans une étude approfondie, de dégager les grandes lignes et les traits généraux. L'exploration du pays conduit à une conclusion que l'examen des cartes actuelles ne faisait pas prévoir : les Aurès se composent d'une chaîne principale orientée de l'est à l'ouest et de plusieurs contre-forts, sensiblement parallèles entre eux et dirigés vers le sud-ouest. La chaîne principale suit la direction générale de la grande chaîne, limite méridionale des Hauts-Plateaux, dont elle n'est qu'une fraction. Elle se compose d'un massif central qui contient ses plus hauts sommets, ceux du Chélia et du Siloubella, et d'où se détachent vers l'ouest et vers l'est deux séries de hauteurs moins accentuées. La première contourne au nord la plaine de Médina et se continue par le Ras-Enchoura, au pied duquel coule l'oued Taga, le Djebel-Mehmel et ses ramifications jusque vers El-Kantara. Du côté de l'est, le pic du Djebel-Bézez (qu'aucune carte ne mentionne), le Djafaa, en forme de table, le Mehmel oriental et une ligne de faîte plus abaissée qui sépare les eaux sahariennes de celles du bassin de la Médjerda, prolongent les Aurès jusque vers Tébessa. Les contre-forts qui garnissent le versant méridional forment tous, avec la chaîne principale, des angles aigus dont l'ouverture est tournée vers l'ouest. Déboisés presque en totalité, exposés aux ardeurs du soleil et aux effets pernicieux du vent du sud, ils vont mourir dans l'immense plaine du Sahara qui s'étend à leur pied. Dans leurs vallées coulent des torrents, à sec durant l'été, et dont les eaux pendant l'hiver se perdent sous terre, au nord du chott Melrir. Ce sont, en se dirigeant de l'est à l'ouest : le Djebel-Djellal et le Djebel-Doukhan, entre lesquels coule l'oued Tilidjen, dont le lit passe à Négrine ; le Djebel-Chechar, dont le versant oriental donne naissance à l'oued Bedjer, à l'oued Ferrouj et à l'oued Djellal, et dont le versant occidental est longé par l'oued El-Arab, descendu du Djafaa, non loin de Krenchela, et qui, après avoir reçu par l'oued Mellagou une partie des eaux du Chélia, arrose le village de Khanga-Sidi-Nadji, célèbre comme centre religieux ; l'Ahmar-Kaddou, que longent l'oued El-Abiod et son affluent l'oued Cheunnaoura ; le Djebel-Zalatou[1], qui sépare ce fleuve de son affluent et qui se termine à la gorge de Tiraniminn ; le Ras-ed-Drah avec ses deux pics du Djebel-Moudji et du Djebel-Lazreug, qui sépare la vallée de l'oued El-Abiod de celle de l'oued Abdi ; enfin le Djebel-Bous, entre cette dernière vallée et celle du petit torrent de l'oued Mélah. Les principaux cours d'eau qui coulent vers le nord sont, en suivant le même ordre : l'oued Guélat, qui arrose Tébessa ; l'oued Mellègue, qui reçoit l'oued Guélat et qui, après un assez long parcours, va porter ses eaux dans la Médjerda ; l'oued Bou-Roughal, qui descend du Djafaa à l'est de Krenchela, et se jette dans le lac salé de Guerah-El-Tharf, et sur les bords duquel on trouve les ruines de Baghaï ; enfin l'affluent considérable de la Sebka-Djeudéh, qui porte, sur différents points de son cours, les noms de oued Chemora, oued Firaz et oued Taga et qui reçoit, à l'entrée du Foum-Kosantina, par l'oued Tahammamt, une partie des eaux du Chélia.

Essayons maintenant d'indiquer quelles sont les origines probables des populations des Aurès. Si cette étude entraîne des développements indispensables dans un sujet aussi

---

[1] C'est le Ras-Séran de la carte de MASQUERAY (*Notice sur les Ouled-Daoud*) et le Djebel-Loua de la carte de l'état-major. Dans l'orthographe des noms géographiques, je me suis efforcé de me rapprocher le plus possible de la prononciation locale.

obscur, le lecteur, je l'espère, en pardonnera la longueur en raison de l'intérêt qui s'attache à ces recherches.

Les plus anciennes traditions des peuples de l'Afrique du Nord relatives à leur propre origine, nous ont été conservées par Salluste, qui les avait lui-même puisées dans d'anciens livres ayant appartenu au roi Hiempsal.

L'historien latin nous apprend que les premiers habitants de l'Afrique furent les Libyens et les Gétules, les premiers occupant le littoral montagneux de la Méditerranée, les seconds venus du Sahara. Quels étaient ces deux peuples, et à quel rameau de l'espèce humaine convient-il de les rattacher? Cette question, longtemps obscure, a été éclairée d'un jour inattendu par les découvertes de l'archéologie moderne. Depuis que l'histoire de l'ancienne Égypte a été renouvelée par la lecture des monuments hiéroglyphiques, on sait que les Libyens des géographes grecs et latins étaient une race d'hommes aux cheveux blonds et aux yeux bleus qui avaient fondé un puissant État sur la rive méridionale de la Méditerranée. Les Égyptiens les appelaient Lebou ou Tamahou (hommes du Nord), ou encore Tahennou (hommes au teint clair) [1].

Ils étaient évidemment les frères des Pélasges, des Ibères, des Celtes et des Gaulois qui occupèrent l'Europe à la même époque ou dans les siècles suivants. Pendant une très-longue période de temps, ils dominèrent dans tout le bassin de la Méditerranée, grâce à leur flotte nombreuse et à leur vaillante cavalerie; ils ne craignirent pas de s'attaquer à plusieurs reprises au puissant empire des Pharaons. Dans un intéressant travail publié récemment, M. Berlioux, professeur à la Faculté des lettres de Lyon, a établi que les Libyens n'étaient autres que les Atlantes, si célèbres dans l'antiquité, et leur pays, le massif de l'At-

---

[1] LENORMANT, *Histoire ancienne de l'Orient*, t. II, p. 282.

las, cette Atlantis dont les prêtres égyptiens avaient raconté à Solon la merveilleuse histoire que Platon nous a conservée. M. Berlioux va plus loin ; il essaye de démontrer que les Libyens ont été les constructeurs des nombreux dolmens que l'on trouve en divers endroits sur le sol de l'Algérie [1]. Quoi qu'il en soit de cette dernière assertion sur laquelle des explorations archéologiques plus complètes feront certainement un jour la lumière, il est établi que le plus ancien peuple connu qui ait occupé le nord-ouest de l'Afrique appartenait à la race aryenne, à la grande famille des peuples européens.

Après plusieurs siècles de puissance, les Libyens furent définitivement vaincus dans leur lutte contre l'Égypte, leur marine fut détruite par celle des Phéniciens et leur empire succomba sous les coups répétés d'une invasion venue du sud. Ces envahisseurs n'étaient autres que les Gétules de Salluste, dont le nom d'origine fort ancienne se retrouve aujourd'hui dans celui des Djetoula du Maroc et des Guechtoula de Kabylie [2]. L'historien juif Josèphe dit qu'ils descendaient d'Hévilus, fils de Chus, chef des Éthiopiens, le même personnage qu'Hévila de la Genèse, dont les descendants habitèrent les rives de la mer Rouge. C'est à ce renseignement assez vague que se bornent les connaissances actuelles sur l'origine des Gétules. Ils formèrent la seconde des couches successives de peuples qui entrèrent dans la composition de ce que l'on a appelé plus tard

---

[1] Henri Martin, le célèbre historien dont la France déplore la perte récente, attribuait aux Celtes la construction des monuments mégalithiques. Il n'était pas éloigné de croire que les Tamahou étaient les constructeurs des dolmens algériens. (Communication au Congrès de l'Association française pour l'avancement des sciences, session d'Alger 1881.) Le général Faidherbe partage cette opinion.

[2] Sabatier, *Essai sur l'ethnologie de l'Afrique du Nord*, dans la *Revue d'anthropologie*, 2ᵉ s., t. VIII (1884), p. 415.

improprement la race berbère. Les monuments égyptiens permettent de fixer à environ treize cents ans avant notre ère la date de leur établissement définitif dans la région de l'Atlas. Cette époque correspond à celle de l'Exode, puisque c'est sous le règne de Mi-n-Phtah, l'Aménophis d'Hérodote, qu'eut lieu la défaite des Lebou et que les Israélites quittèrent l'Égypte sous la conduite de Moïse [1].

Dans leur lutte contre les Libyens, les Gétules eurent pour alliés d'autres envahisseurs d'origine chananéenne qui débarquèrent de l'Orient vers la même époque. C'est le peuple mentionné par Salluste sous le nom de Perses [2]. Chassés de leur pays par l'arrivée des Israélites, ils allèrent chercher un refuge en Occident et se créèrent une nouvelle patrie aux dépens du peuple qu'ils avaient eux-mêmes aidé les Égyptiens à vaincre. Des traditions locales se rapportent à cet antique événement. L'historien byzantin Procope raconte que les soldats de Justinien trouvèrent en Afrique une inscription ainsi conçue : « Nous sommes les descendants des tribus qui s'enfuirent devant ce brigand de Josué, fils de Navé. » De nos jours encore, les Mozabites se disent les petits-fils des Philistins vaincus par les Juifs à la mort de Goliath [3]. Ces invasions chananéennes furent probablement antérieures aux établissements commerciaux que les Phéniciens fondèrent avant la naissance de Carthage sur le littoral africain.

D'après les souvenirs des indigènes recueillis par Salluste, l'union des Perses et des Gétules forma la nation numide, tandis que les Libyens, renforcés par une immi-

---

[1] LENORMANT, *Histoire ancienne de l'Orient*, t. II.

[2] Il faut voir là, d'après M. Berlioux, un souvenir de l'expédition de Persée en Occident. Persée, d'après lui, était d'origine chamite comme descendant du phénicien Danaos.

[3] D^r CH. AMAT, *Les Beni-M'Zab*, dans la *Revue d'Anthropologie*, 2e série, tome VIII (1884), p. 618.

gration étrangère d'une origine analogue à la leur[1], constituèrent le peuple maure ou mauritanien. Plus tard, ajoute l'historien latin, « les Libyens, définitivement vaincus, acceptèrent le nom des conquérants et firent partie de leur nation. » Les Numides, ces ancêtres des Berbères, de race moitié sémitique, moitié chananéenne, avaient donc imposé aux Libyens leur suprématie politique. Les anciens maîtres du pays avaient été considérablement affaiblis par les guerres d'extermination qu'ils avaient eu à soutenir; une partie des survivants dut aller se perdre dans les profondeurs de l'Afrique centrale, tandis que ceux qui restaient fidèles à leur ancienne patrie cherchaient un refuge dans les massifs montagneux, où les envahisseurs les suivirent et finirent par se mêler plus ou moins à eux. Cependant, à l'époque de Salluste, on peut distinguer encore une dualité dans la population africaine. Les cavaliers numides, contre lesquels combattirent si longtemps les Romains, par leurs mœurs rappellent plutôt les Arabes de nos jours que les montagnards kabyles. Les Gétules nomades ne s'étaient encore qu'incomplétement transformés. Les habitants de l'Ouest, au contraire, fixés dans les hautes vallées de l'Atlas, connues sous la dénomination politique de Mauritanie, étaient incontestablement sédentaires.

L'invasion Gétule n'est certainement pas la seule invasion asiatique dont le nord de l'Afrique ait été le théâtre. Une seconde, amenant des peuples de race analogue, dut arriver peu de siècles avant l'ère chrétienne; c'est à partir de cette époque que le nom de Berbers fait son apparition dans l'histoire [2]. Ce furent ces nouveaux venus qui apportèrent le judaïsme parmi les indigènes. Venus par la même

---

[1] Salluste parle des Mèdes; mais il est facile de conclure de son récit qu'il s'agit d'un peuple aryen.
[2] Pline nomme la tribu des Sabarbares.

route que jadis les Gétules, ils avaient séjourné en Abyssinie, d'où ils apportaient, avec une religion nouvelle, des usages particuliers. On sait que, jusqu'au moment où ils se convertirent au christianisme, au quatrième siècle, les Abyssins avaient professé le judaïsme ; ils font remonter l'origine de ce culte dans leur pays à un de leurs rois qui, d'après la légende, était le propre fils de Salomon et de la reine de Saba.

Un usage qui a joué dans la vie sociale des populations de l'Afrique septentrionale un rôle capital est celui des guelaas, sur lequel nous aurons l'occasion de donner de plus amples détails. La guelaa est une forteresse située au sommet d'une montagne escarpée, dans laquelle une tribu met ses biens en sûreté. C'est souvent un plateau inaccessible où l'on trouve de l'eau et parfois des champs à cultiver et d'où l'on peut braver impunément et pendant longtemps toutes les attaques de l'ennemi. Or les guelaas ne sont pas particulières à la région des Aurès, où on les trouve aujourd'hui. Il en existe en Abyssinie, où elles portent le nom d'*ambas;* la forteresse de Magdala, où l'usurpateur Théodoros attendit le choc de l'armée anglaise en 1868, n'était pas autre chose qu'une *guelaa* [1]. Mais l'Abyssinie, où nous transportent ces analogies de religion et de mœurs, ne peut pas être considérée comme le lieu d'origine première des tribus berbères. Ce pays ne présente aucune unité ethnographique. Le voyageur Guillaume Lejean, se basant sur des considérations linguistiques et sur des légendes religieuses communes aux deux pays, assigne comme point de départ à une partie du peuple abyssin les environs de Cachemir [2]. Précisément, on rencontre

---

[1] Arnauld d'Abbadie, *Douze ans dans la haute Éthiopie*, t. I, p. 87. — Dr Blanc, *Les captifs de Théodoros*, dans le *Tour du monde*, 1869, 2e sem., p. 160.

[2] *Voyage en Abyssinie*, p. 67.

arabe. Ces envahisseurs devaient être peu nombreux et ne tardèrent pas à se fondre parmi les tribus africaines, ce qui permit plus tard à quelques-unes d'entre elles de revendiquer une origine arabe, lorsque, soumises au joug musulman, elles espérèrent, par ce moyen, s'attirer la faveur de leurs vainqueurs.

Quand les conquérants arabes devinrent les maîtres de l'Afrique du Nord, ils donnèrent à tous les indigènes indistinctement le nom de Berbères [1], qui a prévalu jusqu'à nos jours. Cependant on vient de voir qu'ils ne se trouvaient pas en présence d'une race homogène. Bien des éléments divers avaient concouru à former la population du Maghreb : Libyens, Gétules, Chananéens, Zénatas, Sabéens, sans parler des envahisseurs qui n'avaient fait que passer, tels que les Carthaginois, les Romains et les Vandales, avaient tour à tour jeté sur la région de l'Atlas leurs couches successives de populations. Mais dans quelle mesure les siècles avaient-ils fondu ces éléments divers ? Du mélange de tous ces peuples était-il sorti une race nouvelle, ayant son caractère propre et sa physionomie particulière ? Les Arabes l'ont cru. Cependant le problème n'était pas résolu par leur simple affirmation. Les ethnologues modernes l'ont trouvé tout entier devant eux, et, depuis la conquête française, ils travaillent à le résoudre.

[1] Ibn-Kaldoun semble avoir eu l'intuition du peu de valeur ethnographique du mot *berbère*. Il répartit toutes les tribus africaines non arabes en deux groupes : les fils de Madghis et les fils de Bernès ; le premier groupe comprend la famille zénatienne, et le deuxième toutes les autres tribus antérieures à la tribu des Zénatas : je l'appellerais volontiers groupe libyo-gétule. A vrai dire, Ibn-Kaldoun mentionne l'opinion de certains généalogistes qui faisaient de Madghis et de Bernès les fils d'un même père, Berr, fils de Caïs, descendant de Noé par Cham. Mais il ne semble guère ajouter foi à cette explication et paraît la signaler plutôt par condescendance pour les idées reçues à son époque et dans le milieu musulman où il écrivait.

Grâce à leurs consciencieuses études, bien des obscurités ont été déjà dissipées, sans que pour cela le dernier mot de l'énigme ait été trouvé.

Si l'on jette un regard sur la carte de l'Afrique septentrionale, on verra que parmi les tribus berbères qui en couvrent le sol, on peut distinguer cinq groupes principaux : au nord, le groupe kabyle ; à l'ouest, le groupe des Berbères de l'Atlas marocain ; au sud, le groupe des Touaregs du Sahara ; à l'est, le groupe des Chaouias des Aurès, et, enfin, au centre, le groupe des Mozabites, qui habitent au pied du revers méridional des Hauts-Plateaux.

Une étude attentive montre que tous ces Berbères sont loin de présenter les mêmes caractères ethnographiques. Au point de vue des mœurs, le cultivateur kabyle, aux institutions démocratiques, ne ressemble guère au Touareg nomade, dont le gouvernement est éminemment aristocratique, ni au commerçant du M'zab, qui serait incapable de cultiver ses jardins, s'il n'avait des nègres à sa disposition. Dira-t-on que ces tribus, semblables dans le passé, ont atteint, sous l'influence du milieu et des circonstances, des degrés différents de civilisation, et que, parties du même point de départ, elles sont parvenues à des étapes diverses d'une même route, les unes ayant marché plus rapidement que les autres dans la voie du progrès? Cette opinion a ses partisans et peut se soutenir. La comparaison des dialectes berbères semble l'étayer jusqu'à ce jour ; mais ces études sont encore trop incomplètes pour qu'il soit possible de se prononcer d'une manière définitive. N'est-il pas plus naturel de croire, au contraire, en présence de la diversité des mœurs et même des différences que présente l'aspect physique des tribus berbères, que les divers peuples dont les contingents se sont fixés à des époques bien diverses dans le Maghreb, n'ont jamais fusionné complètement ; de sorte que chez certaines tribus le type et le caractère de dans les Indes des montagnes fortifiées qui font penser aux guelaas et aux ambas. Dans la contrée même de Cachemir, M. Élisée Reclus[1] nous apprend qu'il existe des tribus qui ont conservé à travers les siècles, avec leur antique indépendance, des usages républicains. Ces sauvages Dardous sont groupés en villages qui s'administrent eux-mêmes au moyen d'assemblées communales, où les décisions doivent être prises à l'unanimité de tous les citoyens : ceci ne rappelle-t-il pas la djemaa kabyle? Leur territoire, le Yaghestan, ou Pays rebelle, est situé sur le haut Indus; or, à l'ouest du bassin de ce fleuve, l'historien persan Firdouci, qui vivait au dixième siècle de notre ère, signale une contrée qui portait le nom de Berberistan. Depuis lors ce nom a disparu de la carte d'Asie; mais, aujourd'hui encore, on trouve dans le Koraçan oriental une tribu de Berberis, que l'on confond habituellement avec les Mongols Hézareh, mais qui proteste contre cette assimilation. Il est probable que les Berbers, descendus des hautes vallées de l'Himalaya en suivant le cours de l'Indus, ont séjourné dans l'Afghanistan, le Caboul et le sud de la Perse. Ils vécurent, pendant un laps de temps qu'il n'est pas possible de préciser, dans le voisinage du peuple afghan qui appartient à la branche iranienne de la grande famille indo-européenne. Sous l'influence d'une cause inconnue, les Berbères abandonnèrent l'Asie, n'y laissant qu'une faible arrière-garde, qui fut noyée plus tard par l'invasion mongole, et firent une nouvelle station en Abyssinie. Chassés peut-être par l'une des innombrables convulsions politiques qui ont agité ce pays, ils se mirent de nouveau en route vers l'Occident. Une tradition recueillie par Ibn-Kaldoun raconte que Berr, fils de Caïs, chef de la race, quitta son pays pour échapper à la haine de son frère, et

---

[1] *Nouvelle Géographie universelle*; l'Inde, p. 124.

s'enfuit dans le désert [1]. Par les oasis du Sahara, la vallée du Niger et celle de l'oued Messaoura, ils envahirent la région que les Arabes appelèrent quelques siècles plus tard le Maghreb, y apportant la religion juive, l'usage de se fortifier dans des guelaas, et leur antique constitution communale. Ces nouveaux envahisseurs, qu'il est facile de reconnaître à ces trois caractères, portaient un nom qui a été célèbre pendant toute la durée du moyen âge ; ils formaient la nation des Zénatas, qui opposa une si énergique résistance à l'invasion arabe, et qui fonda plus tard plusieurs des dynasties indigènes qui régnèrent, non sans éclat, sur l'Afrique du Nord avant son asservissement aux pirates d'Alger. Ibn-Kaldoun, le grand historien arabe, nous apprend, en effet, que les tribus qui avaient professé le judaïsme avant la conquête musulmane, étaient de race zénatienne, et que cette race illustre occupait à cette époque la région des Aurès, déjà parsemée d'imprenables guelaas. Ce furent probablement les Zénatas qui introduisirent en Afrique le nom de Berbères, qui a servi depuis, quoique fort improprement, à désigner tous les peuples indigènes. Une de leurs tribus, cantonnée dans les Aurès, porte encore aujourd'hui le nom de Beni-Barbar, et c'est, croyons-nous, la seule des tribus algériennes qui l'ait conservé.

Une dernière invasion, composée de tribus sabéennes parties des bords de la mer Rouge, se répandit sur la Tunisie et l'Algérie actuelles, cinquante ans environ avant l'ère chrétienne. Elle était conduite par un chef nommé Ifricos, qui légua, dit-on, son nom à la province d'Afrique et introduisit pour la première fois dans ce pays la langue

---

[1] Ibn-Kaldoun a conservé le fragment suivant d'un antique chant berbère qui se rapporte à cette tradition : «Toute femme qui pleure la perte d'un frère peut prendre exemple sur moi, qui pleure Berr, fils de Caïs. Il quitta sa famille et se jeta dans le désert. Avant de le retrouver, la fatigue aura amaigri vos chameaux. »

la plus affreuse anarchie, les tribus ennemies, perpétuellement en guerre les unes contre les autres, cherchaient à s'entre-détruire et ne contractaient que très-exceptionnellement des alliances de familles. Ces luttes, sans cesse renouvelées, qui armaient la population tribu contre tribu, village contre village, ont duré jusqu'à la conquête française ; elles ont permis aux diverses races de se perpétuer jusqu'à nos jours, juxtaposées mais non confondues, et d'offrir aux savants modernes un champ précieux d'investigations.

Au point de vue de la langue, le massif des Aurès est divisé en deux parties bien distinctes, que séparent le cours de l'oued El-Arab et de son affluent l'oued Mellagou, qui descend du Chelia. Au point de vue ethnographique, une distinction doit s'établir suivant la même ligne de partage entre les populations qui portent le nom collectif de Chaouïas. Les tribus occidentales, Ouled-Abdi, Ouled-Daoud, et Beni-bou-Slimann, parlent la langue *amazirt*, qui paraît être l'une des plus anciennes de l'Afrique. On trouve chez eux, principalement dans les villages de Nara et de Menaa, des groupes compacts de blonds, descendants des Libyens. On ne peut avoir aucun doute à cet égard, puisque le témoignage de Procope atteste qu'ils existaient déjà avant l'expulsion des Vandales, et que le plus ancien des géographes, Hérodote, signale dans cette région un peuple libyen, les Maxies. A côté d'eux, nous trouvons dans les mêmes tribus, des descendants authentiques des colons romains, qui portent encore le nom de Roumania et n'ont nullement oublié leur origine, bien qu'ils aient adopté les mœurs et la langue de leurs voisins. La partie orientale des Aurès est peuplée de Zénatas, dont les diverses tribus, Oudjana, Beni-Barbar, Ouled-Sultan, Nemencha, parlent le zénatia et seraient en général hors d'état de comprendre la langue des Chaouïas occidentaux.

CHAPITRE II

Histoire de la région des Aurès. — Colonisation romaine. — Conquête des Aurès par le général Salomon. — Les Arabes et leur adversaire Koceila. — La Kahéna et ses luttes contre les envahisseurs. — L'islamisme imposé aux habitants des Aurès. — Révolte de Abou-Yézid. — Apparition des tribus modernes. — La période turque. — La conquête française.

Pour achever d'indiquer au lecteur quel est l'intérêt tout spécial qui s'attache à cette région si négligée des Aurès, je résumerai brièvement quelques-unes des principales pages de son histoire. Il est peu de parties de l'Algérie qui aient été aussi fécondes en événements notables. Tandis que la Kabylie, par exemple, est à peine mentionnée dans les annales du pays jusqu'à la conquête française, les Aurès, au contraire, y jouèrent à plusieurs reprises un rôle prépondérant.

C'est avec l'occupation romaine seulement que le sud de la province de Constantine commence à se dégager de l'obscurité des temps antiques. Les nombreuses ruines qui jonchent le sol du massif des Aurès et des plaines qui l'entourent, attestent encore aujourd'hui l'importance des établissements que les Romains y avaient créés. Mais on a cru longtemps que la colonisation proprement dite, celle qui attache la population au sol par la culture, s'arrêtait au pied du versant septentrional des montagnes, et que la chaîne elle-même n'avait été occupée que par des postes certains des envahisseurs primitifs prédominent encore?

Examinons un instant chacun des cinq groupes berbères que nous avons mentionnés. Le groupe occidental est le moins connu de tous ; caché dans ses montagnes neigeuses, isolé du monde civilisé par les habitudes méfiantes du gouvernement marocain, il n'a encore reçu la visite d'aucun explorateur européen. Aux récits fort vagues de quelques géographes du moyen âge, nous ne pouvons ajouter, pour ce qui le concerne, que les renseignements recueillis par M. Sabatier auprès des voyageurs indigènes [1]. Nous avons appris de lui ce curieux détail que la tribu des Aït-Aïssa, qui habite le versant méridional de l'Atlas, sur les rives d'un affluent de l'oued Guir, tête de l'oued Messaoura, est entièrement composée d'individus blonds. Ne seraient-ce pas là les descendants fort peu mélangés des anciens Libyens [2] ? Les Touaregs ont conservé toutes les habitudes des Gétules, dont certaines fractions, à l'époque de Salluste, vivaient dans le désert, éloignées de tout contact avec la civilisation numide et la civilisation romaine. Quant aux Mozabites, qui se disent eux-mêmes descendants des Philistins, tout le monde reconnaît en eux ces qualités commerciales qui distinguèrent dans l'antiquité les peuples Chananéens, Phéniciens et Carthaginois. Chez les Kabyles, nous retrouvons, portée à son dernier degré de perfectionnement, la constitution communale ébauchée dans les

---

[1] *Revue d'anthropologie* 1882, page 430 ; 1884, page 454. Depuis que ces lignes ont été écrites, un voyageur français, M. le vicomte de Foucauld, a exploré la chaîne du grand Atlas. Nous attendons avec impatience la publication de ses nombreuses observations, qui lui ont valu la médaille d'or de la Société de géographie de Paris.

[2] M. Sabatier repousse cette hypothèse, se basant sur les difficultés de l'acclimatement pour les races du Nord en Algérie. Cette raison ne me paraît pas suffisante. Car, après un demi-siècle à peine d'occupation, les Français sont entièrement acclimatés : il est prouvé

hautes vallées de l'Himalaya, ce qui nous autorise à les rattacher directement à la dernière invasion berbère [1]. Le groupe oriental, enfin, présente des caractères mixtes : le nombre considérable de blonds que l'on rencontre chez les Chaouïas permet d'assigner une part importante à l'élément libyen dans la formation de ce peuple ; tandis que les guelaas qu'il a construites et le judaïsme qui a laissé chez lui des traces encore visibles, indiquent un élément zénatien non moins accentué.

C'est dans le groupe chaouia surtout, et il est doublement intéressant à ce titre, qu'il est possible de retrouver la trace des populations primitives qui ont occupé le sol de l'Afrique septentrionale. Tandis qu'ailleurs les circonstances ont favorisé les mélanges de races qui ont altéré le type primitif, dans la chaîne des Aurès, au contraire, livrée depuis une longue série de siècles à toutes les horreurs de

---

que les Romains avaient colonisé le Sahara de Constantine jusqu'à l'oued Djeddi et le Djerid tunisien.

[1] Carette, le secrétaire de la commission chargée de l'exploration scientifique de l'Algérie, voyait dans les Zouaoua les descendants de la tribu des Azuagues, frères des Zénatas, qui, d'après le récit du voyageur Marmol, quittèrent le Djerid au quinzième siècle et allèrent fonder en Kabylie le royaume de Kouka. Cependant Ibn-Kaldoun, qui écrivait plus d'un siècle avant cette époque, les mentionne déjà, mais il reconnaît leur parenté avec les Zénatas, tout en indiquant une autre opinion, qui ferait d'une partie d'entre eux des Ketama, c'est-à-dire des descendants de l'autre race berbère. On peut inférer de là que la population de la Kabylie, formée primitivement d'un mélange de Libyens et de Gétules, les Numides ou Maures des auteurs anciens, a donné asile aux Zénatas, qui occupaient, d'après Carette, au douzième siècle le sud du massif kabyle, au nord-ouest de la ville de Msila. C'est à eux que l'on doit sans aucun doute rapporter l'origine de la constitution kabyle. Grâce à la tranquillité relative que cette constitution donnait au pays, les alliances de famille entre les diverses tribus furent possibles, et avec le temps une véritable race s'est constituée en Kabylie.

militaires gardant les principaux passages afin de mettre le Tell à l'abri des incursions des nomades du désert. L'exploration si consciencieuse faite, il y a quelques années, par M. Masqueray, a dissipé cette erreur et a démontré que le massif tout entier des Aurès, et même son versant méridional, étaient, dans les premiers siècles de notre ère, le théâtre d'une colonisation agricole très-avancée. Dans la plaine, aujourd'hui presque déserte, où viennent mourir du côté du nord les dernières ondulations de la chaîne, s'élevaient de populeuses cités dont les ruines grandioses font l'admiration des voyageurs. Lambèse, Thamugas (Timgad), Mascula (Krenchela), Baghaï, Theveste (Tébessa), formaient une chaîne de grandes villes qui rivalisaient de luxe et de richesses. Dans la montagne même, les villages agricoles et les fermes isolées se pressaient le long de tous les cours d'eau, et de riches cultures couvraient des croupes aujourd'hui dénudées, et des plaines maintenant arides et désolées. A la production du blé et au produit des arbres fruitiers, les colons romains joignaient la ressource précieuse de l'élève du bétail ; mais leur fortune consistait surtout dans la récolte de l'olivier, qu'ils avaient apporté avec eux et qu'ils avaient planté à profusion dans toute l'étendue des Aurès. Au sud des derniers gradins de la montagne, et à une certaine distance au nord des chotts, s'étendait la ligne des places fortes, Ad Piscinam (Biskra), Thabudeos (Thouda), Badias, Ad Majores (près de Négrine), à la fois stations militaires et villes de commerce qu'une grande voie stratégique réunissait entre elles. Plus au sud encore, les Romains avaient placé un poste avancé à Ghadamès, au delà des grandes dunes de l'Erg [1]. Cette période de calme et

---

[1] Ils occupaient aussi Garama, aujourd'hui Djerma, dans le Fezzan. (DUVEYRIER, *les Touaregs du Nord*.)

prospérité, due à l'occupation romaine, dura aussi longtemps que la puissance de l'empire. A travers les siècles de guerre et d'anarchie qui ont suivi, le souvenir de ce temps de travail et de richesse est resté gravé dans la mémoire des indigènes.

L'empire romain, déchiré en deux lambeaux, avait perdu ses riches provinces d'Afrique. Un peuple barbare, les Vandales, avait pris la place des vainqueurs de Zama, et ses souverains occupaient à Carthage le palais des proconsuls sénatoriaux. Mais leur autorité ne s'étendait guère au delà des grandes plaines du littoral. Les nations indigènes de l'Ouest et du Sud avaient recouvré leur indépendance, et si quelques-unes d'entre elles avaient accepté la suprématie des rois vandales, ce lien de vassalité était plus nominal que réel. Aussi, lorsque Justinien, qui tentait de faire revivre à Byzance l'ancienne gloire du nom romain, envoya son meilleur général, Bélisaire, reconquérir l'Afrique au profit de l'empire d'Orient, son premier soin fut-il de se mettre en rapport avec les chefs indigènes. La région des Aurès était alors divisée entre deux autorités rivales : le Nord, la partie la plus voisine de la province de Numidie, obéissait à Iabdas, tandis que le Sud, qui regarde le désert, avait pour chef Orthaïas. Les Byzantins firent alliance avec le dernier. A peine Bélisaire, qui avait facilement vaincu les Vandales, s'embarquait-il, tout fier de sa victoire, pour aller à Constantinople jouir des honneurs du triomphe, que les indigènes se mettaient en insurrection. C'était des monts Aurès que le signal était parti ; appuyés sur les nomades du désert, les montagnards faisaient des incursions dans la plaine, en revenaient chargés de butin et ne craignaient pas de s'attaquer aux détachements isolés de l'armée byzantine. Le général Salomon, qui remplaçait Bélisaire, vainquit une première fois les indigènes dans la plaine de Mamma en

Byzacène ; dans une seconde campagne, il s'empara du mont Burgaon, sur la frontière de cette province, où les rebelles s'étaient retranchés. Les fuyards cherchèrent un refuge dans les Aurès, où le général victorieux les poursuivit. Il aborda le massif par la vallée du fleuve Amigas (l'oued Taga) et pénétra dans la montagne. Mais l'armée de Iabdas se déroba devant lui ; de sorte que Salomon, après une poursuite pénible de plusieurs jours, fut forcé, par la difficulté des ravitaillements, de redescendre dans la plaine sans avoir atteint l'ennemi. Des révoltes militaires l'empêchèrent pendant plusieurs années de réparer cet échec. Débarrassé enfin de ses adversaires, Salomon put entreprendre une nouvelle expédition contre Iabdas. Une bataille livrée près des ruines de Baghaï fut défavorable aux Byzantins ; mais le général en chef, arrivant avec des forces considérables, força Iabdas à se retirer dans les montagnes. Salomon, après avoir porté la dévastation dans la fertile plaine qui entourait Timgad, alla assiéger la guelaa de Zerbude, que ses défenseurs abandonnèrent au bout de quelques jours. Iabdas s'était enfermé avec son armée dans une guelaa plus reculée, celle de Tumar ; Salomon l'emporta d'assaut après un combat acharné. Iabdas, blessé, se sauva en Mauritanie, et les Byzantins, laissant des garnisons dans les Aurès, poursuivirent leurs conquêtes jusque dans les Zibans. Cette occupation du sud de la Numidie ne dut pas être de longue durée.

L'établissement éphémère et chancelant des Byzantins en Afrique n'avait d'autre appui que l'armée ; or l'armée romaine de cette époque, indigne du grand nom qu'elle portait encore, ne se composait plus guère que d'aventuriers recrutés à prix d'or chez tous les peuples barbares. Les généraux, mercenaires eux-mêmes, étrangers à tout sentiment patriotique, ne reculaient, pour satisfaire leur soif de pouvoir, ni devant l'assassinat de leurs rivaux, ni devant l'alliance avec les ennemis de l'empire. Aussi, voyons-nous au bout de peu d'années Iabdas, rentré dans ses États, soutenir les prétentions d'un général révolté contre Constantinople, et plus tard le patrice Grégoire constituer un royaume indépendant dans le sud de la Tunisie actuelle.

La décadence dans laquelle étaient tombés les descendants dégénérés des Romains était assez profonde pour les rendre incapables d'opposer aux Arabes une résistance sérieuse. Ce furent les tribus indigènes qui luttèrent pour leur indépendance avec la même vaillance et la même énergie qu'elles l'avaient fait jadis contre les armées de Rome. Sous le commandement du Byzantin Grégoire, elles soutinrent près de Suffetula le choc des troupes musulmanes. Cette première incursion des Arabes n'était qu'une simple razzia. L'invasion ne prit un caractère permanent qu'après la fondation de Kaïrouan, qui devint le quartier général des vainqueurs. Le général Abou-el-Mohadjer partit de cette ville vers 680 pour achever la conquête du Maghreb. Sur sa route, il se heurta à la tribu libyenne des Aoureba qui occupait les plaines des Zibans et la partie occidentale des Aurès. Si l'on en juge par les récits des historiens arabes, ces indigènes étaient imprégnés de la civilisation romaine au point d'être confondus avec les Romains qui habitaient encore le sud de l'ancienne Numidie. Une grande bataille se livra près de la ville d'Erba. Le chef, qui avait organisé la résistance, Koceila, fait prisonnier, fut contraint d'embrasser l'islamisme. La plupart des Romains périrent en combattant ; ceux qui survécurent abandonnèrent le Zab et allèrent probablement chercher un refuge dans les Aurès. L'illustre Okba-ben-Nafa, qui avait pris le commandement de l'armée musulmane, continua la campagne, traînant à sa suite l'infortuné Koceila, qu'il abreuvait d'outrages et d'humiliations ; il vola de victoire en victoire jusqu'aux rivages de l'Atlantique et ne s'arrêta qu'au bord de l'Océan, en prenant le ciel à témoin que la terre manquait à ses exploits. Mais à son retour il commit l'imprudence de se séparer de son armée et d'aller reconnaître avec une poignée d'hommes les forteresses environnant les Aurès qui ne s'étaient pas encore rendues. Il trouva tout le pays en armes ; Koceila, qui s'était échappé du camp musulman, s'était mis à la tête du mouvement. Le général arabe, voulant racheter sa faute par sa vaillance, se lança courageusement à l'assaut du village fortifié de Thouda ; il y périt avec tous ses compagnons. On montre encore son tombeau dans l'oasis qui porte son nom à peu de distance de Biskra. Koceila, que cette victoire fit acclamer chef de toutes les tribus berbères, poursuivit ses succès, s'empara de Kairouan, et délivra l'Afrique du joug musulman. Pendant cinq ans son autorité fut reconnue dans toute la partie orientale du Maghreb, dans laquelle il fit régner la paix et la justice. Mais une nouvelle invasion se préparait. Le général Zoheir-ben-Kaïs arriva à la tête d'une nombreuse armée. Koceila tenta de lui barrer la route et, avec ses fidèles Aoureba, il livra bataille aux Arabes à Mems, près de Sbiba, dans la Tunisie actuelle. Le héros de l'indépendance berbère y trouva la mort et son armée se débanda.

Les Berbères étaient vaincus mais non domptés. La vieille race libyenne avait noblement accompli son devoir durant les premières luttes contre les musulmans. Pendant la période suivante, le même rôle patriotique fut rempli par les Zénatas, qui occupaient depuis plusieurs siècles le nord et l'est des Aurès, où ils avaient fondé un État prospère depuis l'effondrement de la puissance romaine [1].

---

[1] Carette leur attribue la construction du Médraçen, dont il rap-

Koceila mort, ce fut une femme qui releva le drapeau de l'indépendance africaine. Dihia ou Damia, qui gouvernait la tribu zénatienne des Djeraoua, fut mise à la tête de la confédération berbère. La vie de cette femme de génie, qui exerça sur ses compatriotes une influence extraordinaire, mérite d'être mieux connue qu'elle ne l'est en général du public français. « Il est temps, dit avec raison M. Mercier [1], de restituer à cette héroïne la place qu'elle doit occuper dans l'histoire à côté des femmes qui se sont illustrées par leur courage et leur dévouement à la patrie. » De religion juive, comme la tribu à laquelle elle appartenait, elle portait le surnom de *Kahéna* [2], la prêtresse, que ses ennemis les Arabes avaient traduit par « la Sorcière ». Les légendes nationales ont entouré sa jeunesse de récits merveilleux. Douée d'une grande beauté, elle était recherchée en mariage par les chefs les plus puissants, et repoussa les offres d'un jeune homme que son caractère cruel et ses habitudes de débauche lui rendaient particulièrement odieux. Son père, chef suprême de la tribu, étant mort, ce fut ce prétendant évincé qui lui succéda. Il fit peser sur ses sujets la plus insupportable tyrannie, allant jusqu'à exiger de toute jeune fille qui se mariait ce que l'on appelait au moyen âge le droit du

---

proche le nom, qui n'a aucune signification dans la langue du pays, de celui de Madres (M. de Slane orthographie Madghis), qu'Ibn-Kaldoun donne à la branche berbère dans laquelle il range les Zénatas. A l'appui de cette opinion on pourrait rappeler qu'aucun des auteurs anciens ne mentionne ce monument, tandis que celui que l'on appelle improprement le Tombeau de la Chrétienne, et qui fut le tombeau de Juba II, roi de Mauritanie, est indiqué par Pomponius Méla : le Médraçen est donc probablement postérieur à la période romaine.

[1] *Épisodes de la conquête de l'Afrique par les Arabes*, p. 5.

[2] *Kahéna*, ou plutôt *Kohéna*, est le féminin du mot hébreu *Kohen*, qui veut dire prêtre.

seigneur. La Kahéna forma le projet de délivrer son peuple du monstre qui l'opprimait. Elle annonça son mariage avec un fiancé digne d'elle, et le jour des noces se rendit auprès du tyran, qui se réjouissait déjà de goûter le triomphe si longtemps désiré. Nouvelle Judith, elle lui plongea un poignard dans le sein. La libératrice fut immédiatement nommée reine par ses compatriotes reconnaissants. Mais le patriotisme de la Kahéna ne se trouva pas satisfait d'avoir rendu la liberté à sa tribu. Il fallait maintenant la conduire au combat contre l'envahisseur musulman. Elle prit une part active au soulèvement qui coûta la vie à Okba, et après la mort de Koceila, ce fut vers elle que se tournèrent toutes les tribus berbères qu'elle parvint à réunir en un faisceau. Le général arabe Hassan, qui venait de détruire une dernière fois Carthage (693), se dirigeait avec une nombreuse armée vers les Aurès. La Kahéna marcha à sa rencontre. Ce fut dans la grande plaine qui s'étend au nord des montagnes que le combat eut lieu, sur les bords de l'oued Nini, à quelques kilomètres de l'endroit où s'élève aujourd'hui la ville française d'Aïn-Beïda. Les Berbères, électrisés par le courage de leur reine, remportèrent une éclatante victoire et forcèrent les Arabes à s'enfuir jusqu'en Tripolitaine.

La Kahéna, instruite par l'expérience du passé, comprit que les musulmans vaincus reviendraient en plus grand nombre, aussi longtemps qu'ils trouveraient en Afrique de quoi satisfaire leur passion pour le pillage. Elle résolut de rendre leur retour inutile en ruinant toutes les villes dont les richesses pouvaient tenter leur cupidité, et elle donna l'ordre de tout détruire dans la plaine et d'entourer ses montagnes d'un désert, qui serait la barrière la plus efficace à opposer aux envahisseurs [1]. Malheureusement

---

[1] Les historiens arabes insistent beaucoup sur les dévastations

pour l'Afrique, cette exaltation sublime de patriotisme ne fut pas comprise des Berbères, qui ne parvinrent jamais à s'élever jusqu'à la notion d'une nationalité commune réunissant toutes les tribus établies sur le même sol. Ils ne virent que le dommage momentané que leur causaient les ordres de la Kahéna, et dès lors se détachèrent en grand nombre de sa cause. Les Arabes furent bientôt instruits de la situation du Maghreb. Un jeune musulman nommé Khâleb, fait prisonnier dans un combat, et que la Kahéna avait adopté, comblé de bienfaits et élevé avec ses propres fils, faisait passer à ses compatriotes des avis secrets. En l'an 703, le général Hassan, à la tête d'une armée nombreuse, tenta de nouveau la conquête des Aurès. Il se dirigea en ligne directe vers la montagne par Gabès et Gafsa, et y pénétra probablement par le versant méridional. A la nouvelle de son approche, la Kahéna appela les Berbères aux armes. Cette fois sa voix ne fut pas écoutée; de rares contingents répondirent seuls à ses appels désespérés. L'héroïne comprit alors que c'en était fait de l'indépendance de son pays. On l'engageait à prendre la fuite; elle repoussa ces lâches conseils, et, réunissant ses derniers fidèles, elle se prépara à périr dignement. Toutes les amertumes lui étaient réservées; après avoir vu le peuple berbère l'abandonner au moment de la lutte suprême, elle eut la douleur de voir son fils adoptif la trahir au dernier instant. Khâleb eut l'ingratitude de passer à l'ennemi et de guider lui-même l'armée musulmane à la

commises par ordre de la Kahéna. Ils l'accusent d'avoir détruit les magnifiques forêts qui, disent-ils, faisaient de tout le pays, entre Tripoli et Tanger, un jardin ininterrompu. On peut supposer qu'ils mettent sur le compte des Berbères ce qui, en réalité, a été le fait des envahisseurs. Quel intérêt, en effet, auraient pu avoir les défenseurs du pays à incendier des forêts qui leur offraient des refuges inaccessibles?

rencontre de sa bienfaitrice. Les fils de la Kahéna, désespérant de la victoire, se rendirent avant la bataille et embrassèrent l'islamisme [1]. La Kahéna attendit probablement l'armée musulmane au centre de ses montagnes, dans quelque guelaa où elle avait concentré tous ses moyens de défense. Le combat fut longtemps indécis, mais la supériorité du nombre donna la victoire aux Arabes. La Kahéna tomba glorieusement les armes à la main. Hassan eut la barbarie de décapiter son cadavre et d'envoyer sa tête au khalife de Bagdad. Avec cette femme héroïque succomba l'indépendance berbère [2].

Ce n'était pas assez d'avoir vaincu les habitants des Aurès; il fallait s'assurer leur soumission pour l'avenir, et dans ce but les convertir à l'islamisme. Le général arabe en fit un épouvantable massacre, et pour être certain de la fidélité des survivants, il en incorpora 12,000 dans son armée. Ce premier contingent attira par la suite de nombreuses recrues. Les fils de la Kahéna reçurent le commandement de ces Berbères devenus les soldats du Prophète. Ces Zénatas émigrés dans « l'Extrême-Occident », comme les Arabes appellent le Maroc, prirent une part

---

[1] Les historiens arabes prétendent que ce fut d'après les conseils de leur mère. Mais il est permis de mettre en doute la véracité de cette assertion, contre laquelle proteste la vie tout entière de la Kahéna.

[2] Le capitaine Wolf, commandant supérieur du cercle de Krenchela, a recueilli parmi les Chaouïas une intéressante légende, de laquelle il résulterait que la Kahéna avait une fille nommée Mechoucha, douée, comme sa mère, du don de prophétie, qui partagea ses luttes contre les envahisseurs arabes, et qui continua la résistance après sa mort, enfermée dans la guelaa qui domine le mont Djafaa. On y trouve une ruine berbère qui porte le nom d'*Enchir-Mechoucha*. D'après l'éminent officier, à l'obligeance de qui je dois ces renseignements, plusieurs tolbas affirment, contrairement à l'assertion formelle d'Ibn-Kaldoun, que la Kahéna était chrétienne.

active à toutes les guerres religieuses ou dynastiques qui ensanglantèrent l'Afrique du Nord. Ce furent eux qui firent la conquête de l'Espagne, et qui tentèrent celle de la France, où Charles Martel arrêta leur invasion à Poitiers.

Cependant les habitants des Aurès n'avaient pas tous embrassé l'islamisme, ou s'ils avaient paru, sous la pression de la nécessité, accepter le Koran, ils s'étaient hâtés de revenir à leurs anciennes croyances après le départ des envahisseurs. Ce ne fut que deux siècles plus tard qu'ils se convertirent définitivement. Abou-Abdallah, missionnaire de la secte musulmane des Chiaïtes, avait entrepris de gagner le Maghreb à sa foi et de fonder un empire au profit de son chef religieux le mahdi Obeid-Allah. Après avoir enlevé Sétif aux princes arlébites de Kaïrouan, il se mit en marche en l'an 908 à travers le Hodna, le Bellezma, le Zab et les Aurès. Sur sa route il rencontra au milieu des montagnes quelques groupes de chrétiens restés fidèles à leur ancienne religion. L'apôtre musulman ne put résister au désir de les exterminer. Le souvenir de cet événement est resté dans les traditions du pays. On montre près du village de Nara une caverne dans laquelle des chrétiens s'étaient réfugiés. Sidi-Abdallah ordonna d'élever un bûcher à l'entrée et d'y mettre le feu ; de sorte que les malheureux périrent dans un horrible supplice. Après cet exploit barbare, le saint homme quitta le pays, laissant, raconte-t-on, sur le flanc du Djebel-Lazreug, la trace visible de ses éperons, et ne tarda pas à entrer victorieux à Kaïrouan, où il établit le Mahdi sur le trône.

La nouvelle dynastie des Fatémides arrivait à peine au pouvoir, lorsqu'une insurrection formidable faillit la renverser. C'était encore dans les Aurès que l'orage avait éclaté. Un fanatique appartenant à la secte des Kharedjites, Abou-Iezid, surnommé *l'homme à l'âne*, à cause de sa monture habituelle, répandait sa doctrine dans ces montagnes parmi ses compatriotes les Zénatas, qui lui fournirent de nombreux prosélytes. Il prêchait en même temps la guerre contre ses adversaires religieux et contre le gouvernement qui représentait la domination étrangère, et promettait à ses adeptes que lorsqu'ils auraient chassé leurs ennemis ils seraient gouvernés par un conseil de cheiks élus par toutes les tribus. Où avait-il puisé ces idées libérales? Ce n'était pas, à coup sûr, dans le Koran; ce ne pouvait être que dans le vieux fonds des traditions nationales. Les montagnards des Aurès accoururent en foule se ranger sous ses ordres et se ruèrent sur la plaine. Ils vainquirent les armées fatimides, s'emparèrent de Tunis et se virent à la veille du triomphe définitif. Mais le manque de discipline perdit les insurgés, et après une guerre de cinq années, Abou-Iezid fut tué.

Les Zénatas continuèrent à jouer un rôle considérable dans les révolutions et les guerres qui agitèrent l'Afrique du Nord pendant toute la durée du moyen âge. Ils fondèrent au douzième siècle les deux puissants royaumes des Abd-el-Ouadites à Tlemcen, et des Mérimides à Fez, qui attirèrent une nombreuse émigration des Aurès. Tandis qu'ils prospéraient ainsi dans leurs colonies occidentales, ils diminuaient en nombre et en puissance dans leur centre primitif, les Aurès. Aussi, après avoir dominé pendant de longs siècles sur presque toute l'étendue du massif, finirent-ils par être rejetés dans la partie orientale, au delà de l'oued El-Arab. Dans la partie occidentale, ils furent remplacés par deux tribus inconnues auparavant, les Ouled-Abdi et les Ouled-Daoud ou Touaba, qui y résident encore. Ces deux tribus, qui ont une origine commune, sont sorties, il y a plusieurs siècles, d'après leur tradition, du village de Belloul, dont on voit les ruines non loin de la gorge de Tiraniminn. Les renseignements que j'ai recueillis moi-même dans le pays, joints à ceux qu'a publiés M. Masqueray, me permettent de fixer approximativement la date de cet événement. Il y a trois cents ans environ que les Ouled-Daoud se séparèrent des Ouled-Abdi; en admettant qu'après leur sortie de Belloul ils aient vécu ensemble pendant un siècle ou deux, cela nous reporte au quatorzième ou au quinzième siècle. A cette époque, les Zénatas, épuisés par les guerres et par l'émigration, ne purent résister à l'effort des anciennes tribus qu'ils avaient autrefois vaincues et qui, moins mêlées aux événements extérieurs, s'étaient retrempées dans un long recueillement. Les habitants blonds de Nara et de Menaa, petits-fils des Aoureba de Koceila, descendants des antiques Libyens, se joignirent aux derniers restes des colons romains et des Berbères romanisés retombés dans la barbarie et chassèrent les Zénatas des vallées de l'oued Abdi et de l'oued El-Abiod, où ils purent se développer à leur aise. Mais cette migration fut le signal de guerres terribles qui plongèrent les Aurès dans une épouvantable anarchie, dont ce pays n'a été tiré que par la conquête française.

La domination turque se fit à peine sentir dans les montagnes reculées des Aurès. Un tribut insignifiant imposé aux Ouled-Abdi avait été bientôt remplacé par un traité qui permettait aux Turcs de descendre leur vallée pour se rendre à Biskra chercher l'impôt des oasis, lorsque la route d'El-Kantara leur était fermée. Partout ailleurs ils étaient tenus en respect dans la plaine, dont ils n'osaient pas s'écarter.

La France avait déjà établi son autorité dans tout le nord de l'Algérie quand elle fut amenée à s'occuper des Aurès. Le bey de Constantine, Ahmet, chassé de sa capitale après la prise de cette ville, avait cherché un refuge au milieu de ces populations belliqueuses, et du fond de cet asile qu'il croyait inviolable, il nouait de continuelles intrigues contre ses vainqueurs. Quelques années plus tard, en 1844, Biskra ayant été occupé, il fut rejoint par un ancien lieutenant d'Abd-el-Kader, Mohammed-Seghir. Le duc d'Aumale, chargé de poursuivre les deux rebelles, pénétra dans la montagne par le versant saharien, et après deux combats qui furent deux victoires pour l'armée française, il obtint la soumission de toutes les tribus. Cette pacification ne fut que momentanée. L'année suivante, le général Bedeau dut se mettre à la tête d'une nouvelle expédition. Il pénétra dans le massif par Foum-Kosantina, traversa la plaine de Medina, parcourut le haut de la vallée de l'oued El-Abiod, passa dans celle de l'oued Abdi et vainquit les insurgés près du village de Aïdouça. Il donna le commandement des Ouled-Daoud à un ancien serviteur des Turcs, Arbi-Boudiaf, et celui des Ouled-Abdi à un membre d'une famille de marabouts influents dans le pays, Bel-Abbès. Cependant tous les éléments de désordre n'étaient pas extirpés. L'ancien bey Ahmet tenait toujours la campagne avec ses derniers partisans. Ce ne fut qu'en 1848 que le colonel Canrobert fut assez heureux pour l'atteindre sur les bords de l'oued El-Abiod et le capturer avec sa smala. Un dernier soulèvement éclata au printemps de 1849 dans le village de Nara; ce mouvement coïncidait avec l'insurrection de Zaatcha, dont une partie de la population avait émigré à Nara bien des années auparavant. Dès que le village saharien eut été pris et détruit par le général Herbillon, le colonel Canrobert se disposa à faire rentrer les Aurès dans l'ordre. Il quitta Batna le 25 décembre avec ses troupes, franchit, malgré une neige abondante, le Teniet-er-Ressas (*défilé du plomb*) et commença à descendre la vallée de l'oued Abdi. Tous les villages les uns après les autres firent leur soumission, mais ils étaient abandonnés par les hommes valides qui s'étaient réunis à Nara pour défendre ce village escarpé jusqu'à la dernière extrémité. Le colonel Canrobert donna l'ordre barbare de dévaster les magnifiques jardins qui étaient l'unique fortune des habitants et de couper les arbres fruitiers. Le 4 janvier 1850, trois colonnes montèrent à l'assaut du village, qui fut enlevé malgré la courageuse défense des habitants et livré aux flammes. La victoire de nos troupes fut malheureusement suivie par une répétition des horreurs de Zaatcha. Cette cruelle répression plaçait définitivement les Aurès sous la domination française. Quand la petite armée eut atteint à son retour la plaine du Sahara, le cheik d'El-Outaïa accourut à sa rencontre pour la féliciter. Il avait aperçu de loin les sinistres lueurs de l'incendie, et, appelant les hommes de sa tribu : « Voici Nara qui brûle ! leur avait-il dit. Allons dormir tranquilles sous nos tentes ; la paix est rétablie dans le pays. » En effet, la paix ne fut plus troublée jusqu'à la grande insurrection de 1871. Encore, à cette époque, les Chaouïas ne firent-ils que suivre le mouvement qui emportait presque toutes les tribus de l'Algérie. Il suffit d'envoyer une colonne parcourir les Aurès pour obtenir leur soumission. Une dernière convulsion a agité ces montagnes en 1879 ; on trouvera plus loin le récit de ces événements tout récents tel que je l'ai recueilli moi-même sur les lieux qui en ont été le théâtre, et de la bouche de témoins oculaires.

CHAPITRE III

De Biskra à Mchounech. — Une noce israélite à Biskra. — La lutte du désert contre la montagne. — L'oasis de Drau. — Réception à Mchounech. — Les gorges de l'oued El-Abiod. — Une ancienne guelaa.

Mchounech, 28 mars 1884.

J'ai quitté Biskra ce matin; j'étais seul. M. J..., qui m'a suivi depuis Ménerville, m'a laissé la nuit dernière pour retourner directement à Constantine. J'avais réussi à l'entraîner avec moi jusqu'à l'entrée du désert; mais la pensée de visiter les sauvages montagnes des Aurès n'a pu le séduire. Peut-être la perspective de renoncer pour quelques jours à tous les conforts de la civilisation et de goûter de la vie sauvage l'a-t-elle fait reculer. Quant à moi, j'ai hâte de voir l'indigène à l'état naturel avant qu'il ait subi le contact et l'influence des Européens. Le plaisir que me promet cette étude compensera amplement les petits désagréments inhérents à l'hospitalité rudimentaire dont je devrai me contenter. Ce n'est pas sans un réel sentiment de tristesse que j'ai pris congé d'un compagnon de route que le hasard m'avait offert et qui en peu de jours était devenu pour moi presque un ami.

J'avais fixé mon départ à six heures du matin. Dans ce pays, c'est une raison pour ne pas partir à cette heure-là. En sortant de l'hôtel, je trouve devant la porte le spahi qui doit me servir d'escorte. Mais le muletier arabe que j'ai arrêté hier ne se croit pas tenu à une exactitude aussi militaire. Il arrive au bout d'une demi-heure, et il n'a pas le mulet qui doit me servir de monture. Aux questions que je lui adresse, il me répond avec sang-froid qu'un mulet ne peut pas partir pour un voyage sans être ferré, que pour faire ferrer un mulet il faut de l'argent et que lui, Lachmi, bien connu dans Biskra comme le meilleur des guides et des interprètes, n'aura de l'argent que quand je lui en aurai donné. Persuadé par cette argumentation pleine de logique, je lui remets un à-compte sur son futur salaire en lui recommandant de ne pas perdre de temps. Je n'en avais pas fini avec les lenteurs arabes. Tandis qu'on ferre l'animal, Lachmi reparaît et me déclare qu'il est guide, interprète, cuisinier au besoin, mais qu'il croirait déchoir en s'occupant de soigner un mulet, et que je dois emmener un homme pour remplir ces fonctions indignes de son caractère. Cette prétention étant contraire aux conventions arrêtées entre nous, je refuse net et menace de me fâcher. Mon Arabe se décide à se retirer et revient cette fois avec ma monture. Mon bagage, réduit à sa plus simple expression, est bientôt chargé, et je puis enfin me mettre en route avec mes hommes.

Au moment où je sortais de Biskra, j'ai été témoin d'un singulier spectacle. Depuis un moment j'entendais une musique assourdissante. Tout à coup je vois déboucher d'une rue transversale le plus étrange cortége qu'on puisse imaginer : on m'apprend que c'est une noce israélite. Les hommes en pantalon bouffant et veste courte, les femmes vêtues de robes vertes s'avancent à la file, sautant et se démenant au bruit des tambours de basque agités sur leur tête. Des chants aigres et discordants accompagnent cette danse sauvage. Il y aurait dans ces bruyantes et enfantines manifestations de la joie causée par un mariage quelque chose de grotesque, si l'on ne sentait qu'on se trouve en présence d'un antique usage dont il faut rapporter l'origine à une époque et à des mœurs si différentes des nôtres que nous ne pouvons le juger avec nos idées actuelles. Cet étrange tableau me reporte à des scènes bibliques, qui se peignent subitement à mon esprit avec une vie, un mouvement, des couleurs qu'elles n'avaient jamais eues pour moi. Je revois David dansant devant l'arche à la tête du cortége qui l'amenait à Jérusalem, et la fille de Jephté allant avec ses compagnes au-devant de l'armée victorieuse sans se douter du sort terrible qui l'attendait. N'est-il pas surprenant de retrouver après tant de siècles écoulés les mêmes scènes dans l'extrême sud de l'Algérie?

Nous laissons la ville derrière nous et traversons l'oued à gué. Arrivé sur l'autre rive, je remarque un Arabe qui nous suit à quelques pas de distance. J'appelle sur-le-champ mon guide. « Quel est cet homme? lui dis-je. — Cet homme, répond-il sans s'émouvoir, mais c'est le muletier; tu sais bien que je suis ton interprète, ton domestique, et que je ne puis pas avoir soin du mulet. » Cette désobéissance à mes ordres formels mériterait une répression sévère. Je me borne pour le moment à une semonce bien sentie et j'ordonne au muletier de retourner à Biskra. Peine inutile : il s'arrête pendant quelques instants, puis il se met délibérément à marcher à ma suite. Je suis forcé de subir cet intrus jusqu'à ce soir; mais à Mchounech, j'aurai recours, s'il le faut, au cheik pour me débarrasser de lui.

Le chemin que nous suivons se confond avec celui de Chetma, et se dirige vers l'est à travers la plaine. Depuis hier son aspect a changé. Le vent d'est qui souffle avec violence soulève des tourbillons de poussière et me les chasse dans le visage, tandis qu'il pousse quelques nuages qui glissent comme des tâches sombres sur la limpidité du ciel. La lumière est moins vive, le paysage me paraît plus triste.

Après avoir longé jusqu'auprès de Chetma la chaîne de collines qui depuis Biskra bornent la vue, nous tournons au nord-est, laissant l'oasis à droite. Nous entrons bientôt dans une région nouvelle : ce n'est plus la plaine saharienne; ce sont les dernières ondulations des Aurès qui viennent expirer ici. Ce pays est l'image exacte de la désolation. Après avoir franchi le ruisseau qui alimente Chetma, nous sommes sur un terrain tourmenté, bouleversé au delà de toute idée, raviné par les eaux, brûlé par le soleil, balayé par le vent du désert. La montagne vers laquelle je me dirige soutient un assaut terrible contre toutes les forces destructives de la nature. La pluie, le soleil et le vent agissent de concert et semblent s'être ligués pour l'anéantir. Sous l'action d'un soleil brûlant, le sol s'effrite, s'émiette de toutes parts ; l'eau répandue par les orages entraîne les terres et en bien des endroits n'a plus laissé que le roc nu. Le vent du sud-est brûle de son haleine embrasée la maigre végétation. On croirait que la nature elle-même s'efforce de détruire son œuvre. Cependant c'est l'homme qui est le grand coupable; il a arraché à la montagne sa seule protection efficace : la forêt. Avec ce manteau tutélaire la pluie bienfaisante a disparu pour ne reparaître que sous forme de torrents d'eau qui balayent le sol sans le pénétrer. La végétation, qui n'est plus abritée contre les rayons d'un soleil trop ardent, ne trouve plus à se développer. En vain je promène ma lorgnette jusqu'aux limites de l'horizon, je ne puis découvrir ni un arbre ni un arbuste. A peine de loin en loin voit-on une maigre touffe d'alfa, ou bien une sorte de thym grisâtre moins clair-semé. Tels sont les effets effrayants du déboisement. Si l'on ne trouve pas un moyen pour arrêter cette invasion du désert qui progresse d'année en année, tous les contre-forts méridionaux des Aurès seront devenus inhabitables dans un demi-siècle. Ce pays dont les Romains avaient fait un jardin aura été conquis par l'envahissante stérilité du Sahara. Il n'est que temps de prendre des mesures énergiques pour enrayer le mal : il y a là une question de salut public pour la partie orientale de l'Algérie. La chaîne des Aurès, en effet, n'est autre chose qu'une digue immense élevée par la nature à l'extrême limite du Tell pour le préserver des influences délétères du Sud et que le désert s'efforce de battre en brèche et de renverser. Dans cette lutte vingt fois séculaire qui se livre sur le sol de l'Afrique entre les forces bienfaisantes et génératrices de la nature que l'homme développe par la culture et les forces malfaisantes et destructrices qui règnent en maîtresses dans le Sud, dans ce combat sans merci entre le Sahara et le Tell, entre le désert et le sol cultivé, qui se disputent pied à pied le terrain avec des alternatives diverses, suivant les époques, les Aurès ont interposé leurs sommets comme un rempart protecteur du travail et de la vie. Avec quel soin jaloux l'homme n'aurait-il pas dû réparer les moindres brèches qui lui sont faites, entretenir le manteau de forêts qui lui faisait jadis une cuirasse sur laquelle glissaient les attaques impuissantes de l'ennemi! Et puisque l'inintelligence des habitants a brisé cette égide protectrice, n'est-ce pas le devoir de la France, aujourd'hui responsable de l'avenir de l'Afrique du Nord, de porter remède sans plus tarder à une situation qui bientôt peut-être serait désespérée? Mais ce remède où le chercher?

Un savant officier de notre armée l'a trouvé il y a quelques années et s'efforce avec une persévérance infatigable de convaincre ses contradicteurs et de faire passer son projet du domaine de la théorie dans celui des faits réalisés pour le plus grand bien de l'humanité. Le colonel Roudaire propose de faire pénétrer les eaux de la Méditerranée dans le bassin des chotts algériens et tunisiens dont le niveau est inférieur à celui de la mer. Cette mer intérieure qui offrirait à l'évaporation une surface d'eau considérable donnerait naissance à une masse énorme de vapeurs qui se transformeraient certainement en pluies à la rencontre des montagnes contre lesquelles le vent les chasserait. Le climat du versant méridional des Aurès serait donc certainement modifié dans un sens favorable à l'extension des cultures[1]. Les reboisements, impossibles dans les conditions actuelles sur une grande partie de cette zone désolée, deviendraient praticables et ce pays, qui semble voué à une destruction fatale, renaîtrait à une vie nouvelle.

Vers dix heures, nous atteignons la petite oasis de Drau. Elle est placée au bord d'un ruisseau qui descend de la montagne et ne possède qu'une trentaine de maisons et environ quatre mille palmiers. Je mets pied à terre devant la demeure du cheik, qui m'invite à entrer et fort aimablement me fait les honneurs de chez lui. Il me reçoit dans une salle qui ne renferme qu'une sorte de divan en terre battue sur lequel sont étalés des tapis, ouvrage de ses femmes. Il porte suspendu au cou un chapelet aux grains de bois, qui indique qu'il est affilié à une confrérie religieuse. Je m'assieds pour prendre mon repas et involontairement je sens mes jambes se replier sous moi à la mode arabe : cette posture qui nous étonne, nous qui sommes habitués à nous asseoir sur des fauteuils et sur des chaises, est, en somme, la plus naturelle et la plus commode quand on n'a d'autre siége que le sol. Le cheik fait

---

[1] S'il est un point qui ressorte avec la dernière évidence des nombreuses discussions auxquelles le projet de mer intérieure a donné lieu entre savants, c'est l'influence heureuse qui serait exercée par la submersion des chotts sur le versant méridional des Aurès.

placer devant moi du lait, et des dattes dont il me fait remarquer l'excellente qualité, et pour lesquelles il refuse énergiquement tout payement. Par l'intermédiaire de mon spahi nous engageons une conversation à bâtons rompus. Mon hôte m'apprend qu'il se nomme Si-Mohammed-ben-El-Hadj. Je lui demande de me faire visiter sa maison. Il me répond avec embarras qu'il regrette infiniment de ne pouvoir accéder à mon désir, mais que les convenances s'y opposent, car il est marié. Je n'ai garde d'insister; puisque je suis en pays musulman, il faut bien respecter les convenances musulmanes! Si-Mohammed, comme compensation, me mène promener dans son jardin; il me fait admirer ses arbres fruitiers et me montre avec orgueil ses orangers et ses citronniers. Mais l'heure du départ arrive. Je remercie le cheik de son hospitalité, j'enfourche de nouveau ma monture, et la marche est reprise.

À mesure que nous gagnons du terrain dans la direction du nord-est, nous nous élevons, les mamelons entre lesquels passe le chemin font place à des collines et les collines aux montagnes. Mais la stérilité reste la même. Il ne faudrait pas croire cependant que cette aride et sauvage nature soit dépourvue de tout pittoresque. Les sommets que je laisse à droite et à gauche affectent parfois de ces formes étranges particulières aux ruines. Ici, ce ne sont pas des débris de constructions humaines; ce sont des montagnes effondrées.

Nous atteignons un cours d'eau que les indigènes appellent l'oued Sidi-Okba à cause de l'oasis qu'il rencontre plus au sud, mais qui n'est autre que l'oued El-Abiod. Pendant quelque temps, nous remontons son lit pierreux, planté de tamarins et de lauriers-roses. En face de nous, sur l'autre rive, se trouve la petite oasis de Habel. Le sentier quitte ensuite la rivière, s'élève sur une chaîne de collines et franchit un affluent secondaire. Du haut d'un plateau nous apercevons enfin, tranchant gaiement sur le fond terne du paysage, la verte ligne des palmiers de Mchounech. Il faut encore traverser la rivière à gué, et nous pénétrons dans l'oasis.

Ce mot d'oasis est populaire en Europe. Il évoque des images gracieuses et riantes que la poésie revêt de ses couleurs vagues et indécises. Mais pour apprécier à sa juste valeur ce que ce mot renferme de bien-être physique en même temps que de jouissances artistiques, il faut, après une longue marche au soleil et à la poussière du désert, pénétrer sous les fraîches arcades des palmiers, au milieu des champs et de la verdure, parmi les ruisseaux murmurants. La lumière tamisée à travers les branches perd son éclat fatigant et le bleu du ciel prend un ton d'une douceur plus agréable aux yeux. Ici, les troncs serrés des palmiers font songer à des colonnades de cathédrales. Ce n'est plus un bois, comme à Biskra, c'est une véritable forêt aux troncs robustes et élancés.

Me voici dans le village, qui ressemble à tous ceux que l'on rencontre dans les oasis sahariennes. Ce sont les mêmes maisons de forme cubique qui s'alignent de chaque côté des rues. Cependant, je suis déjà en pays chaouïa; les habitants, qui appartiennent à la tribu des Beni-Bou-Slimann, sont de la race des montagnards des Aurès.

On me conduit devant la demeure du caïd, qui a ici sa résidence. Ce fonctionnaire indigène est mort depuis un mois, et son successeur, nommé avant-hier seulement, n'a pas encore pris possession de son commandement. Le village est encore en deuil. On entend retentir le son lugubre et monotone d'un tambour que l'on frappe en signe de tristesse dans la maison mortuaire. Les parents du défunt se sont réunis aujourd'hui pour présenter à ses veuves (il en laisse trois) leurs compliments de condoléance. Les cheiks des environs venus hier pour saluer le gouverneur à son passage sont rassemblés devant la porte du caïd en un groupe pittoresque. A mon approche, ils interrompent leur conversation et me serrent cérémonieusement la main. Je croyais tomber en plein pays sauvage dans ce hameau perdu sur la lisière du Sahara. Grand est mon étonnement en entendant un jeune indigène me dire en bon français : « Soyez le bienvenu. » C'est le fils du cheik de la localité, ancien élève de l'école arabe-française de Biskra. Avec le plus grand empressement, il se met à ma disposition et me procure comme logement une maison inhabitée, s'excusant de ne pas pouvoir m'offrir tout le bien-être désirable pour un Français.

L'appartement qui m'est destiné pour cette nuit laisse en effet à désirer au point de vue du confortable. Il occupe le premier étage, si l'on peut donner le nom de rez-de-chaussée à l'espèce de cave qui se trouve au-dessous, et l'on y accède par cinq ou six marches d'escalier en mauvais état. Le plancher est en terre battue, et l'unique fenêtre est fermée par un volet à moitié démoli. Partout ailleurs qu'en Afrique on prendrait cette masure pour un pigeonnier. Cependant lorsqu'on a recouvert le sol de nattes et de tapis, quand on a rangé mes bagages dans un angle, quand on a dressé au milieu de la pièce une petite table volante formée d'un simple pliant recouvert d'une planche, et posé derrière un petit siége en toile qui sert aux officiers du bureau arabe dans leurs tournées, je trouve que mon appartement a changé d'aspect et je me sens presque chez moi.

Tandis que l'aimable fils du cheik s'occupe de faire préparer mon repas, son cousin, qui parle également français, me conduit aux gorges de l'oued El-Abiod. A quelque cent mètres de l'oasis, le fleuve aux eaux verdâtres s'échappe de la montagne par une étroite fissure. Sur chaque rive, des rochers à pic, de cette belle couleur vieil or que j'ai déjà admirée plusieurs fois en Algérie, se dressent comme des murs. Trempant leur pied dans l'eau et colant leurs branches au roc, une rangée de palmiers donnent à cette scène d'une grandeur sauvage un caractère tout africain. Je remarque au retour les dérivations (les indigènes les nomment *séguias*) qui du fleuve amènent l'eau dans l'oasis. Elles sont tracées avec une grande intelligence et entretenues avec un soin jaloux, car elles seules fécondent la terre et permettent les cultures. Elles remontent certainement à une haute antiquité; cela m'est démontré par un mur de soutènement destiné à supporter un canal, devant lequel je m'arrête en passant et qui, sans aucun doute, est une construction romaine. Cette eau bienfaisante, qui est ici la source même de la vie, court de palmier en palmier, d'un bout de l'oasis à l'autre, par un système de rigoles qui font le tour de chaque arbre, répandant partout une fraîcheur bienfaisante.

J'escalade par un sentier de chèvres la hauteur au pied de laquelle on a bâti le village. Au sommet, une ruine attire mon attention : c'est une vieille maison en pierre à trois étages. Ce mode de construction est rare dans ce pays, et trois étages suffisent pour constituer un véritable monument. C'en était un en effet. On m'apprend que je suis en face de l'ancienne *guelaa*. C'est dans ce bâtiment que jadis les habitants emmagasinaient leurs récoltes pour les mettre à l'abri d'un coup de main. Comme il renfermait toute leur fortune, c'est là qu'à la première alerte accouraient tous les guerriers en armes, et, derrière ces murailles sacrées, le Chaouïa combattait jusqu'à la dernière extrémité pour sa famille, pour ses biens et pour sa vie. Cette institution des guelaas sur laquelle repose la société toute primitive des Aurès remonte à une très-haute antiquité; mais elle a subi depuis peu une légère modification. L'ancienne guelaa de Mchounech est tombée en ruine et personne n'a songé à la relever. Maintenant que, grâce à la France, la paix règne dans le pays, on a trouvé inutile de reconstruire l'entrepôt public au sommet d'une montagne escarpée; on a préféré un emplacement plus difficile à défendre, mais plus accessible et plus rapproché des habitations.

Mchounech est le village le plus considérable des Beni-Bou-Slimann; il renferme de quinze cents à deux mille habitants. Les palmiers de l'oasis qui n'étaient, au dernier recensement officiel du bureau arabe, qu'au nombre de dix-sept mille, atteignent aujourd'hui, m'a-t-on assuré, le chiffre de vingt-deux mille. C'est là un indice évident de prospérité. Les habitants, moitié sédentaires, moitié nomades, passent l'été sous la tente à faire paître leurs moutons dans l'Ahmar-Khaddou. Au moment de la récolte des dattes, ils viennent occuper leurs maisons pendant quelques mois pour regagner ensuite la montagne.

C'est près d'ici qu'en 1844 le duc d'Aumale infligea une défaite à Mohammed Seghrir, l'ancien khalifat d'Abd-el-Kader dans le Sahara. Pendant le combat, le capitaine Espinasse, blessé de quatre coups de feu, allait tomber entre les mains de l'ennemi, lorsque le duc d'Aumale et le duc de Montpensier accoururent à son secours et parvinrent à le dégager[1].

---

[1] Cet épisode a été raconté par M. Bocher (*Revue des Deux Mondes* du 15 juin 1857). Il n'est pas mentionné dans le rapport officiel du duc d'Aumale au gouverneur de l'Algérie, daté de Batna, le 22 mars 1844.

CHAPITRE IV

Les guelaas de Mchounech. — Des docks en pays chaouïa. — Le judaïsme dans les Aurès. — Un orage. — Paysage d'hiver. — El-Arich. — La maçonnerie et la serrurerie chez les Chaouïas. — Le cimetière des Béni-Bou-Slimann. — Tkout et sa mosquée. — Cheunnaoura.

El-Arich, 29 mars.

Pendant que mes hommes chargent le mulet, je vais visiter la nouvelle guelaa, celle qui est actuellement en usage. Le fils du cheik me conduit à un bâtiment situé au-dessus du village et que l'on prendrait pour une maison ordinaire plus grande que les autres. Nous franchissons le seuil, et après avoir traversé une sorte d'allée couverte, nous nous trouvons dans une cour intérieure que le bâtiment enveloppe sur ses quatre faces. Les murs, à intervalles réguliers, sont percés d'ouvertures, à la fois portes et fenêtres, qui donnent accès dans de petits réduits bas et obscurs, superposés sur deux ou trois étages. C'est là que les habitants du village viennent entreposer leur récolte. Chaque propriétaire a la libre disposition d'un de ces magasins ; il y enferme ses dattes ou ses grains, emporte sa clé et peut à volonté entrer ou sortir sa marchandise. Ceux qui occupent les étages y accèdent par le moyen le plus primitif : une simple poutre appliquée comme une échelle contre la muraille, au-dessous de leur porte, leur permet de pénétrer chez eux. Ce mode d'accès doit nécessiter une certaine agilité de la part de ceux qui sont obligés de l'employer. Toute la fortune publique ainsi renfermée dans un même bâtiment est placée sous la garde d'un homme de confiance qui veille continuellement pour empêcher les vols et qui perçoit un salaire proportionné à la quantité et à la valeur des marchandises dont il est responsable. Cette institution que l'on est tout surpris de rencontrer en pays barbare présente une analogie frappante avec le système de nos docks ou magasins généraux. Mais n'est-il pas étrange que, tandis qu'il représente dans nos grands ports maritimes le dernier mot de la civilisation moderne, il fonctionne chez les Chaouïas depuis les siècles les plus reculés? Ici, la guelaa n'est pas un perfectionnement dont on se passerait au besoin; elle est la nécessité même. Tout village a sa guelaa, et sans guelaa il n'y a point de village. Autour d'elle se groupent les populations, se nouent les intérêts. C'est elle en réalité qui est le lien social, la raison d'être de la communauté. Aux époques troublées de l'histoire des Aurès, c'est une idée de sécurité générale et de défense commune qui a donné naissance à cette coutume qui nous étonne aujourd'hui. Elle a persisté à travers les siècles et elle est devenue la base même sur laquelle repose la société chaouïa.

En sortant de la guelaa, je remarque à peu de distance un autre bâtiment absolument semblable. On m'apprend qu'il a la même destination que celui que je viens de visiter. Mchounech a de tout temps été divisé en deux partis hostiles, en deux çofs, comme on dirait en Kabylie, et chacun a voulu avoir sa guelaa particulière. Il serait intéressant de rechercher quelle est l'origine de ces divisions et de ces rivalités. Reposent-elles sur de simples questions d'intérêt privé, comme chez les Kabyles, ou bien faudrait-il y voir un reste d'anciennes inimitiés de races? Personne ne peut me fournir de renseignements à ce sujet. Tout ce que j'arrive à savoir, c'est que l'un des deux çofs porte le nom de Ouled-Yacoub (enfants de Jacob). Peut-être y a-t-il là un souvenir de la religion qu'ont professée jadis une partie des ancêtres des Chaouïas. Ce ne serait pas le seul qui se serait conservé jusqu'à nos jours. M. Masqueray[1] cite une fraction de la tribu des Ouled-Abdi qui porte un nom emprunté à l'histoire sainte : Ouled-Ali-ben-Youcef (enfants d'Ali fils de Joseph); cette appellation est d'autant plus digne de fixer l'attention qu'une autre fraction de la même tribu se nomme Ouled-Msellem (enfants des musulmans), comme si la question religieuse avait joué un rôle dans ces désignations. Mais voici qui est plus frapppant encore : il existe chez les Ouled-Daoud un village qui a conservé le nom de Village des Juifs (Bel-Yeuhoud), et cependant on y chercherait en vain un seul Israélite. Ce sont autant de preuves de l'importance qu'a eue dans l'histoire des Aurès la présence au milieu des tribus indigènes de sectateurs de la loi mosaïque.

De grand matin ma petite caravane s'est mise en marche. Elle s'est définitivement grossie de mon obstiné muletier, que j'ai autorisé à me suivre. On m'a expliqué son entêtement, que je ne pouvais comprendre hier. Mon Arabe, Lachmi, avec qui j'ai traité en qualité de domestique et d'interprète, s'était engagé à me fournir un mulet. N'en possédant pas, il a été obligé d'en louer un; mais comme il ne jouit pas, paraît-il, d'un crédit de premier ordre sur la place de Biskra, le propriétaire n'a voulu livrer l'animal qu'à la condition de ne pas le perdre de vue. Et voilà comment ma suite s'est trouvée augmentée d'un serviteur que je n'avais pas prévu.

En sortant de Mchounech on abandonne l'oued El-Abiod pour suivre le plateau qui sépare cette rivière de l'oued

[1] *Documents historiques recueillis dans l'Aurès.* (*Revue Africaine,* 1877.)

Abdi. J'aperçois de loin l'oasis de Béniann, qui a à peu près la même importance que celle que je viens de quitter, si l'on considère le nombre de ses habitants aussi bien que le nombre de ses palmiers. Le caractère du paysage est le même que celui d'hier : c'est toujours la même nature bouleversée, toujours les mêmes érosions, toujours la même aridité désespérante. Peu après le départ, je franchis le lit desséché d'une rivière qui s'est frayé une route profonde au-dessous du niveau du plateau, entre deux berges taillées à pic ; c'est la *barranca* de l'Amérique espagnole. Au delà, le plateau pierreux recommence, monotone et nu. Je n'ai d'autre distraction que de regarder le cavalier qui me précède. Pour remplacer mon spahi d'hier, qui a dû retourner à Biskra, on m'a donné un homme de la deïra, garde des caïds indigènes. Avec son cheval efflanqué, sa selle rapiécée, son manteau noir en loques, le pauvre hère, qui conserve malgré sa misère je ne sais quel air de noblesse, me fait songer aux chevaliers errants du moyen âge.

Cependant le ciel se couvre, et subitement le temps devient menaçant. Un orage se prépare. Je presse ma monture dans l'espoir d'arriver avant la pluie au village prochain. Mais l'animal rétif s'obstine à conserver son pas de promenade. Bientôt l'orage éclate avec violence au-dessus de ma tête. Le tonnerre se fait entendre, la pluie tombe à torrents ; la grêle se met de la partie. Malgré les rafales du vent nous avançons toujours, comptant à chaque tournant de la route apercevoir le village où nous trouverons un abri. Mais le chemin s'allonge indéfiniment et rien ne paraît. Voyant croître la tourmente je prends le parti de laisser le mulet au guide et, pour aller plus vite, de continuer la route à pied. La grêle tombe avec fureur et couvre le sol d'un tapis blanc. Le tonnerre gronde sans interruption ; les éclairs sillonnent le ciel dans tous les sens, semblables à de longs rubans de feu. Pas un seul abri dans l'immense plaine; pas même un arbre dans tout l'espace que la vue peut embrasser. Depuis une heure que je lutte contre la tempête, je sens mes forces s'épuiser ; je fais appel à toute mon énergie pour accélérer encore le pas. Que deviendrai-je si le village est encore éloigné de plusieurs kilomètres ? Je me souviens que le général Faidherbe, lorsqu'il n'était que lieutenant, surpris en Kabylie par une tourmente semblable, faillit périr avec toute sa compagnie. Tout à coup, au moment où je commençais à désespérer, à un détour du sentier, je vois le plateau finir brusquement à mes pieds. Je suis sur le bord d'une profonde dépression, au fond de laquelle coule un torrent. Sous ce ciel sombre, au milieu de ce paysage d'hiver, des palmiers chargés de frimas semblent frissonner de froid et de surprise. Accrochées aux parois du ravin, les maisons du village, ce village si désiré, se montrent enfin. Les toits sur lesquels s'entassent les grêlons sont recouverts du même linceul blanc qui s'étend partout sur la campagne. Ce paysage lugubre et désolé, apparu subitement devant mes yeux, à la lueur des éclairs, m'a vivement impressionné. C'est à peine si j'ai le temps d'y jeter un regard d'admiration, tant j'ai hâte de sentir un toit au-dessus de ma tête. Mais cette gorge sauvage, ces rochers escarpés, ce désert blanchi par la grêle, ces palmiers étonnés de se trouver dans un cadre semblable, resteront gravés dans ma mémoire en traits ineffaçables.

Dix minutes plus tard, confortablement installé sur une terrasse couverte, dans une maison des Ouled-Mimoun[1], vêtu de linge sec et chaudement enveloppé dans mon burnous, je savourais avec délices une tasse de café bouillant. Devant moi, comme un décor de théâtre, se montrait la

---

[1] Ce point est désigné sous le nom de Khanget-Habia sur la carte du cercle de Biskra.

gorge dont le blanc manteau, par le seul effet de la température, disparaissait progressivement. A droite et à gauche, sur les toits des maisons, des femmes grelottant sous leur mince robe bleue, travaillaient à balayer la grêle fondante, et s'arrêtaient par moments pour jeter de mon côté un regard étonné et curieux.

L'orage a pris fin, la pluie elle-même a cessé. L'heure est venue de remonter sur mon mulet. Je jette un dernier regard sur ce paysage superbe que je ne reverrai certainement jamais tel qu'il vient de m'apparaître. A cet instant, le soleil, perçant les nuages, vient éclairer la scène et lui donner un aspect tout nouveau. O magie du soleil africain, dont la lumière transfigure un site en y versant tout l'or de ses rayons !

Une dernière chevauchée m'amène à El-Arich, où j'ai fixé mon étape. Ce petit village, que la carte de l'état-major n'indique pas, ne compte que cent cinquante habitants. Il est bâti sur un plateau au pied de l'Ahmar-Kaddou et domine la rive gauche de l'oued El-Abiod. Ici, plus d'oasis; une douzaine de palmiers seulement, dernier souvenir du Sahara, et de maigres champs d'orge. On est sorti de la région désertique et l'on atteint la limite de celle des productions agricoles. Les maisons, de même qu'à Mchounech, sont construites en pierre, bien que cimentées avec de la boue, seule espèce de mortier connue des maçons du pays. Elles ressembleraient à celles de Kabylie, si ce n'était la toiture, qui n'est pas recouverte en tuiles. Elles présentent même un avantage sur ces dernières; ici, l'écurie est placée sous un hangar, dans la cour qui précède l'habitation.

Mon installation n'est pas aussi confortable que celle d'hier. Plus de table, plus de sellette pour s'asseoir; ces derniers vestiges de civilisation ont disparu. Je mange et j'écris sur une simple planche, reposant sur deux pierres de grosseur à peu près égale, que Lachmi a disposées à mon intention. Je suis obligé de m'accroupir devant, les jambes croisées. Au début, cette posture insolite n'offre pas un grand charme; mais avec un peu d'habitude on s'y fait. Mon journal de voyage ne subira pas de retard; c'est l'important. En fait de lit, je me contenterai ce soir d'une simple natte et d'un treillis de mulet, sur lequel j'étends ma couverture.

La porte de ma chambre a une fermeture curieuse. La serrure est tout entière en bois. Elle est constituée par une grosse pièce taillée en biseau aux deux extrémités et attachée à la porte avec des cordes d'alfa. Dans l'intérieur passe un énorme pêne également en bois, une sorte de verrou percé de trois trous dans lesquels pénètrent trois chevilles mobiles adaptées par le haut à la pièce principale, et destinées à le maintenir en place. La porte est ainsi fermée. Pour l'ouvrir, on introduit sous le pêne un fil de fer armé de trois dents qui soulèvent les chevilles, prennent leur place et permettent de tirer à soi le verrou. Cet ingénieux système de serrure, tout rudimentaire qu'il est, possède une solidité que je ne lui aurais pas attribuée tout d'abord. Le malheur est que la clé ne peut s'y introduire que du dehors. Je préfère appliquer à ma porte un mode de fermeture plus primitif encore : une poutre maintenue par une grosse pierre forme arc-boutant et me permet de m'endormir en paix.

El-Adjeudj, 31 mars.

Aux premiers rayons du jour je suis debout. Mon mulet est bientôt bâté. Avant de prendre ma place sur son dos, je jette un regard indiscret sur ma voisine, en train de moudre dès l'aube le grain dont elle aura besoin pour la journée. Pour cela, elle se sert d'un curieux moulin. Qu'on se représente une section de sphère en pierre reposant sur une pierre plate. Les deux pierres, percées d'un trou dans leur partie centrale, sont réunies par un bâton servant d'axe, autour duquel la femme accroupie verse le grain de la main droite, comme dans un moulin à café, tandis que sa main gauche met la partie supérieure de l'appareil en mouvement au moyen d'un manche en bois qui y est fixé vers le bord. La posture que l'on est obligé de prendre pour se servir de ce singulier instrument rend le travail pénible. Aussi les malheureuses femmes dont c'est la tâche quotidienne ont-elles une existence peu enviable. Leur sort, semblable à celui de la femme kabyle et de la femme arabe, peut se résumer en deux mots : travail et volupté au profit de l'homme. Il est bien rare qu'elles connaissent l'affection conjugale, ce sentiment béni qui sanctifie le mariage et qui est le véritable ciment du foyer domestique. Aussi le divorce est-il plus fréquent encore dans les Aurès que dans aucune autre partie de l'Algérie. Il est tellement entré dans les mœurs, que les formalités exigées partout ailleurs pour l'accomplir n'existent pas ici. Pas n'est besoin pour divorcer de l'assentiment du cadi, qui, du reste, était inconnu avant la conquête française. La femme qui est lasse de travailler pour son mari, ou qui désire s'unir à un autre, se contente de prendre l'outre dans laquelle elle va chercher chaque matin l'eau nécessaire à son ménage, de la gonfler d'air en soufflant dedans et d'aller la déposer à côté de la fontaine. Elle constate, par cet acte symbolique, qu'elle ne veut plus remplir ses devoirs domestiques. Cette simple formalité est suffisante pour lui rendre sa liberté : désormais le divorce est effectué. Je ne puis m'empêcher de plaindre ces infortunées créatures.

Tandis que je m'apitoie ainsi sur le sort du beau sexe chaouïa, plusieurs hommes du village se sont approchés et s'étonnent de ma longue contemplation. Ils ne peuvent croire que j'examine avec tant d'attention un objet aussi vulgaire qu'un moulin, et se persuadent sans doute que c'est la travailleuse matinale qui attire mes regards. La pauvre femme n'est ni jeune ni jolie. Cependant je comprends, à l'air avec lequel on me regarde, qu'il est prudent de m'éloigner, afin de ne pas laisser naître dans l'esprit jaloux de mes hôtes des soupçons qui, pour être mal fondés, n'en auraient peut-être pas moins pour moi de désagréables conséquences.

Nous nous remettons en marche en remontant le cours de la rivière que nous abandonnons bientôt pour suivre un de ses affluents, l'oued Cheunnaoura, qui continue la même direction nord-est, et que l'on prendrait pour la prolongation du cours d'eau principal. L'oued El-Abiod, au contraire, vient du nord-ouest à travers la célèbre gorge de Tiraniminn. C'est là que la colonne Saint-Arnaud trouva en 1850 une inscription romaine attestant l'existence d'une route qui traversait les Aurès en suivant le cours de cette rivière.

La plaine s'élargit à mesure que l'on s'éloigne d'El-Arich. Les cultures commencent à reparaître, mais elles ne s'éloignent guère des rives de l'oued. C'est l'eau et non pas la terre qui manque. Si l'on savait mieux utiliser le torrent, l'aménager avec plus d'intelligence, on obtiendrait certainement des récoltes plus abondantes. Tout le long de la route, nous croisons des cheiks, en costume officiel, qui ont accompagné le gouverneur jusqu'aux limites de leur commandement et qui retournent chez eux. J'échange avec eux un salut ou une poignée de main, puis je continue à remonter la vallée. Près du petit village d'El-Kseur, mes hommes me montrent en passant un cimetière qui n'aurait pas attiré mon attention, sauf peut-être par ses dimensions hors de proportion avec l'importance de la population de la localité. On m'apprend que c'est là que les Beni-Bou-Slimann de toutes les fractions et de tous les villages viennent ensevelir leurs morts. En parcourant ce champ du repos de toute une tribu, où quelques pierres indiquent seules que des générations entières dorment sous ce sol fréquemment remué, je songe au respect que les peuples primitifs ont eu de tout temps pour la mort, et à l'influence qu'un cimetière a exercée sur l'histoire de certains d'entre eux. Lorsque Abraham acheta la caverne de Macpéla pour en faire son tombeau de famille, il ne se doutait pas qu'il décidait par là de l'avenir de sa race et qu'il prenait possession pour ses descendants du pays de Chanaan, destiné à devenir par la suite le pays d'Israël. En effet, la dernière recommandation de son petit-fils Jacob lorsqu'il mourut en Egypte fut qu'on l'ensevelît dans la tombe où reposaient ses ancêtres ; et Joseph, accompagné de sa famille entière, qui déjà formait un peuple, transporta en grande pompe les restes mortels de son père dans le tombeau d'Abraham. Le souvenir de ce premier exode volontaire dut contribuer puissamment à entretenir parmi les générations suivantes le sentiment qui portait les Israélites à considérer l'Égypte comme la terre d'exil et Chanaan comme la patrie promise ; et lorsque vint à sonner l'heure du départ et de la délivrance, Moïse n'eut garde de laisser le corps de Joseph au milieu de la nation ennemie. On le tira de la tombe monumentale où il dormait son dernier sommeil à l'ombre des pyramides pour l'emporter pendant le long voyage de quarante ans à travers le désert et le déposer ensuite dans la modeste caverne de Macpéla. C'est ainsi qu'un tombeau contribua à constituer la nation hébraïque et à lui faire abandonner la vie nomade des patriarches pasteurs pour la vie sédentaire du cultivateur et du citadin. Quelque chose d'analogue a dû se produire chez les Chaouïas que je visite. L'histoire du cimetière des Beni-Bou-Slimann, si jamais on l'écrit, sera l'histoire de la tribu elle-même.

Une courte marche m'amène à Tkout, que la carte de l'état-major appelle par erreur Skouts. C'est un grand village de deux cent cinquante habitants, construit sur une hauteur qui domine la vallée et le cours de la rivière. Les maisons sont bien construites et à plusieurs étages. Les habitants montrent avec orgueil un réservoir où des travaux de captage amènent l'eau d'une source voisine. Ils ont raison d'être fiers de ce pauvre bassin qui leur permet d'arroser leurs champs tout alentour et accroît leurs récoltes. Tkout possède en outre un monument bien rare en pays chaouïa : c'est une petite mosquée sans aucun caractère architectural, qui date, me dit-on, de trois cents ans. Elle est surmontée d'un minaret élevé. On accède à la plate-forme par un étroit escalier aux marches branlantes. De cette hauteur, on jouit d'une vue assez étendue sur la vallée de l'oued Cheunnaoura. On me fait visiter ensuite les guelaas. Elles présentent la même disposition que dans les autres villages. Je remarque cependant cette différence qu'ici les primitives échelles dont j'ai parlé sont remplacées par une étroite galerie en bois, sans rampe, qui monte aux étages en plan incliné, le long des murs, et tient lieu d'escalier. Le village possède quatre guelaas. Une seule est occupée par les habitants sédentaires. Les trois autres servent d'entrepôts à diverses fractions de la tribu qui passent la plus grande partie de l'année dans la montagne. Tkout est le centre le plus important de la tribu après Mchounech.

La maison qui m'abrite appartient à l'ancien cadi de la localité. Son propriétaire est quelque part en Amérique ou en Océanie, à Cayenne ou à Nouméa. Compromis dans la dernière insurrection des Aurès, il a été condamné aux travaux forcés. C'est près d'ici qu'habitait le caïd des Beni-Bou-Slimann, Bachtarzi, qui fut assassiné par les révoltés de 1879, et c'est sa complicité dans ce crime qu'expie si loin du ciel natal l'ex-cadi de Tkout. Son fils aîné, un homme qui paraît avoir de trente à quarante ans, devenu chef de famille, vient me tendre la main, tout grelottant de fièvre. Je cherche à me représenter quelles doivent être en ce moment les pensées qui se pressent dans l'esprit de cet infortuné, malade peut-être de chagrin, en voyant un représentant de la race ennemie occuper sous son toit la place du vieillard qui là-bas, par delà les mers, traîne en ce moment son boulet de forçat. Je me demande si dans ce cœur ne bouillonnent pas des rancunes amassées qui n'attendent que le moment propice pour faire explosion, et si le regard brillant que le fiévreux dirige sur moi n'est pas chargé de haine. Quoi qu'il en soit, je me dis que mon hôte ne saurait être, sans injustice, rendu responsable du crime paternel, et c'est avec une réelle sympathie que je serre la main d'un fils dans la douleur.

Mon étape de l'après-midi est de courte durée. Trois quarts d'heure de marche, en remontant la vallée, suffisent pour me conduire à Cheunnaoura, où je dois passer la nuit. Ce pauvre village, qui donne son nom à la rivière, est beaucoup moins important que Tkout. Il se compose de deux petits hameaux peu éloignés l'un de l'autre, qui n'ont pas ensemble plus de deux cents habitants.

Pour utiliser ma soirée, la fantaisie me prend d'escalader un des sommets voisins, d'où je pourrai apercevoir la vallée de l'oued El-Abiod, dont une chaîne de collines me sépare seule. Lachmi, plein de sollicitude, veut me faire accompagner par un habitant du village, tandis qu'il préparera mon repas. De la main, j'indique à mon guide la direction dans laquelle je veux aller. Nous partons et, pour charmer les loisirs de la route, mon Chaouïa me raconte dans sa langue une longue histoire à laquelle je ne comprends pas un mot, mais où « Sidi gouverneur » doit jouer un grand rôle, car son nom revient à chaque instant. Le récent passage du gouverneur à travers les Aurès a dû faire grand bruit dans le pays, car jamais encore, depuis la conquête, le premier magistrat de la colonie n'avait visité cette région reculée et beaucoup trop oubliée. Un tel voyage, qui n'était pas exempt de fatigue, surtout pour un homme de son âge, montre avec quelle conscience M. Tirman étudie le problème algérien, dont la solution repose en grande partie sur les décisions qu'il sera appelé à prendre. Afin d'examiner par lui-même et sur les lieux toutes les réformes en projet, il vient de visiter les oasis françaises du Sahara et la région des Aurès, s'arrêtant dans les principaux villages et consultant tous les chefs de tribus et tous les officiers capables de l'éclairer. On m'a même assuré que, pour se rendre compte de l'état exact des esprits chez les indigènes, il laissait en arrière sa suite de fonctionnaires civils ou militaires, et, prenant les devants avec son interprète, il arrêtait les passants, causait avec eux et écoutait patiemment leurs réclamations et leurs doléances. C'est un spectacle tout nouveau en Algérie, et plein de promesses pour l'avenir, que de voir un haut fonctionnaire se mettre ainsi en contact intime avec la population indigène.

Jusqu'à ce jour les gouverneurs s'étaient bornés à inviter les grands chefs à leurs fêtes splendides du palais Mustapha. Il était temps qu'ils cherchassent à connaître les aspirations du vrai peuple indigène, de celui qui a souffert et peiné sous tous les conquérants de l'Algérie et qui commence à respirer sous la domination française, de celui qui paye les impôts et fournit des soldats aux insurrections. C'est celui-là qu'il faut à tout prix rallier à la cause française, et pour cela, il est nécessaire de comprendre ses souffrances et d'écouter ses plaintes. Cette connaissance ne s'acquiert pas en lisant des rapports officiels. M. Tirman l'a compris; ce sera un honneur pour lui et pour le régime civil.

Je regagne mon domicile à la tombée de la nuit, au moment où Lachmi commençait à s'inquiéter de mon absence. Ce n'est qu'après avoir pris mon repas du soir que je remarque la singulière disposition des maisons de Cheunnaoura. Celle qui m'est assignée comme demeure est construite au niveau du toit d'une rangée de maisons inférieures, adossées à la colline. Comme on y accède de plain-pied depuis le sentier, rien ne fait soupçonner que la terrasse en terre battue qui s'étend devant ma porte est la toiture d'une autre habitation. En sortant de chez moi, j'ai été fort surpris de voir par une ouverture carrée pratiquée au centre de ma terrasse une famille entière réunie autour du feu, dans ce que j'aurais pris partout ailleurs pour une cave. Ils étaient là, le père, la mère et les enfants, assis dans des poses diverses au milieu de la fumée qui s'échappait avec peine par le plafond, éclairés par la lumière vacillante du foyer qui faisait par moments saillir de l'ombre telle ou telle figure et la marquait d'un relief plein de pittoresque. J'ai contemplé un moment cette étrange scène d'intérieur; puis je suis rentré dans ma propre maison. En levant la tête, j'ai aperçu un coin du ciel étoilé, apparaissant au milieu du plafond par l'ouverture qui est l'unique cheminée. Je me suis souvenu de ce vers du grand poëte :

> Et ce cachot de nuit pour dôme avait l'azur.

Je n'ai plus ici pour me rappeler la civilisation lointaine que ma bougie qui brille dans l'obscurité. Tous les objets qui m'entourent me disent combien primitive est la société au milieu de laquelle je me trouve. Tout le mobilier d'un Chaouïa est répandu autour de moi. Voici d'abord des couffins et des paniers en alfa. A côté, des vases en poterie grossière; l'un d'eux a exactement la forme d'une coupe à fruits ; c'est le fameux plat à couscous, que l'on retrouve dans toute l'Algérie. Des peaux de chèvre non tannées et cousues en forme d'outres renferment de l'eau ou de la farine. Une petite bêche à manche court et à fer étroit et quelques autres instruments de culture sont suspendus aux murs. Au milieu d'eux je remarque un objet semblable à une étrille, qui sert aux femmes chaouïas pour peigner la laine du mouton. Qu'on ajoute à ces divers ustensiles le moulin que j'ai déjà décrit, des nattes en alfa et des tapis chez les plus riches, et l'on aura, sans parler des récoltes enfermées dans les guelaas, un inventaire complet de la fortune mobilière des habitants de ce pays. Mon lit de ce soir est une sorte de soupente construite avec des branches d'arbre rapprochées. On a beau me dire, en manière de consolation, que le capitaine du bureau arabe a couché là il y a peu de temps, cela ne rend pas ma couche plus molle ni plus délicate.

J'ai quitté Cheunnaoura ce matin à six heures. C'est le dernier village des Beni-Bou-Slimann. La population totale de cette tribu était, au dernier recensement, de 8,336 individus, dont 2,624 hommes, 2,534 femmes et 3,178 enfants. Voici les noms des principales fractions : Ouled-Abder-Ramann, Ouled-Youb, Cheurfa, Srahana, Beni-Melkem, Ouled-Slimann, Beurtoud, et Djarallah. Les villages sont : Mchounech, Béniann, Dissa, Rassira (dont El-Arich n'est qu'une fraction), Tkout, El-Kseur, Cheunnaoura, et dans la montagne Hammam, Laoulech et Taferoït. La principale richesse de la tribu consiste en moutons (elle en possède plus de douze mille) et en chèvres, qui atteignent le chiffre de trente mille. On trouve aussi chez elle quelques chevaux, quelques bœufs et un millier de mulets.

CHAPITRE V

Le col de Teniet-el-Beïda. — Arrivée à El-Adjeudj. — Le caïd des Ouled-Daoud. — Promenade à El-Hammam. — La répression de l'insurrection de 1879. — Découverte de ruines berbères.

On m'avait annoncé une longue journée de marche pour atteindre El-Adjeudj. J'ai pu constater combien peu les indigènes ici se rendent compte des distances : quelques heures ont suffi pour m'amener au but. La route remonte d'abord la plaine de Cheunnaoura au milieu de buissons de genévriers. Bientôt des chênes verts rabougris se montrent de loin en loin. A Humbella, près d'une habitation isolée, la première que je rencontre depuis que j'ai pénétré dans les Aurès, on me montre un groupe de vieux arbres au pied desquels se trouve ce petit rectangle formé de pierres posées les unes à côté des autres qui, en pays musulman, indique une tombe. On m'apprend que les Beni-Bou-Slimann de la montagne, lorsqu'ils transportent leurs morts au cimetière d'El-Kseur, s'arrêtent à cet endroit pour y passer la nuit. Combien de cortéges funèbres ont dû s'abriter sous ces rameaux vénérables !

Plus loin, le sentier s'élève par des lacets fort roides sur les pentes du mont Zalatou, que j'ai à franchir pour gagner l'oued El-Abiod. Ce nom de Zalatou ne serait-il pas une corruption de Zénatou et un souvenir des Zénatas, qui ont jadis occupé le pays jusqu'au jour où ils ont été rejetés au delà du Chélia ? Quelques chênes verts par-ci par-là constatent que la montagne tout entière a été boisée. Mais ces derniers témoins de l'antique forêt, maltraités par les passants, disparaîtront sans doute à leur tour, abandonnant le sol à toutes les influences climatériques. Le sentier devient de plus en plus mauvais à mesure qu'on s'élève. Il aboutit enfin au col de Teniet-el-Beïda (le col blanc), d'où l'on aperçoit la vallée de l'oued El-Abiod, fermée de l'autre côté par une chaîne de montagnes élevées, où se remarquent les deux sommets du Djebel-Lazreug et du Djebel-Moudji, le dernier avec sa crête recouverte d'une étroite bande de neige. On redescend l'autre versant au milieu d'une forêt de pins et de chênes verts. C'est un véritable plaisir de contempler enfin de beaux arbres après l'affligeante nudité du pays que je viens de traverser. Malheureusement, ici aussi, la dévastation commence. A chaque instant on voit des troncs magnifiques morts de vieillesse et tombés à côté de la route, où ils pourrissent sans profit pour personne. L'orage a fait des victimes parmi ces existences végétales si utiles à l'homme. Mais les indigènes ne sont certainement pas étrangers à l'éclaircissement maladroit de certains massifs. Il appartient au gouvernement de prendre d'énergiques mesures pour arrêter le mal ; sinon encore quelques années et la forêt entière aura disparu.

En descendant la pente de la montagne, le guide me montre El-Adjeudj sur le versant opposé. Je cherche un moment avec ma lorgnette avant de distinguer le village, dont les maisons, basses, plates et couleur de terre, se confondent avec le sol. Le chemin est complétement défoncé par les dernières pluies. Par prudence autant que pour hâter ma marche, je laisse mon mulet et je pars en avant. Une fois dans la plaine, je suis arrêté par l'oued El-Abiod, qui me barre la route. Le village est en face, et point de pont pour traverser. Lachmi me tire d'embarras ;

il entre bravement dans l'eau en retroussant son burnous, m'installe sur ses épaules et me dépose sur l'autre rive. Une dernière montée sur une pente rocheuse, et je me trouve devant une maison indigène, remarquable par ses dimensions seules, que l'on me désigne comme la demeure du caïd des Ouled-Daoud.

Le représentant de l'autorité française dans la tribu est absent. C'est son frère qui me reçoit avec tout le cérémonial indigène. Il me souhaite la bienvenue en arabe et me fait asseoir auprès de lui sur un tapis. Un serviteur apporte des tasses de café sur un plateau, et nous le buvons en échangeant quelques paroles par l'intermédiaire de mon interprète. Après un moment de repos, on me conduit dans la chambre des hôtes, grande pièce entièrement vide et nue, qui n'a qu'une cheminée pour tout meuble. Le frère du caïd y fait porter une natte et, un moment après, m'envoie le couscous. C'est la première fois que je me trouve en présence de ce mets arabe, qui fait le fond de la nourriture des indigènes dans presque toute l'étendue de l'Algérie. Je m'assieds en face de cette pyramide fumante et dorée, dressée sur une large coupe de terre au pied élevé ; je l'attaque sans répugnance et déclare mon repas excellent. Dès que ma faim est apaisée, mes hommes emportent le plat et vont l'achever avec une visible satisfaction.

Dans l'après-midi, on annonce le retour du caïd, qui revient d'accompagner le gouverneur sur la route de Khrenchela. Il ne tarde pas à faire son entrée dans ma chambre, revêtu de son splendide costume officiel. C'est un homme jeune encore, aux manières distinguées, et qui parle le français comme sa langue maternelle. Il appartient à l'une des plus grandes familles de la province de Constantine, dévouée de longue date à la cause française. Au lycée d'Alger, où il a fait ses études, il a appris à connaître et à aimer la France et les Français. Depuis lors, il a visité notre pays et a rapporté chez lui une sincère admiration pour notre nation. Sans renier son propre peuple, auquel il n'a pas cessé d'appartenir, il a su s'élever au-dessus des préjugés de ses compatriotes, et a compris que l'intérêt bien entendu des indigènes algériens est désormais lié d'une manière indissoluble au développement de l'Algérie française. C'est pour moi une réelle satisfaction, après plusieurs jours passés au milieu de populations grossières, avec lesquelles je ne pouvais communiquer que par interprète, de rencontrer au centre de ces montagnes sauvages un homme civilisé et un esprit cultivé avec lequel je puis causer de tous les sujets d'étude qui m'ont amené dans ce pays. C'est, en outre, une bonne fortune rare de trouver un homme à la fois indigène par sa naissance, sentant les choses à la façon des indigènes, et européen par son éducation, pensant et raisonnant suivant les idées européennes. De tels exemples démontrent mieux que bien des discours le grand intérêt qui s'attache pour l'avenir de l'Algérie à la diffusion de l'instruction parmi les indigènes. L'argent que la France dépense à cette œuvre de progrès ne doit pas être regretté : c'est un capital qui, dans peu d'années, rapportera de gros intérêts.

L'accueil que j'ai reçu du caïd Ali-Ben-Aouri n'a pas été celui d'un simple hôte qui s'acquitte du devoir de l'hospitalité, comme on sait s'en acquitter en Algérie. J'ai bien plutôt été traité par lui comme un ami pour lequel on n'oublie pas les attentions les plus délicates. Aussi le temps que j'ai passé sous son toit restera-t-il comme un des meilleurs souvenirs de mon voyage.

L'heure du souper arrive. On apporte un véritable repas français parfaitement ordonné, servi à la française sur une table couverte d'une nappe blanche. Le caïd s'assied en face moi, et nous mangeons en tête-à-tête, causant agréablement de sujets variés. Mais je n'étais pas au bout de mes surprises. Tandis que nous savourons, après le dessert, le délicieux café du caïd, la porte s'ouvre tout à coup, et je vois paraître, porté par quatre serviteurs..... un lit, un vrai lit, avec sommier et matelas, le lit de mes rêves pendant ces dernières nuits! Je vais y dormir avec délices.

El-Adjeudj, 1er avril.

Le village d'El-Adjeudj est placé dans une situation assez forte, sur une hauteur qui domine à la fois le cours de l'oued El-Abiod et celui du petit torrent qui vient s'y jeter sur sa rive droite et dont le lit est la route la plus directe pour gagner le col de Bali et Batna. C'est donc un point stratégique d'une certaine importance. Voilà pourquoi, depuis la répression de la dernière insurrection, le gouvernement français a fait de ce village, aussi pauvre que les autres villages de la vallée, la résidence du caïd des Ouled-Daoud. Cette tribu occupe tout le haut de la vallée de l'oued El-Abiod, depuis ses sources jusqu'au défilé de Tiraniminn, mais n'en habite que la rive droite; elle s'est répandue en outre dans la plaine de Médina et dans celle de Tahammamt jusqu'au défilé de Foum-Ksantina. Son véritable nom paraît être celui de Touaba. Ces descendants des plus anciens habitants des Aurès comptaient au dernier recensement 7,212 individus, dont 2,468 hommes, 2,183 femmes et 2,561 enfants. Elle possédait quatre mille moutons, onze cents bœufs et vaches, à peu près autant de chevaux et mulets et une soixantaine de chameaux. Elle se divise en six fractions principales : les Ouled-Ouzza, la plus importante au point de vue numérique; les Ouled-Addadah, les Ouled-Tahrit, les El-Hallah, marabouts d'origine étrangère; les Ouled-Aïcha, et enfin les Ezhahaffa. Les principaux villages sont El-Adjeudj, Arris, Inokep, Guelaa-el-Beïda, Guelaa-el-Abra, Tagrout-Naamar, Bel-Ieuhoud et Tiraniminn.

J'avais espéré faire aujourd'hui l'ascension du Chélia. Le temps ne me permet pas d'essayer. Il faut me contenter d'une promenade à El-Hammam. Un affreux sentier en casse-cou contourne le flanc de la montagne. Il dégringole au fond des ravins, escalade les pentes les plus roides, franchit les torrents sur des rochers glissants où le moindre faux pas précipiterait l'imprudent dans l'abîme. On arrive ainsi à un petit plateau qui domine le cours de l'oued El-Abiod. C'est là que s'élevait El-Hammam en 1879. Il ne reste plus aujourd'hui qu'un monceau de ruines noircies par les flammes. Ce village, d'où partit le signal de l'insurrection, résista le dernier à nos troupes, et seul de toute la contrée refusa de mettre bas les armes. Il fut réduit en cendres. La France a voulu que ce châtiment impitoyable fût un exemple pour l'avenir, et elle a interdit, sous les peines les plus sévères, de relever El-Hammam.

Je ne sais quel sentiment de tristesse m'envahit et me pénètre en présence de ces ruines qui semblent d'hier. Il y a cinq ans que le sombre drame s'est accompli et tout est resté dans le même état qu'au moment où l'incendie s'est éteint. Le vent a dispersé les cendres, mais pas une pierre n'a été déplacée. Au lieu de ce village peuplé où la vie s'épanouissait, il ne reste plus qu'une masse de pierres calcinées. C'est la solitude et la mort. Seul, quelque berger des environs passe parfois à la suite de son troupeau à la place où fut El-Hammam, et, regardant les ruines, il songe à ce qu'il en coûte de se révolter contre les Français.

De si terribles exécutions sont-elles réellement nécessaires? Je sais que la guerre a ses rigueurs inéluctables.

Mais ne pourrait-on pas rendre la répression inutile en prévenant l'insurrection? C'est là, à coup sûr, que doit être la préoccupation d'un gouvernement sage et soucieux de la tranquillité publique.

M. Masqueray signale, à peu de distance d'El-Hammam, une ruine berbère appelée « la Mosquée des Oudjana [1] ». Mon guide, à qui je demande de m'y conduire, me mène sur une hauteur voisine ombragée de chênes verts, et me montre un bâtiment carré de construction moderne. C'est le sanctuaire vénéré de la tribu, mais il n'offre aucun caractère d'antiquité. Ce n'est évidemment pas la ruine que je cherche. En parcourant les alentours, je rencontre une petite enceinte rectangulaire formée de grosses pierres rangées l'une à côté de l'autre et sortant à peine de terre. Je demande à mon guide si ce n'est pas là qu'était l'ancienne mosquée ; il m'assure qu'il n'en a jamais existé d'autre que celle qu'il m'a montrée. Je le presse de questions par l'intermédiaire de Lachmi, qui me sert d'interprète, sans pouvoir obtenir aucun autre renseignement. Sur ces entrefaites vient à passer un indigène que je fais interroger. Il commence par déclarer qu'il ne connaît, lui aussi, qu'une mosquée. Je lui explique alors que le monument dont je parle existait avant que les Ouled-Daoud fussent dans le pays. Mon homme répond alors qu'il a compris et que je n'ai qu'à le suivre. Après quelques minutes de marche, il me conduit sur une élévation aux flancs escarpés dont le sommet pointu est couvert d'un monceau de pierres. « Ces pierres, dit-il d'un ton assuré, étaient là quand les Ouled-Daoud sont arrivés. » En examinant

---

[1] « On peut voir encore, dit-il, près d'El-Hammam, une très-curieuse enceinte de pierres brutes nommée la « Mosquée des Oudjana », dans laquelle ils faisaient, dit-on, des sacrifices. » (Note concernant les Ouled-Daoud du mont Aurès, p 14).

avec attention le mamelon, je reconnais les restes d'une enceinte formée de pierres posées les unes sur les autres, et qui couronnait la hauteur. Dans l'intérieur, on distingue des sortes de carrés tracés également avec des pierres et qui désignent probablement des emplacements de maisons. Je suis en présence d'un ancien village berbère qu'aucun voyageur n'avait encore signalé. Dominant la vallée du haut de son escarpement à pic, il était placé dans une position défensive de premier ordre. En arrière et en contre-bas, sur un petit plateau boisé de chênes verts, je découvre une nouvelle enceinte d'environ vingt mètres de côté, formée de grosses pierres posées les unes sur les autres, mais peu élevées au-dessus du sol. Ne serait-ce pas là l'ancienne mosquée, le lieu sacré des antiques sacrifices ? Je laisse aux archéologues de profession le soin d'élucider cette question, satisfait pour ma part d'avoir signalé à leur attention des monuments dont l'étude attentive pourra jeter quelque jour sur l'histoire si obscure encore des Aurès.

Tandis que j'inspecte les ruines, un groupe de Chaouïas s'est formé autour de moi. Ils me font escorte au retour. J'en profite pour les faire causer. Ils me racontent l'insurrection de 1879. Quand les troupes françaises eurent pénétré dans les montagnes par le défilé de Foum-Ksantina et celui de Tob, elles trouvèrent la tribu des Ouled-Daoud réunie à Médina pour défendre l'entrée de la vallée de l'El-Abiod. Mais les insurgés ne purent lutter contre la supériorité des armes et de la discipline françaises. Terrifiés par l'effet des armes à longue portée qui permettait à leurs ennemis de porter la mort dans leurs rangs à une distance où ils ne pouvaient pas même riposter, ils se dispersèrent, et tous les villages firent leur soumission. Seuls, les habitants d'El-Hammam, plus compromis que les autres, refusèrent de mettre bas les armes. Cernés de toutes parts par l'ennemi, voyant leurs maisons en flammes, ils préférèrent gagner le désert plutôt que de se rendre. Franchissant les chaînes successives du Zalatou, de l'Ahmar-Kaddou et du Chechar, ils allèrent tomber en plein été dans les solitudes brûlantes du Sahara, où la plupart périrent misérablement de la soif. Les survivants rencontrés près de Négrinn, par des goums indigènes, furent sabrés jusqu'au dernier. De la population d'El-Hammam il ne reste plus aujourd'hui que quelques vieillards, des femmes et des enfants dispersés dans les villages d'alentour. Telle est l'histoire authentique de la répression de l'insurrection de 1879 et de la fin lamentable d'El-Hammam.

Tout en causant, nous arrivons auprès d'un groupe de maisons. Je m'assieds sur un rocher pour me reposer un moment. Aussitôt mes nouveaux amis m'offrent du lait pour me désaltérer, et m'invitent à rester chez eux et à y prendre un repas. Les femmes, vêtues de bleu, coiffées à la façon des Kabyles, vont et viennent devant leur porte, regardant l'étranger avec curiosité. Leurs oreilles sont chargées de lourdes boucles d'oreilles en forme de cercle. Une broche en argent, d'un dessin fort simple, mais qui ne manque pas d'une certaine originalité, retient au-dessus des seins la pièce d'étoffe qui leur sert de vêtement. Beaucoup portent sur le front un tatouage bleu en forme de croix. Ce signe, que j'ai déjà rencontré en Kabylie et à Biskra, paraît d'un usage général chez les tribus non arabes de l'Algérie : c'est à tort que certains auteurs y ont vu un souvenir du christianisme. Le groupe de Chaouïas qui m'entoure a je ne sais quoi de franc et d'ouvert qui attire et qui plaît. Je prends au milieu d'eux un moment de repos fort agréable. Autour de moi paissent des vaches de la petite race du pays et bondissent de mignons veaux pas plus gros que des chiens. Mais l'heure vient de regagner El-Adjeudj.

Je quitte mes amis les Chaouïas en formant les vœux les plus sincères pour qu'une administration juste et éclairée répande le bien-être parmi eux et leur fasse bientôt oublier les sanglantes nécessités de la répression de 1879.

CHAPITRE VI

En route pour le Chélia. — L'hospitalité d'un Chaouïa. — Traditions relatives à l'histoire du pays. — Le dernier refuge de la Kahéna. — Ce que pense mon hôte du régime civil.

Médina, 2 avril.

Hier, après midi, j'ai pris congé du caïd Ali pour venir coucher ici au pied du Chélia. Je suis parti seul avec mes deux Arabes et un guide. M'embarrasser d'un cavalier d'escorte est parfaitement inutile. Le pays est sûr ; on peut y voyager aussi tranquillement que dans n'importe quelle partie de l'Algérie. Nous remontons la vallée de l'oued El-Abiod vers sa source.

A peu de distance d'El-Adjeudj, je remarque sur le bord du chemin deux fragments d'inscriptions latines qui m'avaient été signalées. Le temps me manque pour en prendre copie. Ce sont deux inscriptions tumulaires ; je ne puis lire que les noms des défunts, sans aucune date ni désignation de localité. Si incomplètes soient-elles, elles suffisent à établir qu'un village romain existait dans ces parages. Il devait être bâti près de la voie stratégique qui allait de Médina à Biskra par le défilé de Tiraniminn.

A peine sommes-nous en route depuis une heure que la pluie commence à tomber. Je suis forcé de demander un abri à un groupe de quatre maisons que je vois sur un mamelon, à droite du chemin. Devant celle où je suis allé frapper, une tente était dressée. C'est là que l'on m'a fait entrer. Le maître de céans me reçoit avec une vraie cordialité. Il fait apporter un tapis, sur lequel je m'assieds, et m'offre du café, du lait, des dattes, tout ce qu'il peut trouver pour m'être agréable. Il me propose de passer la nuit chez lui. Comme la pluie menace de durer, j'accepte.

Me voici donc installé sous la tente, dans une famille chaouïa, en pleine vie patriarcale. Je suis assis sur mon tapis, les jambes repliées sous mon corps ; autour de moi, un groupe d'indigènes, accroupis en cercle, me regardent avec curiosité, mais sans indiscrétion, causent entre eux et avec mes gens et s'efforcent de me bien recevoir. Une jeune femme, le visage découvert, comme c'est ici l'usage invariable, entre sans fausse honte pour aider aux préparatifs. La tente qui abrite ce tableau étrange pour mes yeux d'Européen est un tissu de poil de chameau mêlé de laine : elle est formée de bandes noires et brunes, séparées par un filet blanc ; une perche reposant sur plusieurs pierres superposées la soutient au centre, tandis que les côtés sont maintenus par des pieux fichés en terre. Le seul ustensile visible est une petite lampe en cuivre, de fabrication française, suspendue à la perche centrale par une ficelle, et qui détonne dans un milieu semblable. Des nattes sont éparses sur le sol. Pour me faire honneur, on accroche des pièces d'étoffe aux côtés de la tente, qui prend tout de suite un aspect luxueux. Puis on apporte le couscous. Je le goûte, mais l'incroyable quantité de piment qui a servi à confectionner la sauce me force à m'arrêter dès la première bouchée. Je l'abandonne à mes hommes, qui l'avalent avec avidité, tandis que, sur ma valise, qui me sert de table, je dépose mes boîtes de conserves, mon unique ressource de ce soir.

Après le repas j'engage avec mon hôte, par l'intermédiaire de Lachmi, une intéressante conversation. C'est un homme jeune, portant toute la barbe, à la physionomie intelligente et ouverte. Il m'apprend que le hameau qu'il habite compte quatre familles et est riche de quatre cents moutons et de plusieurs bœufs et vaches. Puis il me donne des détails sur la manière de vivre de sa tribu. Les Ouled-Daoud quittent au mois d'avril leurs maisons de pierre pour aller chercher, sur les hauteurs de l'Ich-Moul et d'autres montagnes, l'eau des sources que leurs troupeaux ne trouvent plus dans le lit desséché de l'oued El-Abiod. Au mois d'octobre, ils redescendent dans la vallée et reprennent pendant l'hiver leur vie sédentaire, abandonnant les hauteurs aux neiges qui les couvrent. Ils sont donc à moitié nomades, et partagent leur existence entre la maison et la tente. Ce genre de vie, qui leur est imposé par la nature même du pays, composé uniquement de fonds de vallées arides et brûlées par le soleil durant l'été, et de hauts sommets sous la neige pendant l'hiver, convient très-bien à l'industrie pastorale qui est presque l'unique source de leur fortune. Cette double existence qui semble une exception dans les usages des peuples connus se retrouve en France même. Ne voyons-nous pas, en effet, et pour des raisons analogues, les bergers de Provence passer l'hiver dans la Crau et l'été dans les Alpes?

La pensée me vient alors de demander à mon hôte s'il sait depuis combien de temps les Ouled-Daoud sont établis dans le pays. M. Masqueray a retrouvé l'origine de cette tribu et de celle des Ouled-Abdi dans les descendants des Romains et des Berbères romanisés, refoulés dans les Aurès, qui prirent un développement subit à la suite de l'émigration et de l'affaiblissement des Zénatas, mais il n'a pas fixé la date à laquelle elle fit son apparition dans l'histoire de l'Afrique. Ce point serait intéressant à établir. Peut-être des traditions se sont-elles transmises parmi les descendants des premiers Touaba, qui permettraient de déterminer l'époque à laquelle ils se séparèrent de leurs frères les Ouled-Abdi et firent irruption dans la vallée de l'oued El-Abiod. Mon Chaouïa saisit parfaitement le sens de ma question; il réfléchit longuement, compte sur ses doigts, et après avoir calculé avec l'aide de mon Arabe, il me répond sans hésiter qu'il y a cinq générations, qui doivent faire à peu près trois cents ans. Ce n'est évidemment qu'une date approximative; mais les précautions prises par mon informateur pour ne pas se tromper, la connaissance évidente qu'il avait des faits dont il parlait, tout me porte à croire que l'on peut accepter avec confiance ce renseignement précieux.

Enhardi par la netteté et l'intelligence des réponses que j'ai obtenues, je fais appel aux souvenirs de mon hôte pour rechercher si d'autres traditions relatives à l'ancienne histoire du pays ne seraient pas parvenues jusqu'à lui. Je lui parle de Koceïla, le héros berbère, l'infatigable adversaire du conquérant musulman Sidi-Okba. Mais ce nom n'éveille chez mon interlocuteur aucune idée familière. Il me répond catégoriquement qu'il n'en a jamais entendu parler. Je passe alors à la Kahéna, la Jeanne d'Arc des Aurès, la dernière et glorieuse incarnation de l'indépendance berbère. Le Chaouïa me dit qu'il n'a jamais entendu prononcer ce nom, mais que les vieillards lui ont raconté que quand les Arabes sont venus pour la première fois dans le pays, le village d'El-Hammam avait pour chef une femme, et que du temps des Romains une femme commandait les tribus du côté d'Aïn-Beïda; c'est, du reste, tout ce qu'il sait sur ce sujet. Ces traditions, très-précieuses à recueillir, paraissent se rapporter toutes deux à l'histoire de la Kahéna. En effet, la campagne de l'an 703 fut la première qui mena les Arabes au centre des Aurès, et il faut bien supposer que la femme qui gouvernait El-

Hammam a joué un rôle dans la lutte contre les envahisseurs, puisque son souvenir s'est perpétué à travers tant de siècles. Celle qui commandait la confédération berbère vers Aïn-Beïda était probablement la même, car on sait que ce fut dans ces parages que la Kahéna remporta sur les Arabes sa première victoire [1]. Cette tradition donnerait la clef d'un problème historique qui n'a pas encore été résolu, en permettant de déterminer l'endroit où mourut la Kahéna. Le village près duquel l'héroïne livra son dernier combat, le centre de sa propre tribu, sa capitale, dirais-je, si je ne craignais d'employer un mot qui ne répondrait pas au cadre des événements, ce serait El-Hammam. Et comme le village détruit par les Français en 1879 était d'origine récente (son nom est arabe et non chaouïa), ce serait aux ruines berbères que j'ai découvertes hier, que les Ouled-Daoud ont trouvées dans leur état actuel, il y a trois siècles, qu'il faudrait en chercher l'emplacement. Rien dans le récit des historiens arabes ne s'oppose à cette supposition. Nous savons par eux que l'envahisseur partit de la province de Barka (Tripolitaine), pénétra en Ifrikia par Gabès, d'où il gagna Gafsa et le nord du Djérid [2]. Contournant les Chotts par le nord, il se dirigeait évidemment vers le massif des Aurès où l'attendait l'ennemi. Mais si la Kahéna avait occupé le versant septentrional des montagnes, le général arabe n'aurait pas commis la faute de pénétrer dans les Aurès par le sud avec toute son armée;

---

[1] La date assignée par mon Chaouïa à la vie de cette dernière femme (*du temps des Romains*) ne doit pas être un obstacle à cette assimilation, car, pour les indigènes, la période romaine n'a pris fin qu'avec les invasions arabes. Il ne faut pas oublier, en effet, que les Byzantins, qui furent les derniers représentants de la civilisation européenne en Afrique, se donnaient le nom de Romains.

[2] Voir Mercier, *Episodes de la conquête de l'Afrique par les Arabes*, page 31.

il aurait certainement préféré éviter le désert et envahir le pays ennemi par le nord. De Gafsa, il aurait gagné Tébessa et aurait attaqué la montagne en partant des plaines septentrionales. C'est donc sur le versant sud qu'il faut chercher l'emplacement du dernier refuge de la Kahéna. Les ruines voisines d'El-Hammam répondent d'autant mieux aux conditions requises, que le pays a été occupé par les Oudjana, qui sont de purs Zénatas, et que des traditions religieuses qui paraissent remonter à une très-haute antiquité se rattachent à ce point. N'est-il pas surprenant de voir les habitants du même sol, à onze siècles d'intervalle, livrer leur dernière bataille contre l'envahisseur arabe, et préférer s'en aller mourir de soif dans le désert, plutôt que de rendre leurs armes aux Français? Puisse cette race héroïque comprendre que désormais les Européens sont ses maîtres et qu'elle doit s'efforcer de s'élever à leur niveau.

Telles étaient les idées qui remplissaient mon esprit tandis que je causais avec mon hôte chaouïa. Laissant les souvenirs historiques, la conversation prend ensuite un tour plus actuel et plus intime.

— J'ai entendu parler des chaouïas dans mon pays, dis-je, et comme les Français sont les amis de tous les indigènes de l'Algérie, et qu'ils désirent les traiter avec justice et leur procurer la paix et le bonheur, je suis venu rendre visite aux Chaouïas.

— Je suis heureux, répond mon hôte avec une politesse et une bonté qui auraient pu servir d'exemple à bien des hommes civilisés, de te recevoir comme un ami, et tout ce que je désire, c'est que lorsque tu partiras, tu sois satisfait de la manière dont je t'aurai traité. Mais si ce que tu dis des intentions des Français à notre égard est vrai, pourquoi nous prennent-ils nos terres? L'autre jour, quand le gouverneur a passé par ici, nous avons réclamé auprès de lui au sujet de la plaine de Médina, où sont nos plus beaux terrains de culture, et qu'on veut nous enlever pour la donner à des colons ; il nous a répondu que c'était du Beylick, et n'a pas voulu nous entendre davantage [1].

— Les Français, ai-je répondu, ne veulent pas s'emparer des terres qui ne leur appartiennent pas, et jamais, en Algérie, ils n'ont pris aux indigènes des terres sans les leur payer, excepté pour châtier les tribus révoltées. S'ils ont séquestré Médina, c'est pour punir les Chaouïas de leur révolte : les Français ne veulent pas qu'on assassine les caïds.

Je ne sais si ce raisonnement a convaincu mon hôte, mais il est resté un moment silencieux, puis passant à un autre sujet :

— On dit, a-t-il repris, que le gouverneur va nous donner des chefs civils.

— Je ne suis pas dans les secrets du gouvernement, mais j'ai entendu parler de cela en effet. Ce changement te ferait-il plaisir ?

— Pourquoi nous enlever les militaires ? Les civils vont mettre partout des gardes forestiers qui nous ruineront avec leurs amendes.

— Si l'on met des gardes forestiers, c'est, au contraire, pour votre bien, et tu vas comprendre pourquoi. Si personne n'empêche de couper partout du bois dans les forêts, elles se détruisent et finissent par disparaître. Et ensuite, sais-tu ce qui arrive ? C'est que dans un pays où il n'y a plus de forêts, il n'y a plus d'eau, et personne ne peut plus y vivre.

— Tu as raison, interrompt mon sauvage ; si les livres

---

[1] On appelle Beylick, en Algérie, les propriétés d'État ; on comprend aisément que le gouverneur, lorsqu'il écoute les plaintes et

français disent cela, ils ne se trompent pas. Dans nos montagnes, il y avait autrefois beaucoup de forêts et beaucoup d'eau dans les rivières ; maintenant que les forêts ont diminué, il y a beaucoup moins d'eau.

— Tu comprends donc que si les civils mettent des gardes forestiers pour empêcher de détruire les bois, ils rendent service aux indigènes.

Cette fois, mon argumentation paraît produire une impression réelle sur mon interlocuteur, qui est à demi convaincu.

Il essaye bien de m'opposer tel cas particulier où le service forestier a montré une sévérité excessive et inutile; mais je n'ai pas de peine à lui démontrer que son objection n'a pas grande valeur, et il semble le reconnaître lui-même.

— Souviens-toi, dis-je, pour conclure cet entretien, que les indigènes gagnent toujours à l'arrivée des Français parmi eux. J'ai constaté ce fait dans toute l'Algérie. En Kabylie comme à Biskra, les habitants sont devenus plus riches depuis qu'il y a des villages européens. Ils vont travailler pour les colons, et ils gagnent souvent plus qu'en cultivant leurs propres champs. Puis, on leur ouvre des écoles où leurs enfants apprennent notre langue, ce qui fera d'eux, avec le temps, les véritables égaux des Français. Ici, vous souffrirez pendant quelques années de voir une partie de vos terres entre les mains des Européens. Mais le moment viendra où le bien-être, répandu dans le pays par leur seule présence, compensera et au delà le sacrifice momentané qui vous aura été imposé.

C'est ainsi que j'ai eu l'occasion, sous la tente du

les réclamations des indigènes, ne puisse entrer en discussion avec eux au sujet des terres mises sous séquestre à la suite des insurrections. C'est le cas de Médina.

Chaouïa, d'expliquer quelques vérités de l'ordre économique, qui, si elles étaient mieux comprises, faciliteraient le rapprochement des vaincus avec les vainqueurs. J'espère avoir laissé quelque impression utile dans l'esprit de ces hommes simples et ignorants, mais qui m'ont paru avoir du cœur et de l'intelligence.

CHAPITRE VII

Une route improvisée. — La plaine de Médina. — Projet du général Saussier. — Difficultés pour trouver un guide. — L'ascension du Chélia.

Dès la pointe du jour, nous sommes en marche pour atteindre le plus vite possible Médina, où j'aurais dû coucher la nuit dernière. La pluie a cessé, le temps est splendide; je pourrai donc tenter l'ascension du Chélia; mais j'ai besoin de me hâter pour redescendre ce soir dans la plaine. Nous suivons une véritable route qui a été tracée tout exprès pour le passage du gouverneur. Je constate, à l'honneur de mon ami le caïd Ali, qui a fait le plan et dirigé lui-même les travaux, qu'elle est beaucoup plus belle que celle qui traverse le pays des Beni-Bou-Slimann. C'est une construction rapide, pour ainsi dire improvisée, qui ferait sourire en bien des endroits un ingénieur des ponts et chaussées. Mais si l'on songe qu'elle a été faite en quelques jours seulement par des travailleurs indigènes et sans autre instrument que la pioche, on ne peut qu'admirer le résultat obtenu. Telle qu'elle est, en effet, cette route serait suffisante pour des voitures légères attelées de chevaux vigoureux; de l'artillerie de campagne pourrait la parcourir sans trop de difficulté. Il suffira de l'entretenir pour avoir une voie de communication provisoire qui rendra de réels services. Mais l'entretiendra-t-on? C'est la question que je me pose avec inquiétude. Pour qui connaît les usages administratifs français, si malheureusement importés en Algérie, cela paraît douteux. Ne pensera-t-on pas que cette route créée par l'initiative intelligente d'un caïd pour faciliter le voyage du gouverneur, n'aura plus d'utilité, une fois ce voyage effectué? Et alors, on laissera sans plus s'en occuper les torrents emporter les ponceaux et les pluies raviner la chaussée, alors qu'il serait si simple d'entretenir et de réparer un travail qui pourrait suffire jusqu'au jour, moins éloigné qu'on le croit peut-être, où une route départementale traversera les Aurès.

Les montagnes qui forment les deux versants de la haute vallée de l'El-Abiod, dont je continue à remonter le cours, sont couvertes de beaux bois de pins et de chênes verts. Ici encore la nécessité s'impose de prendre sans tarder des mesures pour les protéger contre le vandalisme des indigènes.

Après environ deux heures de marche, nous débouchons dans la plaine de Médina. C'est un vaste bassin entouré de montagnes de tous côtés qui s'étend au pied du massif du Chélia, dont on voit dans l'Est les pentes majestueuses. Les nombreuses sources qui naissent de toutes parts sur les rebords de cette sorte de coupe se réunissent au fond pour former l'oued El-Abiod. Les eaux, tombant en trop grande abondance, vagabondent de tous côtés à travers champs. Toute la plaine est tapissée de vertes prairies que recouvre ce matin une forte gelée blanche. Au pied du versant opposé apparaissent quelques habitations indigènes vers lesquelles nous nous dirigeons. Ce sont de simples gourbis, les seules demeures permanentes que les Ouled-Daoud aient encore osé construire ici. Il n'y a pas longtemps que cette fertile plaine est entre leurs mains sans contestation. Pendant plusieurs siècles, les Oudjana, qu'ils ont refoulés de la vallée de l'El-Abiod jusqu'au versant opposé du Chélia, leur ont disputé, les armes à la main, les riches pâturages et les champs fertiles de Médina. Ce n'est guère que depuis le moment où la France a imposé de sa main de fer la paix à ces turbulentes populations, que cette plaine a cessé d'être le champ de bataille des deux tribus. Voilà pourquoi les Ouled-Daoud ne s'y sont pas encore établis d'une manière permanente. Quelques bergers ont seuls construit leurs gourbis au pied du Chélia, sur les flancs duquel ils font paître leurs troupeaux durant l'été. Une partie de la plaine a aussi été mise en culture, depuis que la sécurité est suffisante pour donner au cultivateur la certitude que sa récolte ne sera pas ravagée par l'ennemi. Mais les propriétaires ne se sont pas encore décidés à venir résider sur leurs terres. Ils continuent à passer l'hiver dans leurs anciens villages, et ne viennent dresser leur tente à Médina que lorsque la chaleur et la sécheresse les y chassent. L'excellente nature du terrain et l'abondance des eaux expliquent tout le prix que la tribu attache à la possession de cette riche plaine. Aussi la confiscation des meilleures terres, conséquence de l'insurrection de 1879, sera-t-elle un rude coup porté à leur bien-être, et l'on comprend qu'ils s'inclinent malaisément devant le châtiment qui les frappe. Mais la France saura, par l'arrivée de ses colons, apporter aux Ouled-Daoud de nouveaux éléments de prospérité qui leur sont inconnus aujourd'hui, et qui compenseront avant longtemps la perte que le séquestre va leur faire subir. Médina est, en effet, destiné à devenir un centre européen auquel on peut prédire, sans crainte de se tromper, un avenir prospère. Beaucoup d'eau et du bon terrain sont les deux conditions premières qui décident du succès des villages algériens. Dans bien peu d'endroits on les trouvera réunies au même degré qu'ici. En outre, Médina est placé sur l'une des grandes routes qui mènent du Tell dans le Sahara. Les Romains y avaient fait passer une de leurs grandes voies stratégiques et commerciales, qui de Mascula (Krenchela) par Médina et la vallée de l'oued El-Abiod se dirigeait vers les Ziban ; on en retrouve encore aujourd'hui des traces, et M. Masqueray a découvert au pied du Chélia des ruines romaines qui montrent que Médina était à cette époque un centre de colonisation. Cette route, que la nature elle-même a tracée à travers les Aurès, est restée fermée depuis des siècles par l'état d'anarchie qui ruinait ce pays. Maintenant que, sous l'égide de la France, la paix est rétablie et que la civilisation a repris sa marche en avant, l'antique route se rouvrira d'elle-même pour le plus grand bonheur des populations chaouïas trop longtemps malheureuses. Une dernière considération promet au futur village français de Médina un rapide succès : c'est le climat dont il jouira ; placé au pied même du Chélia, que les neiges recouvrent pendant tout l'hiver, il aura pendant l'été une agréable température, bienfait à apprécier sous le ciel de l'Algérie.

La plaine de Médina n'est pas seulement destinée à devenir ce que j'appellerai le centre économique des Aurès, elle verra aussi se dresser tôt ou tard la forteresse française qui assurera et maintiendra, s'il le faut, par la force la pacification définitive de la région. Lorsque le général Saussier eut réprimé la révolte de 1879, son premier soin fut de dresser le plan de cette place forte et d'en choisr l'emplacement. Il avait compris que le seul moyen de prévenir les insurrections futures était d'occuper le pays d'une manière permanente. De même que la Kabylie n'a été définitivement conquise que par la construction de Fort-National, de même les Aurès ne seront hors d'état de tenter de nouveaux soulèvements que le jour où une garnison française, protégée par de solides murailles et placée au cœur du pays, montrera aux indigènes que la France est toujours présente au milieu d'eux et toujours attentive à châtier les désordres. Il n'est pas impossible à l'autorité militaire qui réside à Batna de maintenir les Chaouïas dans l'obéissance, avec l'aide des caïds dévoués et vigilants qui sont chargés de surveiller les tribus. Mais combien cette surveillance serait plus efficace, si l'administration du pays résidait au centre même des populations sur lesquelles elle s'exerce! Le projet du général Saussier est resté depuis cinq ans sur le papier; il est encore au nombre des réformes urgentes qui s'imposent au gouvernement algérien. Puisse-t-il sortir bientôt des cartons où on l'a précieusement serré, sans profit pour personne, et s'exécuter sans retard pour le plus grand bien des indigènes comme des Européens. La France n'aura pas à regretter la dépense que lui coûtera cette entreprise, s'il en résulte une sécurité plus grande pour le pays et un accroissement de bien-être pour les populations.

Arrivé au premier gourbi, je laisse mon mulet et mes bagages aux soins du muletier, et je veux commencer immédiatement l'ascension. Toutes les personnes que j'ai consultées en Algérie m'ont bien déclaré qu'il ne fallait pas songer à gravir le Chélia avant le mois de mai; n'importe, je suis décidé à tenter l'aventure. Mais voilà que le guide que m'a donné le caïd refuse de me conduire. J'ai beau me fâcher, le menacer de toutes les colères du représentant de la France, rien n'y fait; il s'assied sur un rocher et déclare qu'il n'ira pas plus loin. Que faire? Renoncer à un projet depuis longtemps caressé, devant la mauvaise volonté d'un guide! Voir au-dessus de ma tête les flancs de la montagne qui m'attire, et rebrousser chemin sans avoir seulement essayé l'escalade! Je ne puis m'y résoudre. J'ordonne que l'on me cherche aux environs un autre guide. Lachmi se met immédiatement en campagne, et au bout d'un moment il me ramène un berger qui consent à me conduire au sommet. Ce Chaouïa m'apprend que la route est difficile et que l'autre jour quelques jeunes gens de la suite du gouverneur ont essayé l'ascension, mais ont dû s'arrêter à mi-hauteur. Quant à lui, il me prévient qu'il n'est jamais allé jusqu'au sommet, mais il en connaît le chemin. Tout cela n'est pas très-encourageant : s'engager dans une montagne difficile, encore couverte de neige, avec un guide qui n'a jamais fait la route, est peut-être imprudent. N'importe ! Essayons quand même. Je suis décidé à ne revenir en arrière que devant une impossibilité matérielle.

En route pour le Chélia ! Le guide chaouïa ouvre la marche ; je le suis ; derrière moi vient Lachmi, qui porte les vivres nécessaires pour la journée. Nous traversons d'abord un joli bois de chênes verts, puis nous nous élevons sur des croupes gazonnées, semblables à celles que l'on rencontre à chaque instant dans les Alpes. Dans chaque pli de la montagne coulent des torrents d'eau glacée que nous franchissons sur des pierres. Bientôt nous rencontrons quelques flaques de neige que le soleil n'a pas encore fondues. Nous grimpons ainsi de sommets en sommets. La neige augmente à mesure que nous nous élevons et finit par recouvrir la montagne entière de son blanc tapis. Jusqu'ici aucun incident ne s'est produit ; aucune difficulté réelle ne s'est présentée. Mais voici tout à coup Lachmi qui hésite. Mon Arabe, en sa qualité de Saharien, voit de la neige pour la première fois. Cela n'a fait d'abord que l'étonner ; mais à mesure que la couche blanche s'épaissit, je ne sais quelle frayeur inexplicable le saisit. Ses pieds mal protégés par ses babouches ouvertes s'enfoncent avec terreur dans cette matière inconnue ; on dirait que le froid de la neige brûle sa chair. Il ne tarde pas à s'arrêter et à demander grâce. Il y aurait cruauté de ma part à exiger qu'il me suive plus longtemps ;

je lui ordonne d'aller m'attendre à la limite des neiges, et je continue mon chemin seul avec mon guide.

Nous atteignons ainsi le sommet pointu du Siloubella couronné de cèdres magnifiques qui secouent les flocons accrochés à leurs branches. En face, mais hélas! plus haut encore, resplendit aux rayons du soleil le Chélia drapé dans son immaculé manteau d'argent. Malgré la fatigue qui commence à me gagner, j'avance toujours. Le sommet radieux qui brille devant mes yeux m'attire avec une puissance étonnante; je veux l'atteindre! Il faut redescendre la pente du Siloubella pour gravir en face le flanc ardu du Chélia. Au fond de la gorge, le panorama est admirable. De tous côtés, à perte de vue, s'étendent d'immenses champs de neige sur lesquels se joue l'éclatante lumière du soleil. Les flancs escarpés des montagnes se hérissent d'énormes cèdres dont les branches plient sous le givre. Rien ne peut donner une idée de la grandeur magistrale de ce paysage désolé. L'Afrique est vraiment la terre des contrastes, le pays de l'imprévu. A côté des immenses plaines brûlantes du Sahara que je viens de quitter à peine, voici les grandes Alpes avec leurs blancs sommets et leurs champs de neige. Il est vrai que cet aspect surprenant du paysage ne durera pas longtemps. Déjà les chauds rayons du soleil, précurseurs de l'été qui s'approche, fondent la neige de toutes parts. Du haut des cèdres, des cascades de glace tombent sur le sol avec un bruit de fusillade.

Mais ce commencement de fonte des neiges est précisément pour moi un obstacle de plus. A mesure que je m'élève sur le dernier pic, l'épaisseur de la neige augmente, et, comme la couche extérieure en fusion n'est plus assez forte pour supporter le poids du corps, j'enfonce maintenant jusqu'aux genoux. Pour être certain d'éviter les mauvais pas, je n'ai qu'à suivre exactement les traces de mon guide chaouïa. Il faut le voir bondir légèrement de rocher en rocher et courir sur la neige comme il le ferait sur une allée sablée. Toujours sûr de lui-même, il avance sans se tromper d'une ligne, sans faire le plus petit détour que ne commande pas la nature du terrain. Par moment, il s'arrête une minute pour secouer la neige qu'ont retenue les semelles d'alfa tressé qui constituent sa chaussure, puis il repart alerte et léger comme au départ. Ce descendant des antiques Libyens (je remarque, en effet, qu'il a les cheveux roux) me donne la plus haute idée de cette race énergique, robuste et dure à la fatigue comme la race kabyle, mais ayant je ne sais quoi de plus souple et de plus fin. Que ne feront pas de tels hommes, quand ils seront gagnés à la civilisation !

Un dernier effort, et voici le sommet. Ce n'est pas sans un sentiment de triomphe que je pose le pied sur cette cime, que l'on m'avait représentée comme inaccessible dans cette saison. L'audacieux, qui a bravé tous les obstacles pour l'atteindre, est, certes, payé bien au delà de sa peine : la moitié d'un continent est à ses pieds. Il domine toute l'Algérie. D'un seul coup d'œil il embrasse une étendue immense de pays. De l'est à l'ouest, la chaîne principale des Aurès dessine ses sinuosités, depuis le Djebel-Bézez, couvert de neige, jusqu'aux dernières élévations qui, se confondant avec les ramifications secondaires, vont se terminer vers El-Kantara. Au sud, et prenant une direction fortement occidentale, les divers contreforts aux flancs arides et déboisés, le Chechar, l'Ahmar-Kaddou, la chaîne du Moudji et du Lazreug, dont les sommets principaux conservent une légère couche blanche, s'élèvent comme des murs entre les vallées de l'oued El-Arab, de l'oued El-Abiod et de l'oued Abdi, et masquent malheureusement la vue du Sahara. Au nord, les grandes plaines vertes du Krenchela et d'Aïn-Beïda, sont fermées par un cercle de montagnes que dominent à l'horizon d'autres montagnes plus élevées. Vers l'est, on voit étinceler, comme deux boucliers d'argent d'inégale grandeur, les chotts des Hauts Plateaux. Plus loin encore et dans cette direction, apparaissent, dans un lointain bleuâtre, les montagnes de la Tunisie. Du côté du midi, des nuages amoncelés s'élèvent au-dessus du désert, et par l'opposition de leur masse ombreuse, donnent au bleu du ciel cette nuance sombre si bien rendue par Fromentin dans quelques-uns de ses tableaux.

Le Chélia est le point culminant de l'Algérie tout entière. Haut de deux mille trois cent vingt mètres, il ne l'emporte que de quelques mètres sur le Lella-Khédidja de Kabylie. Son altitude, que j'emprunte à la carte de l'état-major, a été trouvée exacte, à deux ou trois mètres près, par la brigade géodésique qui a opéré l'automne dernier dans ces parages. Sur ce sommet même, où elle a séjourné longtemps, elle a laissé, comme trace de son passage, une cabane en pierres, qui est aujourd'hui enterrée sous la neige, et un immense signal en bois, visible de très-loin, et que les montagnards contemplent avec admiration.

Mais le nuage que j'ai remarqué vers le sud grossit et s'approche d'une manière inquiétante. C'est un orage qui menace. Mon guide me fait comprendre par signes qu'il n'est pas prudent de nous arrêter plus longtemps sur ces hauteurs, et qu'il faut nous hâter de regagner la plaine avant le mauvais temps. Impossible de songer à prendre un repos nécessaire. Encore un long regard promené sur tout le cercle de l'horizon, et en route de nouveau.

J'ai déjà observé dans d'autres ascensions de montagnes que sur les pentes très-roides la descente est plus pénible encore que la montée : si la respiration devient plus aisée, les muscles des jambes sont soumis à une tension plus considérable. Je renouvelle aujourd'hui l'expérience. Arrivé dans la gorge qui sépare le Chélia du Siloubella, je me sens défaillir. Je n'ai plus, pour me soutenir, la volonté d'atteindre le but. Mes forces m'abandonnent et je tombe accablé sur un rocher qui émerge au milieu du champ de neige. Je suis terrassé par la fatigue et le manque de nourriture, car je suis à jeun depuis la veille et je m'aperçois que le soleil commence à décliner. Je me rends compte alors de l'imprudence que j'ai commise ce matin en laissant mes vivres entre les mains de mon Arabe. Mais comment la réparer à présent ? Je me sens incapable d'atteindre la limite de la région des neiges où je trouverai de quoi me réconforter et réparer mes forces. Un seul moyen s'offre à moi : envoyer mon guide à la recherche des vivres et l'attendre à l'endroit où me cloue la fatigue. Mais la difficulté est de lui expliquer mes intentions. Il ne parle pas le français, je parle encore moins le chaouïa ; comment arriver à s'entendre ? Essayons de parler par gestes. Je ne me serais jamais attribué une semblable éloquence dans le langage des signes. Quoi qu'il en soit, je constate que mon guide paraît avoir saisi : je le vois filer de toute la vitesse dont il est capable dans la direction du Siloubella et disparaître derrière la montagne.

Le dernier effort que je viens de faire a achevé de m'épuiser. Je retombe sur mon rocher, perdant même le sentiment de l'existence. Le froid n'a pas tardé à me rappeler à moi. Il me semble que je me réveille, et suis tout surpris, en ouvrant les yeux, de me trouver seul au milieu de l'immense plaine blanche dans le grand silence de ce paysage polaire. Le nuage qui nous avait effrayés s'est heureusement dissipé ; le ciel est redevenu clair. Le sentiment de la solitude absolue dans ce désert glacé a je ne sais quoi de poignant. Si mon guide n'avait pas compris mes ordres ?... S'il lui plaisait d'oublier le

Français, le chrétien qui lui a demandé ce matin de le conduire au Chélia !... Que m'arriverait-il alors ? Qui est, après tout, ce sauvage que j'ai rencontré par hasard et entre les mains de qui j'ai remis mon sort ? Cette pensée me fait frissonner. Je tente un suprême effort pour me traîner dans la direction de la plaine ; mais au bout de quelques pas je retombe épuisé sur la neige. Il ne me reste donc plus qu'à attendre... A la grâce de Dieu !

Combien de temps ai-je attendu ? Je ne saurais le dire. Enfin, sur le blanc sommet du Siloubella, où mon œil se fixe obstinément, un point noir apparaît, se mouvant avec rapidité. Un cri traverse l'air : c'est mon fidèle Chaouïa. Le pain, la viande et le vin qu'il m'apporte m'ont bientôt réconforté au point de me permettre de reprendre ma route vers Médina.

Cette fois, nous descendons la montagne par le versant méridional. Nous atteignons la plaine au col de Tizougarinn, simple pli de terrain qui sépare le bassin de l'oued El-Arab de celui de l'oued El-Abiod. Ce col qui a cependant une certaine importance comme ligne de partage des eaux et comme limite des territoires de deux tribus ennemies, les Ouled-Daoud et les Oudjana, n'est pas mentionné par la carte de l'état-major. Cette carte indique, par contre, au nord-ouest du Chélia, une montagne du même nom, complétement inconnue dans le pays. Il serait temps que le service topographique du ministère de la guerre publiât une carte exacte des Aurès [1].

Je rentre épuisé de fatigue dans le mauvais gourbi où je vais passer la nuit.

---

[1] Les éléments de cette carte sont entre ses mains. Espérons que la publication ne se fera pas attendre trop longtemps.

CHAPITRE VIII

Le versant septentrional des Aurès. — Paysages suisses. — Découverte de monuments mégalithiques. — Le défilé de Foum-Ksantina. — Ichoukkann. — La vallée et le bordj de l'oued Taga. — Le drame de 1879.

Bordj de l'oued Taga, 3 avril.

Après avoir traversé du sud au nord la magnifique plaine de Médina, on franchit un dos de terrain peu élevé qui joue le rôle de col entre le bassin de l'oued El-Abiod et celui de l'oued Taga. On rencontre ensuite un affluent de ce dernier cours d'eau, l'oued Amachera. C'est une vraie fête pour les yeux, après avoir suivi pendant plusieurs jours le lit à peine humide des rivières du versant méridional des Aurès, de se trouver enfin en présence d'un véritable cours d'eau coulant à pleins bords entre deux rives ombragées. Le sentier traverse une belle forêt de chênes verts, moins endommagée que celles que j'ai déjà parcourues, mais qui aurait besoin, elle aussi, de la protection des gardes forestiers. On s'aperçoit bien vite qu'on a passé d'une région dans une autre. Sur les rives désolées de l'oued El-Abiod on sentait le voisinage du désert. Ici, on respire une fraîcheur délicieuse ; les yeux se reposent agréablement sur la verdure des prairies : c'est la montagne telle qu'on la voit en Europe. Un peu plus bas, la vallée s'élargit et la rivière mêle ses eaux à celles de l'oued Tahammamt, qui vient de l'Est. Le confluent forme une charmante petite plaine environnée de montagnes. A mes pieds la rivière coule fraîche et verdâtre. Le fond de la vallée est tapissé de pâturages verdoyants, tandis que l'horizon est fermé par une chaîne de montagnes boisées de cèdres au sombre feuillage que dominent deux blancs sommets du Chélia, resplendissant au soleil sous le ciel bleu. C'est un vrai paysage suisse, charmante surprise pour le voyageur qui sort du Sahara.

Je m'arrache à regret à cette contemplation pour aller visiter un peu plus loin un champ de pierres mégalithiques. Ce sont de petits menhirs dressés en lignes régulières sur un plateau rocheux et dénudé qui domine la rive gauche de la rivière. Un certain nombre ont été renversés et jonchent le sol de tous côtés. Cette station préhistorique n'a pas encore été signalée à l'attention du monde savant. M. Masqueray, qui a séjourné tout près d'ici, ne l'a pas visitée, et Henri Martin ne la mentionne pas dans l'intéressante communication qu'il a présentée à la session d'Alger de l'Association française pour l'avancement des sciences. Elle mérite une étude attentive, faite par des hommes réellement compétents, car elle offre cette particularité, unique en Algérie [1], d'être composée seulement de menhirs. Ce plateau, aride et inculte, couvert de pierres allongées et dressées vers le ciel, a je ne sais quoi de mystérieux comme une énigme. Faut-il y voir, comme le croient plusieurs ethnologues, les monuments laissés par les vieux Libyens ?

Cette antique nécropole renferme peut-être le secret des origines berbères. La science archéologique saura bien un jour ou l'autre l'en exhumer.

Quelques minutes de marche me mènent au village de Tob, pittoresquement situé au milieu d'une gorge et sur

---

[1] Au moins dans l'état actuel des connaissances acquises.

une arête de rochers grisâtres avec laquelle ses maisons basses se confondent. Mon guide me conseille de m'arrêter ici pour déjeuner dans une maison demandée au premier indigène venu. Je préfère continuer ma route jusqu'à l'entrée du défilé de Foum-Ksantina. J'y arrive après avoir traversé une verte vallée que les montagnes ferment de leur ceinture, et dans laquelle on ne peut pénétrer, que l'on vienne de la plaine ou, comme moi, du centre du massif, que par deux étroits défilés. On s'explique sans peine que cette sorte de vestibule des Aurès ait été choisi par les Chaouïas en 1879 pour arrêter l'armée française. Cette forte position, véritables Thermopyles, que des troupes européennes auraient défendue sans difficulté, fut enlevée par nos soldats après un court combat. Les habitants de Tob, en punition de l'appui qu'ils ont prêté à l'insurrection, ont vu placer sous séquestre une partie des terres de leur fertile vallée, où s'élèvera dans quelques années un village français.

L'oued Tahammamt, qui arrose la plaine, vient se heurter au nord à une barre rocheuse au milieu de laquelle il a dû se frayer un passage par une déchirure violente. La gorge de Foum-Ksantina, qui est la porte d'entrée des Aurès, avec ses murailles de rochers jaune d'ocre aux formes bizarres, est une minuscule réduction du Chabet, dont elle n'a pas l'étendue, l'ampleur des formes et la grandeur magistrale des contours. Je m'installe à l'entrée, au bord même de la rivière, et je prends mon frugal déjeuner, au milieu de la prairie verdoyante, en contemplant les belles montagnes de l'horizon par-dessus lesquelles deux pics neigeux montrent leur tête blanche.

Sur les pentes dénudées du Djebel-Bou-Drias, qui domine sur la gauche le Foum-Ksantina, M. Masqueray a découvert les ruines berbères d'Ichoukkann. Ce nom est très-connu des indigènes ; je n'ai eu qu'à le prononcer pour que mon guide m'y conduisît sans hésitation. Je reconnais sans peine que ces ruines ont la même origine que celles que j'ai trouvées l'autre jour près d'El-Hammam. C'est bien le même amoncellement de pierres occupant le sommet d'une hauteur qu'entoure un rempart circulaire de construction analogue. Mais ici, l'étendue occupée par les ruines est beaucoup plus considérable : Ichoukkann devait être une ville importante et peuplée. Sa situation en faisait un point stratégique de premier ordre. Placée sur un rocher coupé à pic sur plusieurs faces, elle commandait l'entrée de la vallée et la défendait contre les envahisseurs venus du nord. M. Masqueray suppose que c'est là « la montagne du Bouclier » dont le général byzantin Salomon s'empara dans sa première campagne des Aurès, et sur laquelle Procope signale d'anciennes fortifications [1]. De cette hauteur, on domine un vaste panorama ; en arrière, la vue s'étend jusqu'au Chélia ; en avant, on a devant soi la belle plaine de Firas, qu'arrose l'oued Taga, grossi du Tahammamt, et que borne au nord la chaîne du Bou-Arif. C'est en arrière de cette montagne que se cache le Médraçen, ce curieux monument berbère, qui n'a pas encore livré son secret à l'histoire. Ainsi se trouve constituée une chaîne de ruines berbères : le Médraçen, Ichoukkann, El-Hammam, qui se continue depuis Constantine jusqu'au cœur des Aurès, et qui, sans parler des nécropoles mégalithiques, réserve sans nul doute de magnifiques découvertes aux archéologues de l'avenir.

Pour redescendre dans la plaine, il faut traverser l'oued Taga, dont le lit encaissé et sauvage longe, comme celui de l'oued Tahammamt, auquel il va mêler ses eaux à quelque distance, la base du Bou-Drias. Je franchis d'un bond le torrent impétueux entre deux rochers usés et polis

---

[1] Masqueray, *Voyage dans l'Aouras.* (*Bulletin de la Société de géographie*, 1876, 2ᵉ sér., page 453.)

LE MEDRACEN.

par les eaux. Il faut maintenant remonter le cours pour se rapprocher de sa source. L'oued Taga, en effet, court de l'ouest à l'est au pied des flancs déboisés du Ras-Enchoura, qui appartient à la chaîne principale des Aurès. Après avoir reçu les eaux qui lui viennent de Foum-Ksantina, il tourne brusquement au nord et va se jeter, sous le nom d'oued Chemora, dans un chott près de Madcur. Le bassin de ce fleuve appartient donc aux Hauts Plateaux. La plaine, dans cette saison couverte de prairies, mais qui doit être brûlée par le soleil durant l'été, s'étend au loin vers le nord. On rencontre quelques rares indigènes le long de la route, et deux ou trois pauvres petits villages indiquent seuls que le pays est habité. On ne peut s'empêcher de regretter que des terrains propices à la culture soient aussi peu utilisés. Cependant l'histoire montre ce que les Romains avaient su faire de cette région, et les ruines peu éloignées de la grande ville de Timgad, que j'ai le regret de ne pouvoir visiter, sont la preuve visible de la possibilité d'une colonisation sérieuse.

Quelques collines peu élevées se dressent maintenant sur la droite, resserrant de plus en plus la vallée, qui devient aussi plus verdoyante. On arrive ainsi dans la plaine où l'oued Taga prend sa source. Sur une hauteur apparaît au milieu d'un massif de verdure le bordj qui emprunte son nom à la rivière. A l'extrémité d'un terrain planté d'arbres fruitiers et entouré d'une muraille, on distingue un groupe de bâtiments aux murs percés de meurtrières, dont l'aspect est moitié militaire et moitié agricole. Un vieillard arabe vêtu d'un riche burnous gris vient à ma rencontre et me souhaite la bienvenue. Il lit rapidement la lettre que je lui remets, et m'invite à entrer. Je pénètre à sa suite dans une vaste cour entourée de bâtiments de diverses hauteurs. A droite de la porte d'entrée, dans une sorte de dépendance, se trouve ce que nous appellerions en France le salon de réception. Cette salle des hôtes est entièrement nue et vide. Sur des tapis sont assis, les jambes ramenées sous eux, une dizaine d'indigènes qui fument ou boivent du café : ce sont les parents et les amis du maître de céans. On m'apporte un coussin sur lequel je m'assieds, et bientôt le café m'est offert. Mon hôte, qui ne parle pas le français, s'informe par le moyen de mon interprète de l'état de ma santé et du but de mon voyage. C'est un ancien spahi qui, à la pointe de son sabre, a obtenu la dignité enviée de caïd. A la retraite depuis quelque temps, il s'est retiré chez un ami, ancien caïd également, qui est propriétaire du bordj, mais qui ne l'habite pas. Il ne tarde pas à me conduire dans mon appartement. Je remarque avec étonnement que nous ne pénétrons pas dans la maison par la porte principale, mais bien par une entrée spéciale. C'est que, dans la société musulmane, la vie domestique est hermétiquement murée ; l'étranger ne doit, sous aucun prétexte, y glisser un regard indiscret. Quelle différence entre les mœurs arabes et celles que je viens d'étudier chez les Chaouïas et chez les Kabyles ! Il y a, malgré la communauté de religion, un véritable abîme entre les deux peuples. L'administration de la colonie se préparerait pour l'avenir de graves mécomptes, si elle persistait à fermer les yeux sur cette vérité que l'observation rend chaque jour plus éclatante.

Ma chambre, réservée aux hôtes de distinction, est précédée d'une pièce qui donne sur une galerie couverte, sorte de véranda, d'où la vue s'étend au loin sur la campagne. Le vieux caïd me raconte le drame terrible qui s'est accompli ici même, il y a cinq ans. Une nuit du mois de juin 1879, le fils du propriétaire qui, à cette époque, remplissait les fonctions de caïd de la tribu des Ouled-Abdi, se trouvait seul au bordj avec quelques domestiques. Tout à coup, un bruit inaccoutumé se fait entendre ; les chiens hurlent avec fureur ; des coups de feu retentissent. Une bande d'insurgés, ou plutôt d'assassins, descendus de la montagne, entourent l'habitation et cherchent à y pénétrer. Le jeune homme réunit ses serviteurs, leur distribue des armes et essaye de résister. Mais que peuvent une poignée d'hommes contre une foule en délire ? La fusillade, dirigée du dehors, devient plus vive, une grêle de balles pleut de tous côtés, et le vieux caïd m'en montre les traces, incrustées dans le bois de la balustrade sur laquelle je m'appuie en l'écoutant. Les Chaouïas escaladent les murailles, enfoncent les portes et pénètrent dans la maison. Quelques Européens, des Maltais, trouvent moyen de s'enfuir en sautant par les fenêtres ; sept ou huit indigènes, restés jusqu'au bout fidèles à leur maître, sont impitoyablement massacrés. Le fils du caïd est saisi à son tour. On l'entraîne, en l'accablant de mauvais traitements, vers une fontaine qui sert d'abreuvoir aux troupeaux. Là, l'infortuné jeune homme, victime innocente de la fureur de ces barbares, est tué d'un coup de pistolet tiré par derrière, puis décapité, dernier outrage pour un musulman. Pendant ce temps, le bordj était en feu, et la lueur de ce sinistre embrasement portait au loin la nouvelle que les habitants des Aurès repoussaient la domination de la France. Tel fut le début de l'insurrection ; j'en ai raconté déjà la fin. L'incendie d'El-Hammam répondant à celui de l'oued Taga, ne tarda pas à montrer aux Chaouïas égarés qu'ils avaient eu tort de céder à des conseils perfides, et qu'on ne brave pas impunément une nation civilisée.

En attendant l'heure du repas, je vais me promener dans les environs. Près d'un moulin en construction, je rencontre le fermier, un Français, le seul qui soit fixé dans ces parages reculés. Il me raconte l'histoire du bordj. Construit pour servir de maison de commandement, il était habité par le caïd des Ouled-Abdi, Mohammed-Ben-Abbas. Un jour, le gouverneur de l'Algérie, de passage dans le pays, pour le récompenser de ses loyaux services, lui donna toute la vallée, aussi loin que la vue pouvait s'étendre. Ce cadeau princier, de près de cinq cents hectares d'excellentes terres irrigables en totalité, car l'eau y abonde de tous côtés, constitue un splendide domaine agricole. Malheureusement, les circonstances n'ont pas permis au caïd de le mettre en exploitation ; il se contente d'y faire paître de nombreux troupeaux, et pour utiliser le volume d'eau de l'une des sources, il fait construire un moulin d'après les procédés européens.

Aujourd'hui, retiré des affaires publiques, et ne voulant plus habiter le bordj restauré, qui lui rappelle de trop tragiques souvenirs, il met en vente sa magnifique propriété de l'oued Taga. Il trouvera certainement acquéreur, et ainsi la colonisation abordera les Aurès, qu'elle ne peut manquer de transformer avec le temps.

Je regagne le bordj à la tombée de la nuit, au moment de la rentrée du bétail. Les bœufs et les vaches, marchant à la file, reprennent lentement le chemin de leur étable. Deux beaux dromadaires, agenouillés au milieu de la cour, se reposent du labeur de la journée ; ils balancent nonchalamment leur long cou et promènent de tous côtés leurs yeux étonnés.

CHAPITRE IX

Ce que la France a fait dans les Aurès et ce qui lui reste à accomplir. — Nécessité de l'occupation militaire. — Construction de routes ; aménagement des eaux ; reboisement. — Création d'écoles. — La colonisation dans les Aurès.

Je ne veux pas quitter ce pays sans résumer les impressions que j'emporte de ma trop courte excursion à travers les Aurès. Cette curieuse région que, par un caprice bizarre, la nature a placée à l'extrême sud de l'Algérie, est un massif de montagnes élevées, couvertes de neige pendant tout l'hiver ; beaucoup plus que la Kabylie, elles ressemblent à nos Alpes. Malheureusement, les contre-forts méridionaux, dévastés par un déboisement maladroit, sont exposés sans défense aux influences funestes du Sahara, qui finit à leur pied.

Les habitants, dont les nécessités du climat et du sol ont fait des demi-nomades, s'adonnent presque exclusivement à l'élève du bétail et cultivent peu et mal leurs terres. Descendants probables des antiques Libyens et des derniers colons romains réfugiés dans ces montagnes après la conquête arabe, ils sont restés ou plutôt retombés dans un état voisin de la barbarie. Leurs mœurs sont primitives, et cependant on sent chez eux une intelligence vive et ouverte qui fait bien augurer de l'avenir qui leur est réservé. Depuis la conquête française, ils ont fait bien peu de progrès ; on peut dire qu'au point de vue social, les Chaouïas sont restés absolument stationnaires. Si l'on songe que depuis 1845, c'est-à-dire depuis bientôt quarante ans, ils sont gouvernés par la France, on peut se demander si notre pays n'a pas manqué à leur égard à la mission civilisatrice qu'il s'est donnée dans l'Afrique du Nord.

Il ne faut pourtant rien exagérer. Le triomphe de nos armes a apporté dans les Aurès un bienfait inappréciable et qui y était entièrement inconnu auparavant : la paix. Depuis des siècles les Chaouïas étaient divisés, tribu contre tribu, village contre village, par des guerres continuelles qui ensanglantaient la contrée. Plusieurs indigènes ont raconté à M. Masqueray qu'avant l'arrivée des Français, ils ne pouvaient pas s'éloigner de chez eux de plus de deux kilomètres sans s'exposer à être assassinés. Continuellement ils devaient veiller et se tenir sur le qui-vive pour mettre leurs troupeaux à l'abri d'un coup de main de l'ennemi. De là l'utilité des guelaas. Cet état d'épouvantable anarchie qui épuisait les tribus et les empêchait de développer leurs ressources naturelles a pris fin depuis que la France a imposé à coups de canon l'ordre et la tranquillité à ces populations turbulentes. Elles ont conservé le souvenir des rivalités et des luttes d'autrefois. Elles savent encore que les Ouled-Daoud sont les alliés des Beni-Bou-Slimann et des Ouled-Ziann contre les Ouled-Abdi, les Oudjana et les Achèches, mais elles n'ont plus jamais l'occasion de mettre à l'épreuve la solidité de ces vieilles alliances. Les Chaouïas se demandent avec étonnement ce qu'il y a de changé dans leurs vallées et comment il se fait qu'ils peuvent maintenant faire paître leurs troupeaux sur le territoire de leur tribu sans aucune crainte des razzias ennemies. Instinctivement ils sentent combien le nouvel état de choses est préférable à l'ancien, mais ils ne se rendent pas encore compte que c'est à la

France qu'ils doivent la pacification dont ils profitent. La reconnaissance est un sentiment qui ne pourra germer dans leur cœur que lorsque le conquérant aura su faire oublier les violences inévitables à l'aide desquelles il s'est établi chez eux, par de longues années d'une administration juste, et se proposant comme but le progrès matériel et moral des vaincus.

Le gouvernement militaire qui régit les Aurès ne paraît pas avoir suffisamment compris, jusqu'à ces derniers temps, cette seconde partie de la tâche qui s'imposait à lui. Absorbé par la difficile mission de maintenir l'ordre dans des montagnes escarpées, et parmi des tribus remuantes, il n'a pas cherché à faire autre chose qu'à leur imposer la paix et à les maintenir dans la soumission. Encore ce rôle a-t-il été rendu plus ingrat par la pauvreté des moyens mis à sa disposition. Si les bureaux arabes avaient été installés au centre des tribus qu'ils devaient surveiller, appuyés sur des places fortes et ayant continuellement des troupes sous la main, comme cela a eu lieu en Kabylie, ils n'auraient pas mis quarante ans pour pacifier les Aurès. Mais on a trouvé plus simple, et c'est la grande erreur qui a été commise lors de la conquête, et dans laquelle on a persévéré jusqu'à ce jour, de donner des ordres de la ville voisine, Batna ou Biskra, de les faire exécuter par des caïds indigènes, en se contentant de faire parcourir de temps en temps le pays par des colonnes. En outre, on pensa qu'il était dangereux de laisser aux villages et aux tribus leur ancienne autonomie et leur gouvernement tantôt patriarcal, tantôt représentatif[1], et l'on a constitué des agglomérations factices que l'on a placées de

[1] Certains villages tels que Nara et Menaa, dans la vallée de l'oued Abdi, étaient gouvernés par des djemaa à la façon des Kabyles; d'autres, réunis par groupe d'origine commune (Ouled-Abdi, Ouled-Daoud) déléguaient le pouvoir à une assemblée d'anciens.

force entre les mains de caïds imposés. Ce n'est pas tout encore. Ces populations, comme les Kabyles du Djurdjura, avaient pour lois des *Kanouns* qui variaient avec les localités. On voulut leur imposer un code uniforme, et l'on eut la maladresse de choisir le Coran, que ces musulmans n'admettaient auparavant que comme loi religieuse. Des fonctionnaires indigènes furent institués sous les noms de *cadis* pour rendre la justice au nom de la France et de Mahomet, de sorte que l'on put voir, dès lors, ce singulier spectacle de juges musulmans s'appuyant sur l'autorité française pour imposer à d'autres musulmans la juridiction civile du Coran. Les officiers des bureaux arabes, à qui la langue arabe était familière, préférèrent s'en servir pour communiquer avec leurs administrés plutôt que d'apprendre eux-mêmes les divers idiomes que parlent les Chaouïas[1]. L'arabe, qui était à peine connu dans les Aurès, devint la langue officielle et se répandit peu à peu pour la plus grande satisfaction des marabouts et des Kouans, ces éternels ennemis de l'influence française. Aussi a-t-on pu dire avec raison que c'est la France elle-même qui a islamisé les Aurès et achevé l'œuvre éphémère des conquérants arabes. Ce qu'il y avait de plus grave, c'est que cette erreur était commise presque volontairement et pour obéir à des traditions administratives. Les bureaux arabes, en effet, créés à l'origine de la conquête par des hommes d'un haut mérite pour négocier avec les populations indigènes et plus tard pour les administrer, avaient dû leur succès à l'étude patiente des mœurs de ces populations et à la connaissance de leur langue. Mais ils avaient eu le tort de perdre, par la suite, le caractère d'une

[1] Il s'est heureusement rencontré d'honorables exceptions. Citons, entre autres, M. le commandant Rinn, qui a longtemps dirigé le bureau arabe de Batna, et qui a fait de sérieuses études sur les langues berbères.

innovation hardie qu'ils avaient au début pour devenir une administration fortement centralisée, une véritable bureaucratie où prévalait la routine. Aussi longtemps qu'ils n'eurent affaire qu'à des Arabes, les premières tribus qu'ils eussent connues et celles en vue desquelles ils avaient été institués, ce défaut n'apparut pas. Mais il vint un moment, avec le progrès de la domination française, où les bureaux trouvèrent devant eux des peuples de race, de langue et de mœurs toutes différentes. Que faire en présence d'une situation nouvelle? Les premiers fondateurs des bureaux arabes, Lamoricière et ses successeurs, n'auraient pas hésité à changer de méthode, à inventer un système nouveau. Leurs successeurs ne voulurent ou ne surent pas tenter une innovation. Ils se persuadèrent que les Kabyles et les Chaouïas n'étaient qu'une infime minorité dans l'Algérie arabe et que ce n'était pas la peine de changer leurs procédés et leurs habitudes pour une minorité. Ils ne se doutaient pas que ce sont, au contraire, les Arabes, derniers venus dans le pays, qui se trouvent par rapport aux autochthones dans la proportion de un sur six. Cette erreur d'appréciation, résultat d'une connaissance imparfaite de l'ethnographie algérienne au moment de la conquête, a pesé lourdement sur toute l'histoire de l'Algérie jusqu'en 1871 ; je n'affirmerai pas que l'on soit parvenu à s'en dégager entièrement.

Les fautes commises dans l'organisation politique des Aurès ont porté leurs fruits, et ces fruits se sont appelés les insurrections. Le public, dans la colonie et en France, a longuement discuté sur les causes du dernier soulèvement. On a mis en avant l'impopularité des caïds, qui furent frappés les premiers par les insurgés ; la presse les a même accusés de pressurer les tribus ; on a parlé aussi du rôle joué, par les marabouts, qui, plus habiles que leurs confrères kabyles, surent fomenter l'insurrection, pousser les assassins sans se compromettre eux—mêmes, et parvinrent ainsi à éviter le châtiment qu'ils auraient mérité. Toutes ces raisons sont acceptables, toutes ont joué certainement leur rôle dans le mouvement. Mais la grande raison, celle qui suffit à tout expliquer, se trouve dans les erreurs que j'ai signalées plus haut.

La leçon de 1879 aurait dû ouvrir les yeux du gouvernement et lui montrer la nécessité d'une réforme. Malheureusement, rien de semblable n'a eu lieu. Est-ce à dire que l'on n'ait rien fait du tout pour prévenir le retour des scènes sanglantes que j'ai racontées ? Il serait injuste et inexact de le laisser croire. En réalité, une plus grande attention a été apportée dans le choix des caïds. Des hommes jeunes, d'une probité reconnue et d'une solide instruction, ont été placés dans ces postes difficiles. Grâce à leur énergie, l'ordre n'a plus été troublé ; ils ont même obtenu une docilité plus grande que par le passé aux ordres de l'autorité française. C'est ainsi que le caïd des Ouled-Daoud, Ali-Ben-Aouri, qui occupe le poste le plus périlleux, a réussi, sans autre force armée que quelques cavaliers dévoués, à faire exécuter les ordres venus de Batna et qu'il a pu arrêter de sa main plusieurs contumaces dangereux qui avaient trouvé un refuge au milieu des Chaouïas et que leurs hôtes refusaient obstinément de livrer à la justice française. J'ai pu moi-même parcourir seul, sans escorte, tout le territoire de cette tribu en révolte il n'y a pas cinq ans, sans éprouver le moindre désagrément ; je n'ai eu, au contraire, qu'à me louer de l'hospitalité qui m'a été généreusement offerte par les indigènes chaque fois que je l'ai demandée.

Certes, c'est là un résultat dont je me garderai de nier la valeur. Mais ne peut-on espérer obtenir mieux encore et pousser les tribus des Aurès dans la voie du progrès? Rien n'interdit à cet égard les prévisions optimistes ; tout les encourage, au contraire. La nature du pays, le caractère des populations, tout se réunit pour faire bien augurer de l'avenir de la région, si l'administration voulait opérer des réformes urgentes et faire un effort énergique dans le but de tirer les Chaouïas de la barbarie dans laquelle ils croupissent depuis des siècles.

Il me reste à indiquer l'ensemble des mesures qui me paraissent propres à amener le changement que je souhaite.

En premier lieu, l'occupation effective s'impose, si l'on veut éviter que des accidents toujours possibles, l'impopularité d'un fonctionnaire ou une querelle entre tribus, n'amènent le renouvellement des sanglants épisodes de 1879. Il est grand temps de reprendre et d'exécuter le plan du général Saussier. Une solide forteresse armée de canons, s'élevant dans la plaine de Médina, suffirait pour contenir en tout temps les Ouled-Daoud et les Oudjana, en permettant à nos soldats de se porter au premier mouvement soit dans la vallée de l'oued El-Abiod, soit dans le bassin de l'oued El-Arab. Un second poste fortifié, dominant la gorge de Tiraniminn, prendrait au besoin les Ouled-Daoud entre deux feux, maintiendrait les Beni-Bou-Slimann, qui occupent le bas de la vallée, et les Ouled-Abdi, chez qui l'on peut descendre par les cols. Enfin, une petite garnison serait utile à Kanga-Sidi-Nadji, foyer d'intrigues religieuses qui occupe le débouché de la vallée de l'oued El-Arab. Ces trois postes répondraient de la tranquillité du massif tout entier.

Appuyés sur une force armée dont la seule présence ferait évanouir les moindres velléités de rébellion, les représentants de la France pourraient en toute sécurité remplir leur mission civilisatrice : vivant au milieu des tribus, leur parlant leur propre langage, s'inspirant de leurs besoins réels, ils acquerraient bientôt une influence considérable et tiendraient véritablement leurs administrés dans la main. Les cadis, cette institution malheureuse que les

Chaouïas n'ont acceptée que par force, seraient remplacés par la justice française, à l'abri du soupçon de vénalité qui pèse trop souvent sur les juges indigènes. On pourrait alors sans aucun inconvénient rétablir une partie des anciens usages supprimés depuis la conquête. Les djemaa et les conseils d'anciens délibéreraient sur les affaires locales sans aucun dommage pour le prestige et l'autorité de la France.

Des routes réunissant entre eux les points occupés militairement permettraient leur ravitaillement et mettraient en même temps l'intérieur du massif en relations plus fréquentes avec le dehors. Ce seraient les indigènes qui recueilleraient les premiers bénéfices de ce nouvel état de choses. Ils auraient beaucoup plus de facilités pour aller vendre à Batna, à Krenchela ou à Biskra leurs laines et leur bétail et les négociants européens pourraient aller les leur acheter jusque chez eux. La facilité des communications permettrait d'établir des marchés dans les tribus. Il n'existe actuellement qu'une foire annuelle qui se tient au commencement de l'automne en un point excentrique, aux environs de Mchounech. Cet ancien usage ne répond pas suffisamment aux besoins actuels de la population. Chaque tribu devrait avoir son marché hebdomadaire, comme cela a lieu partout en Algérie. Un grand marché central devrait aussi être créé pour permettre les échanges de tribu à tribu : son emplacement semble désigné par la nature elle-même à Médina.

Ce n'est pas tout que de faciliter les transactions commerciales par le maintien de l'ordre et l'ouverture de bonnes routes et de marchés. Il y a d'autres travaux d'intérêt public à entreprendre pour montrer aux Chaouïas par des faits matériels que la France s'intéresse à leur bien-être et à leur prospérité. Il est nécessaire de leur donner quelque chose en échange de l'impôt qu'on les oblige à payer régulièrement, afin que cet impôt perde à leurs yeux le caractère d'un tribut arraché par la force à des vaincus et leur apparaisse désormais comme la juste compensation des services rendus. En économie politique, l'impôt n'a pas d'autre raison d'être; je ne vois pas pourquoi l'administration française se croirait dispensée de se conformer à ce principe en Algérie, sous prétexte qu'une forte partie des contribuables ne se compose que d'hommes sauvages et ignorants. Dans cet ordre d'idées, les premiers travaux à entreprendre dans les Aurès sont ceux relatifs à l'aménagement des eaux. Partout, en Algérie, cette question est capitale; mais nulle part elle n'acquiert le degré d'urgence qu'elle possède dans les Aurès. Ailleurs, il s'agit seulement de faire progresser l'agriculture et la colonisation; ici, c'est à certaines époques une question de vie ou de mort pour la population. Pendant les années de sécheresse, les tribus méridionales sont exposées à mourir littéralement de soif. La France a l'impérieux devoir de chercher les moyens les plus propres à remédier à cette pénible situation. Ces moyens existent et la science hydraulique saura les indiquer. Il n'y aurait, du reste, qu'à restaurer les merveilleux travaux de canalisation construits il y a plusieurs siècles par les Romains, pour rendre aux Aurès une partie de leur ancienne fertilité. On retrouve encore à certains endroits les ruines de ces antiques monuments d'une civilisation disparue. Les indigènes les utilisent parfois et ils leur doivent l'abondance de leurs récoltes et l'existence de plusieurs villages. Il serait bon de faire étudier par des hommes spéciaux l'état actuel de ce qui reste du système d'irrigations construit par les Romains dans les Aurès et la possibilité de le relever de ses ruines et de l'utiliser aujourd'hui.

La conservation des forêts est liée intimement à la question des eaux. Il faut sans retard mettre un terme aux dévastations qui menacent de faire disparaître, d'ici à un siècle, les derniers arbres qui ombragent ces montagnes. Seul le service forestier, s'il a à sa disposition un personnel suffisant, est capable de mener à bien cette œuvre de préservation et de salut. Il aura à lutter, cela est certain, contre le mauvais vouloir des indigènes qui ne comprendront pas que leur avenir dépende du bon entretien des forêts et qui ne verront que les procès-verbaux suspendus sur leurs têtes. Mais des préjugés semblables ne sont pas un obstacle sérieux à une entreprise d'utilité publique au premier chef. On les rencontre en France même, parmi les habitants arriérés de nos campagnes. Ce ne sera pas tout d'aménager les forêts des Aurès; il faudra encore en créer de nouvelles ou plutôt ressusciter celles qui ont disparu. Nulle part le reboisement n'est aussi nécessaire que sur les contre-forts méridionaux de la chaîne. Cette tâche délicate et ardue vaut la peine d'être entreprise ; car il ne s'agit de rien moins que de reconquérir sur le désert de vastes espaces autrefois productifs que le déboisement a stérilisés.

Si l'on me demande maintenant ce qu'il conviendrait de faire pour les Chaouïas au point de vue moral, je répondrai sans hésiter qu'il faut ouvrir sans retard des écoles dans les principaux villages. On rencontrera dans ce pays des difficultés toutes particulières provenant du genre de vie que mènent les habitants; je ne les crois pas insurmontables. Rien n'empêcherait l'instituteur de suivre la tribu dans sa migration estivale et de transporter son école au milieu du campement que les familles de ses élèves occupent chaque été. Cette idée peut sembler originale; elle n'est pas impossible à réaliser. J'ajouterai que la création d'écoles dans les Aurès est décidée en principe et qu'un inspecteur doit aller prochainement étudier le pays dans ce but. On peut espérer que les écoles auront le même succès qu'en Kabylie. Les Chaouïas, malgré leurs mœurs primitives, ont l'esprit ouvert et curieux. Leur intelligence m'a paru peut-être supérieure à celle des Kabyles. Physiquement, ils ont les membres moins massifs et plus souples ; de même ils ont intellectuellement quelque chose de plus fin, je dirais volontiers de plus spirituel. *A priori*, cette race ne paraît pas séparée de la nôtre par d'infranchissables barrières. Bien des traditions la rapprochent au contraire de nous. Le souvenir incomplétement éteint du christianisme, qu'une partie des Chaouïas ont professé jusqu'au jour où l'islamisme leur a été imposé par le sabre des conquérants, d'anciens usages chrétiens, tels que la célébration de la fête de Noël[1] et de celle de Rameaux, les traditions qu'ils ont conservées se rapportant à la civilisation romaine, la prétention que l'on trouve chez certains d'entre eux d'être les descendants directs des Romains font supposer qu'ils ne se montreront pas obstinément rebelles à l'assimilation. Leur religion, leur vie rustique, le souvenir de luttes trop longtemps prolongées, voilà ce qui sépare les Chaouïas des Français. L'instruction aura raison des préjugés et la haine tombera avec le temps, quand les deux peuples se pénétreront davantage et se connaîtront plus intimement.

Ce contact, qui finira par amener une confiance réciproque, c'est à la colonisation qu'il convient de le demander.

Le moment est venu où il est possible de coloniser les Aurès. D'excellentes terres, séquestrées à la suite de la dernière insurrection, n'attendent plus que les bras de colons laborieux et intelligents pour se couvrir de riches moissons et pour faire revivre l'ancienne prospérité de la période romaine. Dans la plaine de l'oued Taga et de l'oued Taï-

---

[1] Les Chaouïas fêtent le 25 décembre sans savoir exactement pour

hammamt et dans la vallée de Médina, la population est assez clair-semée pour qu'à côté des indigènes, incapables, dans l'état actuel, de tirer parti de leur pays, des Français puissent trouver place et, par une culture plus intelligente, tirer de cette terre fertile la fortune qu'elle recèle dans son sein. Certainement les anciens propriétaires du sol ne verront pas sans colère les terrains qu'ils ont possédés passer entre les mains d'étrangers; mais les Ouled-Daoud pourront se souvenir que ces mêmes terrains ont été enlevés aux Oudjana par leurs ancêtres, il n'y a que quelques générations, et qu'ils n'en étaient devenus les paisibles détenteurs que depuis le jour où la France a interdit à leurs ennemis de sortir des limites de leur territoire réduit. Les sept mille individus qui composent la tribu trouveront à vivre par la culture des terres qui leur ont été laissées. Ces terres deviendront elles-mêmes plus fertiles et mieux arrosées, lorsque la création du village de Médina aura eu pour conséquence forcée l'aménagement des eaux qui se perdent aujourd'hui dans la plaine sans profit pour personne, et qui couleront alors en plus grande abondance dans le lit de la rivière. La civilisation se chargera ainsi de restituer elle-même aux indigènes ce qu'elle leur aura enlevé.

Quant aux colons français, ils trouveront dans les Aurès de bonnes terres qu'ils pourront même acheter aux Chaouïas, car la propriété individuelle existe parmi eux. Ils jouiront de ce bienfait inappréciable en Algérie : de l'eau en abondance. En effet, par une étrange opposition, résultat de la marche du déboisement, tandis que les rivières et les sources sont à sec une partie de l'année sur le versant sud des Aurès, à l'exception de quelques plaines privilégiées, telles que Médina, situées à leur naissance

quelle raison, ce qui ne les empêche pas de fêter également la naissance de Mahomet.

même[1], l'eau coule sur le versant nord de la chaîne comme en vrai pays de montagnes. La colonisation, qui ne pourra pas aborder les vallées méridionales tant que leur nature n'aura pas été modifiée par de nombreux reboisements, aura, au contraire, dans le Nord une région, d'étendue bornée, mais de grande valeur économique, à occuper et et à transformer.

Une dernière ressource, qui ne sera pas la moins précieuse, s'offrira au cultivateur européen comme à l'indigène ; je veux parler de l'élevage, que le climat rend difficile à pratiquer sur une large échelle dans la plus grande partie de la colonie. Sur les flancs herbeux du Chélia et de ses ramifications, tout un peuple de moutons et de bœufs prospérera dans un pays que la nature elle-même a préparé pour lui.

Tel est le programme de réformes dont l'application immédiate aurait pour résultat la transformation économique d'une région qui a été l'une des plus riches de l'Algérie et qui n'attend pour retrouver son antique prospérité qu'un effort énergique de l'administration française.

Le conseil supérieur de l'Algérie, dans une de ses dernières sessions, a examiné la question de savoir s'il ne convenait pas de placer les Aurès sous le régime civil. Il a décidé d'ajourner ce changement de système jusqu'au moment où les Chaouïas se seraient davantage pliés à la domination française. Cette question de changement de régime qui passionne l'opinion publique en Algérie n'a peut-être pas l'importance capitale qu'on y attache. Si l'on entend par régime militaire le système d'administration suivi actuellement, c'est-à-dire les bureaux arabes gouvernant le

[1] La plaine de Médina se trouve en réalité sur le versant méridional, mais sa situation exceptionnelle à la base du Chélia et à la source de l'oued El-Abiod la place dans les mêmes conditions que les vallées du versant opposé.

pays de loin et représentés au sein des tribus par des caïds revêtus d'une autorité dictatoriale, les années, les siècles même passeront sans que les Chaouïas aient fait un seul progrès et soient plus complétement soumis à la France qu'ils ne le sont aujourd'hui. Mais rien n'empêche de modifier un système vicieux en conservant des hommes à qui l'habitude de leurs fonctions a donné une connaissance du caractère de leurs administrés, que des fonctionnaires nouveaux perdraient un temps précieux à acquérir. Les officiers distingués qui représentent actuellement le régime militaire dans les Aurès seraient parfaitement propres, s'ils en recevaient l'ordre de leurs chefs, à appliquer les réformes administratives et économiques que j'ai signalées.

Les indigènes, de leur côté, ainsi que je l'ai constaté moi-même, manifestent une sorte d'anxiété à l'annonce d'un changement dont ils ne peuvent comprendre ni la raison ni la portée. Ils se demandent avec une secrète inquiétude ce que seront ces « chefs civils » dont on leur parle et qui sont à leurs yeux l'inconnu avec son vague et les surprises agréables ou non qu'il tient en réserve.

L'observateur impartial et désintéressé, qui ne voit que le résultat à atteindre et qui n'est préoccupé que de l'intérêt de la colonie, plus intimement lié qu'on ne croit à celui des indigènes, se dit : « Peu importe l'uniforme que revêtiront les ouvriers, pourvu que l'œuvre se fasse ! Peu importe l'étiquette que prendra le système, pourvu que la colonisation avance et que la civilisation progresse ! »

LES RUINES DU PRÆTORIUM, A LAMBÈSE

CHAPITRE X

De l'oued Taga à Lambèse. — Le pénitencier. — Le Prætorium. — Les thermes. — Le forum et le temple d'Esculape. — L'œuvre de la France en Algérie.

Batna, 4 avril.

Dès l'aube, je suis debout, prêt à prendre la route de Batna, où j'ai hâte d'arriver. Le caïd me prête pour aller plus vite son meilleur mulet, sa monture favorite, à la selle recouverte en peau de panthère. Aujourd'hui, ma caravane s'est accrue de plusieurs voyageurs indigènes qui se rendent également à Batna ; elle se compose d'une suite de cinq mulets. Le beau sexe ne fait pas entièrement défaut. Je remarque qu'un des serviteurs du bordj mène en croupe une femme en robe bleue et voile blanc, avec de grandes boucles d'oreilles comme on en porte dans les Aurès. Ma nouvelle compagne de voyage est en effet une Chaouïa d'El-Adjeudj. Elle a épousé, il y a quelques années, un indigène de Chetma, aux environs de Biskra, qui vient de mourir laissant à sa veuve cent palmiers, une fortune. Après un séjour dans sa famille, elle retourne aux Ziban, en passant par Batna.

Nous traversons une magnifique forêt de chênes verts, en bon état de conservation, cette fois, et je constate avec satisfaction que le service forestier est à l'œuvre. Plus de ces arbres à moitié renversés, plus de ces troncs pourris, tombés en travers du chemin. La forêt est vigoureuse, et je salue avec plaisir des arbres énormes. Pendant plus de dix kilomètres, on est sous bois ou tout au moins environné de bois. Parfois on traverse de vastes clairières misérablement cultivées par les indigènes.

A droite de la route, près d'un ruisseau franchi à gué, je m'arrête pour regarder un curieux monument mégalithique. Trois pierres, représentant exactement la forme d'un encadrement de porte et posées sur une sorte de grossier piédestal, se dressent au milieu d'un champ. C'est ce que les savants appellent une trilithe, forme assez rare des monuments préhistoriques. Henri Martin a visité celui-ci et l'a décrit à l'Association française pour l'avancement des sciences dans son congrès d'Alger. Plus loin, voici une ruine romaine. C'est l'arc de triomphe bien connu de Marcouna. Au sommet, en caractères qui ont conservé une netteté parfaite, malgré les siècles écoulés, resplendit le mot *Respublica*. C'est la République romaine, première colonisatrice de l'Algérie, qui salue la République française, son émule en fait de colonisation. En face se trouve une grande exploitation rurale qui paraît en pleine prospérité; de vastes champs de vigne s'étendent alentour[1].

L'abondance des ruines qui jonchent la terre de tous côtés signale l'approche de Lambèse. Ce ne sont que fûts de colonnes renversées, que vieilles pierres émergeant au milieu des champs ou rejetés sur les bords des chemins.

Bientôt se montre dans la plaine un vaste bâtiment entouré de hautes murailles ; c'est le pénitencier. Je mets pied à terre devant la porte et me fais annoncer au directeur, qui me reçoit avec amabilité et se met immédiatement à ma disposition pour me faire visiter les monuments ro-

---

[1] Il est question d'y fonder une école d'agriculture.

mains. Il me promène d'abord dans son jardin, que ses prédécesseurs et lui ont transformé en un musée d'antiques. Statues et fragments de toutes sortes, recueillis dans cet inépuisable champ de découvertes qui s'appelle le territoire de Lambèse, ont trouvé sous les arbres du jardin du pénitencier un abri contre les mutilations de passants ignorants et animés d'un inexplicable besoin de destruction. Une longue inscription contient toute l'histoire d'un officier romain qui, chargé de construire une route aux environs de Djidjelli, fut enlevé par des bandits et ne recouvra sa liberté qu'après mille péripéties et mille dangers : un véritable roman d'aventures gravé sur la pierre, qui s'est passé dans les premiers siècles de l'ère chrétienne. En sortant du pénitencier, nous croisons une troupe de condamnés qui rentrent en rangs d'une corvée, leurs outils sur l'épaule, sous la conduite de plusieurs gardiens armés de fusils ; ils saluent respectueusement leur directeur. Ce ne sont plus des criminels politiques, coupables d'avoir défendu les lois de leur pays contre la force triomphante, comme ceux dont le séjour a rendu célèbre parmi nos contemporains le nom de Lambèse, jusqu'alors inconnu du grand public. Ce sont des malfaiteurs vulgaires qui payent leur dette à la société.

Nous arrivons bientôt en face du Prætorium. On reste saisi d'admiration devant la majestueuse grandeur de cet édifice. Je cherche à le reconstituer par la pensée tel qu'il était avant les injures des Vandales. Je me le représente debout dans toute sa splendeur à l'entrée de la ville militaire, à l'extrémité des quatre larges voies qui venaient se croiser sous ses portiques imposants. Quelle splendide entrée ce devait être pour une grande cité ! Plus qu'aucun autre, le peuple romain a eu le sentiment profond de la grandeur architecturale. C'est sous ces voûtes effondrées que le *légat impérial, propréteur de la province d'Afrique,* rendait la justice du haut de son siége judicial, entouré des licteurs qui portaient ses faisceaux, dans tout l'appareil de la puissance romaine. On lui amenait les malheureux qui depuis des mois languissaient dans les cachots voisins, et d'un mot il décidait de leur sort. Ces cachots, sortes de caves sans air et sans lumière, font songer au classique Tullianum de Rome, où Vercingétorix et tant d'autres nobles vaincus terminèrent misérablement une glorieuse carrière. Plus loin, sont les restes des Thermes. On distingue très-nettement les étuves qui servaient pour les bains de vapeur, les piscines et enfin la salle d'attente, rendez-vous de la haute société de Lambèse. En arrière du Prætorium s'étendait la ville militaire, entièrement séparée de la ville civile. Derrière les remparts, dont on voit encore de loin en loin quelques vestiges, étaient les cantonnements de la fameuse IIIe légion Auguste, qui avait conquis la province sur les barbares et élevé de ses mains tant de splendides monuments. Elle y avait son quartier général, ce qui faisait de Lambèse le centre militaire et politique de la Numidie.

Vers le sud, sur une hauteur, se trouvait la cité civile. Au centre de l'emplacement qu'elle occupait, des fouilles récentes ont mis au jour les restes assez bien conservés du forum. C'est avec une émotion réelle que mes regards s'arrêtent sur la tribune aux harangues, entourée de ses colonnes corinthiennes encore debout. Des souvenirs classiques, depuis longtemps oubliés, assaillent mon esprit. J'évoque par la pensée la foule des citoyens qui se pressait dans l'enceinte dont les restes à moitié démolis indiquent encore le pourtour, et l'orateur à la toge flottante qui cherchait à soulever le peuple par son éloquence. Plus loin, je visite les ruines du temple d'Esculape; on me montre l'autel et la chapelle où se faisaient porter les malades qui venaient chercher la guérison dans le sanctuaire du dieu. Ailleurs, une porte de la ville subsiste presque intacte encore, avec ses trois ouvertures, les deux extrêmes pour les piétons, celle du centre, plus large, destinée à donner passage aux lourds chariots qui ont laissé leurs ornières sur le dallage de la voie.

Tout en descendant les pentes de la colline, je songe à cette vie antique qui fut ici si intense et qui s'est évanouie depuis des siècles, à ce monde romain qui avait accompli sur cette terre d'Afrique des choses si prodigieuses et dont il ne reste plus que quelques pierres. Je ne puis m'empêcher de regretter cette civilisation brillante, bien que corrompue, qui n'a disparu que pour faire place à l'islamisme, c'est-à-dire à l'anarchie, à la destruction et au désert. Mais je lève les yeux, et à mes pieds je vois des maisons, des boulevards, des champs cultivés ; c'est la Lambèse moderne, qui ne fait que de naître au souffle puissant du génie de mon pays, mais qui grandit déjà, grâce à l'indomptable énergie de mes compatriotes! Je ne sais quel patriotique orgueil s'empare de moi. La France a repris en Afrique l'œuvre de Rome. Elle s'est donné la noble mission de ressusciter cette civilisation écroulée sous les coups des barbares, de relever les villes détruites, de rendre à la terre son ancienne fertilité ruinée par le sabre dévastateur des Arabes, de redonner enfin aux vieilles races qui occupent le sol, après des siècles de misère, la prospérité et le bien-être qu'elles ont connus pendant la période romaine, et dont le souvenir chez elles n'est pas encore entièrement éteint. Quelle tâche pourrait-on rêver qui fût plus digne d'une grande nation? Je suis fier d'appartenir à un peuple qui ose tenter cette entreprise sublime et qui, depuis un demi-siècle, y consacre avec un succès croissant le meilleur de son génie!

CINQUIÈME PARTIE

LE LITTORAL CONSTANTINOIS

CHAPITRE PREMIER

De Constantine à Philippeville. — Jemmapes. — La culture de la vigne en Algérie.

Philippeville, 8 avril.

Trois ou quatre heures de chemin de fer séparent Constantine de Philippeville. La route est intéressante. On traverse une série de montagnes peu élevées, couvertes en cette saison de pâturages verdoyants. A peu près au milieu de la distance, la voie franchit sous un tunnel le col des Oliviers, qui sépare le bassin du Roumel de celui du Saf-Saf, et Djebel-Toumiet, aux deux sommets en pains de sucre du mont Ayata.

Un peu plus loin, on me montre à quelque distance sur la gauche, la belle exploitation viticole de M. T..., qui a été récemment décoré de la Légion d'honneur. Arrivé en Algérie en 1861 comme simple valet de ferme, il a réussi, par son travail et son intelligence, à devenir propriétaire de plusieurs centaines d'hectares, et a vendu, l'année dernière, sa récolte de vin quatre-vingt-dix mille francs. Une telle fortune gagnée en vingt ans montre ce que l'on peut faire en ce pays avec de l'ordre et l'amour du travail. On ne rencontre pas de pareils exemples dans nos sociétés vieillies et encombrées.

De distance en distance, de belles fermes se montrent des deux côtés de la route, plus nombreuses à mesure que l'on approche de la côte. Quelques riants villages, Saint-Charles, Damrémont, devant lesquels le train s'arrête, disparaissent à demi sous les arbres. La colonisation a sérieusement pris possession de la vallée du Saf-Saf.

Philippeville doit au voisinage de la mer et à sa situation dans un ravin, entre deux montagnes, d'avoir échappé à la banalité des villes algériennes de création française. On ne voit pas ici le monotone quadrilatère coupé de rues en échiquier de Sétif et de Batna. Une belle et longue avenue, bordée d'arcades, traverse la ville du nord au sud. A droite et à gauche, d'autres rues, auxquelles on accède par des escaliers, courent parallèlement à la première, sur les flancs des deux montagnes. Les maisons sont bien bâties et souvent surmontées de terrasses ou de galeries couvertes d'où l'on jouit d'une vue magnifique sur la rade.

Jemmapes, 9 avril.

Tous les environs de Philippeville, dans un rayon étendu, sont couverts de plantations de vignes. Ce sera dans quelques années un aliment important pour le commerce local. Cette ceinture cultivée une fois franchie, on entre dans des montagnes qui étaient, il y a peu d'années, revêtues d'une épaisse forêt où le lion avait ses repaires. Il a suffi d'un incendie pour tout détruire. On ne voit plus de loin en loin que quelques massifs encore intacts et de rares groupes d'arbres largement espacés. La broussaille a envahi tout le reste du terrain. A Bissy, plusieurs fermes bordent la route que suit la diligence. Leur création remonte à une dizaine d'années. Les propriétaires commencent à planter de la vigne. On descend ensuite dans une belle plaine bien arrosée, au milieu de laquelle un bouquet d'arbres dérobe aux regards le village de Jemmapes.

Ce centre est une création de la République de 1848, et une de celles dont le résultat a été le plus satisfaisant. Enfermé dans une enceinte rectangulaire en maçonnerie, et entouré d'un rideau d'eucalyptus de haute taille, le village dessine ses rues à angles droits dans toute l'étendue de terrain dont il dispose. Une grande place, plantée de palmiers et ornée de plusieurs fontaines, occupe une position centrale entre la mairie et l'église en construction. On y a élevé un obélisque à la mémoire de M. de Bissy, ingénieur en chef des ponts et chaussées, qui fut le promoteur de la fondation de Jemmapes. L'église que l'on a commencé à édifier sur l'un des côtés de la place est restée inachevée faute d'argent. Par une singulière fatalité, un mouvement de terrain a lézardé la façade. Elle reste là comme une sorte de ruine qui détonne dans un village où presque tout est neuf. Les maisons, entourées de jolis jardins plantés de palmiers, d'où s'échappent de pénétrantes senteurs d'oranger, subissent, en ce moment, une transformation notable, signe évident de prospérité. Partout on voit succéder à la maisonnette à simple rez-de-chaussée de la première période de la colonisation, de jolies maisons à étages fort bien construites. C'est la vigne qui a amené cette heureuse modification. Jusqu'à ces dernières années, le village, dont la principale culture était le blé, vivait dans une véritable torpeur, causée par l'abaissement du prix des grains sur le marché français. Depuis que les colons ont commencé à planter de la vigne, ils ont obtenu des récoltes beaucoup plus rémunératrices, et l'aisance est revenue dans le village. Aussi la vigne est-elle devenue la culture à la mode, celle sur laquelle reposent toutes les espérances. Une impulsion vigoureuse a été donnée à l'agriculture. Les propriétaires se sont remis au travail avec une ardeur nouvelle, et ils étendent chaque jour leurs cultures en créant des vignobles. Il y a actuellement dans le territoire de Jemmapes [1] 1,400 hectares plantés en vigne. La récolte de l'année dernière a été de 20,778 hectolitres de vin pour 377 hectares seulement en rapport. Il faut ajouter à ce chiffre 2,500 hectolitres récoltés par la Société du Fendeck. On voit que la vigne commence à tenir ses promesses, et que les premiers résultats acquis sont encourageants pour l'avenir. C'est ainsi que Jemmapes occupe l'un des premiers rangs parmi les centres viticoles de la colonie.

On trouve ici plusieurs exemples de colons qui ont acquis par leur travail, sinon une immense fortune, du moins une large aisance. M. K..., adjoint au maire, me raconte son arrivée en Algérie, où il venait exercer son état de cuisinier. Il est aujourd'hui à la tête d'une belle propriété qu'il transforme en vignobles. Les jeunes plantations qu'il me fait visiter promettent par leur précoce vigueur d'abondantes récoltes pour un avenir rapproché. On me cite d'autres agriculteurs qui ont vu le succès répondre à leurs efforts. M. C..., un ancien colon de 1848, avait reçu une concession gratuite d'une vingtaine d'hectares, dispersés en plusieurs lots éloignés les uns des autres. Malgré ces conditions défectueuses et le manque absolu de capitaux qui paralysait ses efforts, il a réussi à vaincre toutes les difficultés, et maintenant il est propriétaire de quatre-

---

[1] Y compris la commune mixte et la commune de plein exercice.

vingts hectares, dont une trentaine complantés de vigne, ce qui représente, rien qu'en vin, un revenu de trente mille francs, d'après le rendement moyen que l'on admet en général. Bien peu de cultivateurs en France obtiennent des résultats semblables.

CHAPITRE II

L'expropriation des terres arabes. — Aïn-Mokra et ses mines.— Le lac Fetzara. — Bone.

Bone, 10 avril.

En quittant Jemmapes dans la direction de Bone, on traverse deux petits villages, Sidi-Nassar et Aïn-Cherchar. De tous côtés s'élèvent de nouvelles fermes et partout on plante de la vigne. La colonisation fait de grands progrès dans cette région, où elle n'est pas gênée par les indigènes. Un peu plus loin la situation change totalement : les Arabes apparaissent et la culture cesse. Au milieu d'une immense plaine, bien arrosée, se montrent de loin en loin quelques douars misérables, réunions de gourbis que l'on prendrait pour des meules de paille. Aux alentours s'étendent de maigres champs d'orge ou de blé. Dans l'intervalle, de grands troupeaux de vaches ou de moutons paissent sous la surveillance de bergers déguenillés et de chiens hargneux.

J'arrête un Arabe qui passe et je lui demande quelle est la population de la tribu qui occupe la plaine. Il me répond qu'elle ne compte pas plus de mille individus, y compris les femmes et les enfants. Cependant sur le même terrain dix mille Européens peut-être trouveraient à vivre à leur aise. On pourrait justement appliquer au peuple arabe ce que l'Évangile dit du figuier stérile : « Pourquoi occupe-t-il inutilement la terre? » Détenir ainsi de bons terrains sans être capable de les cultiver me semble un véritable crime envers la société. L'implacable logique des choses et le progrès fatal de la civilisation, que rien ne peut arrêter dans sa marche en avant, pourraient bien punir un jour ou l'autre les Arabes de ce crime dont ils ne se rendent pas compte, en les balayant de ce sol qu'ils ont conquis par la violence, pour le stériliser et le couvrir de ruines. Aussi le gouvernement use-t-il d'un droit parfaitement légitime, lorsqu'il exproprie certaines tribus d'une partie de leurs territoires, pour créer, sur d'inutiles terrains de parcours, des villages d'agriculteurs européens. On s'est parfois récrié en France contre l'opportunité d'une semblable mesure. Des avocats maladroits de la population indigène ont protesté contre ce qu'ils ont appelé une iniquité et un abus de la force; ils ont prétendu qu'en arrachant aux Arabes leurs terres, on n'atteindrait pas d'autre résultat que de créer dans la colonie une classe de prolétaires que les besoins urgents de l'existence pousseraient à se révolter contre l'autorité et à piller et marauder chez les colons.

Un examen impartial des conditions d'existence de la race arabe conduit à une appréciation toute différente des résultats de l'expropriation forcée employée comme moyen de colonisation. Et d'abord, au point de vue du droit, le principe de l'expropriation pour cause d'utilité publique ne saurait être contesté. Bien qu'il sanctionne une violation manifeste des droits du particulier au profit de l'intérêt général, il est adopté par la législation de tous les peuples civilisés. Si le meunier de Sans-Souci avait voulu résister à l'accomplissement d'une œuvre d'utilité publique au lieu de se refuser à plier devant un simple caprice de souverain, il aurait perdu, par-devant tous les juges de Berlin et d'ailleurs, son procès et son moulin. Ne pouvant pas contester au gouvernement le droit d'expropriation, on conteste au but qu'il poursuit le caractère d'utilité publique nécessaire à l'exercice de son droit. « Enlever, dit-on, des terres aux indigènes et les condamner à mourir de faim, dans le seul but d'enrichir quelques colons, ne peut être considéré comme une entreprise d'intérêt général ». Raisonner ainsi, c'est méconnaître de la façon la plus complète le vrai caractère de l'œuvre de colonisation entreprise en Algérie depuis que la France s'est établie dans ce pays. Certainement, le colon qui reçoit de l'État une concession en retire un bénéfice, et il serait à désirer qu'un plus grand nombre de concessionnaires sussent trouver la fortune sur leur lot de terrain : le pays tout entier s'en trouverait bien. Mais ce n'est là qu'une conséquence tout à fait secondaire de la création des villages ; le but que poursuit l'État est tout autre. Mettre en valeur des terres incultes, implanter en Algérie une population française, développer le commerce et l'industrie de la colonie aussi bien que de la mère patrie, voilà le but réel de la colonisation. Il suffit de consulter les tableaux de douanes et de comparer le total actuel des exportations et des importations avec ce qu'il était en 1830, pour acquérir la preuve indiscutable que la production agricole de l'Algérie et le commerce qui en est la suite, croissent en raison directe des progrès de la colonisation. Ce serait fermer volontairement les yeux à l'évidence que de soutenir encore qu'il n'y a pas là une œuvre d'utilité publique au premier chef.

Un dernier argument reste aux partisans de l'opinion que je combats. « Est-il juste, disent-ils, de sacrifier complétement un peuple entier à un progrès même utile en lui-même? La France a-t-elle le droit de forcer les Arabes à mourir de faim pour étendre et faire prospérer sa colonie? » S'il s'agissait d'en venir à une extrémité semblable, je comprendrais que l'on hésitât avant de prononcer la condamnation à mort de tout un peuple en bloc. En réalité, rien n'oblige à dépouiller les tribus de toutes les terres qu'elles occupent ; personne n'ignore que des abus ont eu lieu ; mais ils ont été dénoncés à l'opinion publique et il sera facile de les éviter à l'avenir. Beaucoup de tribus arabes errent sur de vastes espaces qu'elles laissent incultes et n'utilisent que pour y faire paître quelques troupeaux. On peut sans leur causer un préjudice grave, les resserrer, moyennant indemnité, sur un territoire moins étendu, mais suffisant pour elles, et rendre à la culture tout ce qui ne leur est pas nécessaire. On prétend que l'Arabe, en raison de son existence nomade et de l'industrie pastorale qui le fait vivre, a besoin des immenses étendues qu'il détient encore. Cependant les faits sont là pour contredire cette assertion. M. Bastide en fournit plusieurs exemples dans son livre sur *Bel-Abbès et son arrondissement*. La tribu des Ouled-Brahim occupait plus de 76,000 hectares ; on lui enleva, en 1845, 30,000 hectares, qui servirent à créer la ville de Bel-Abbès et plusieurs centres environnants. Depuis lors, la loi sur la constitution de la propriété individuelle lui a été appliquée. Elle a eu pour conséquence de diminuer encore le territoire de la tribu par suite de nombreuses ventes de gré à gré, qui ont fait passer aux mains des colons de grandes étendues de terrains. Cependant le ta-tableau statistique suivant montre que la tribu est en progrès.

	ANNÉE 1867	ANNÉE 1879
Population..................	3.428	3.978
Maisons.....................	»	12
Tentes......................	511	692
Chevaux et mulets...........	290	415

	ANNÉE 1867	ANNÉE 1879
Chameaux..................	»	2
Bœufs......	1.425	2.007
Moutons.................	11.604	7.586
Chèvres.................	6.514	7.814
Charrues cultivées..........	249	403

Ainsi, malgré la diminution forcée ou volontaire du territoire, la population a augmenté et l'étendue des terres cultivées s'est accrue ; la fortune publique s'est développée, puisque le nombre des bêtes de somme, des bœufs et des chèvres est devenu plus grand. Tels sont les résultats matériels que les Ouled-Brahim ont retirés de la colonisation. Les autres avantages que leur procurent le voisinage des Européens en leur permettant de vendre plus facilement et à un meilleur prix leurs récoltes et en leur offrant toutes sortes de facilités nouvelles pour gagner leur vie ne peuvent pas s'évaluer par des chiffres. Cet exemple, pris au hasard, n'est pas isolé ; on en trouverait d'autres semblables. En présence de pareils faits, je le demande aux protecteurs les plus décidés des indigènes : la colonisation n'est-elle pas aussi utile à la population autochthone qu'aux immigrants et à la nation qui les envoie?

Aïn-Mokra, où je m'arrête pour déjeuner, n'est pas un village agricole comme tous ceux que j'ai rencontrés jusqu'ici en Algérie ; c'est un centre industriel. Son existence est due tout entière à la société de Mokta-El-Adid, qui exploite ici son principal gisement de fer. La seule maison, véritablement digne de ce nom, est l'élégante habitation du directeur, jolie villa entourée d'un jardin. Les maisonnettes des mineurs, disséminées sans ordre au milieu d'un bois d'eucalyptus, ne manquent pas de pittoresque.

Pour gagner Bone, j'obtiens l'autorisation de monter dans le train de la Compagnie. Ce petit chemin de fer à voie étroite est uniquement destiné à transporter jusqu'au port d'embarquement les minerais extraits de la mine. Un wagon est cependant réservé aux employés de l'administration ; les rares étrangers que leurs affaires ou leurs promenades amènent à Aïn-Mokra y reçoivent gracieusement l'hospitalité. J'y monte en compagnie d'un officier, d'un conducteur des ponts et chaussées et d'un représentant de la maison Pernod, qui est étonné lui-même de la quantité d'absinthe que l'on consomme à Aïn-Mokra. Le train, composé d'une longue file de wagons bondés de minerais, file entre deux rideaux d'eucalyptus, à travers lesquels on aperçoit par échappées la nappe d'eau du lac Fetzara.

A peine arrivé à Bone et installé à l'hôtel, me voici en route pour visiter la ville. Montons d'abord à la casbah, la vieille citadelle turque, d'où l'on domine tout le territoire. On y arrive en gravissant les flancs d'une colline au milieu d'un jardin public ombragé de beaux arbres, d'où l'on domine une grande étendue de mer. La casbah couronne le sommet de ses murailles à pic. De cette hauteur, la topographie de Bone se développe sous les yeux du promeneur, comme un merveilleux plan en relief.

A mes pieds, sur un mamelon qui n'est que le premier gradin de la colline sur laquelle je me trouve, j'aperçois la vieille ville, celle qui existait seule lors de l'occupation française. Elle est peu étendue et n'a presque rien conservé de son ancien cachet arabe. La population indigène y est rare. On n'y trouve qu'un fort petit nombre de maisons mauresques. En dessous, sur le bord de la mer, dans une vaste plaine où rien ne gêne son développement, s'étend, croît et grandit tous les jours la nouvelle Bone, création toute française, manifestation splendide de notre génie colonial, si malheureusement méconnu de nos concitoyens. Du haut de mon observatoire, je distingue ses larges rues, ses places ombragées, ses faubourgs populeux, et je ne puis m'empêcher d'admirer cette ville dont l'importance, grâce aux travaux de la France, a plus que doublé en cinquante ans.

CHAPITRE III

La route de Bone à la Calle. — Nouveaux villages. — La grande querelle de la colonisation libre et de la colonisation officielle. — Du rôle de l'État dans la colonisation algérienne. — Les smalas de spahis. — Un épisode ignoré de l'insurrection de 1871. — La Calle.

La Calle, 12 avril.

La route très-peu fréquentée qui mène de Bone à la Calle est pleine d'intérêt. Après avoir traversé la Seybouse sur un beau pont, on entre dans une immense plaine, qui était à peu près déserte il y a quelques années. Aujourd'hui, tout est changé, de nouvelles fermes, se créent tous les jours et semblent sortir de terre comme par enchantement; de grandes plantations de vigne s'étendent au loin de chaque côté du chemin.

On laisse à droite la route de Randon, réunion de plusieurs grandes exploitations agricoles qui faisaient autrefois partie d'une seule concession, donnée au maréchal Randon, ancien gouverneur de l'Algérie. Après sa mort, ce domaine trop vaste a été morcelé.

Au pied d'une chaîne de collines peu élevées, on aperçoit deux villages de création toute récente : Bezbès et Zérizer. Ils ont pleinement réussi, puisque la Société algérienne met en vente des terrains qu'elle possède aux environs, et qu'elle trouve acquéreur au prix de deux cents francs l'hectare.

Nous voici à Morris, où la diligence s'arrête un instant. Les maisons sont disséminées sans ordre à droite et à gauche de la grande route. Une jolie petite église est le seul monument que possède le village. Je reste un moment en contemplation devant une maisonnette de colon, presque une cabane, dont la façade est tout enguirlandée par un délicieux rosier grimpant. L'arbuste fleuri répand sur cette pauvreté je ne sais quel air d'élégance et de distinction. Je devine qu'une main féminine l'a cultivé avec amour, et je me dis que même dans les solitudes de l'Afrique, la Française est toujours la même, pleine d'instincts élevés et de sentiments délicats. Ce luxe peu coûteux, dans lequel perce peut-être le regret du bien-être perdu sur la terre de France et qu'on espère reconquérir ici, me révèle une infortune vaillamment supportée. Je voudrais serrer la main de ces braves colons inconnus et leur souhaiter bon courage. Mais la voiture repart, et je dois me borner à faire des vœux pour leur succès.

Tout fait présumer que ces vœux se réaliseront, car Morris, qui n'existe que depuis 1879, semble avoir déjà vaincu les premières difficultés de la colonisation. Les vastes plantations de vigne qui s'étendent tout autour du village promettent aux habitants d'abondantes et fructueuses récoltes. Dès leur arrivée, ils ont commencé à planter de la vigne, et le résultat obtenu est de nature à les encourager. Les premières années, forcément infructueuses, sont maintenant passées. La période des récoltes arrive pour leurs premiers vignobles. Or, pour un colon, quelques hectares seulement de vigne en rapport, c'est l'aisance assurée. Lorsque, dans quelques années, les plantations postérieures produiront à leur tour, ce sera la fortune.

En présence de résultats semblables obtenus en quelques années, et dont j'ai rencontré de nombreux exemples depuis que j'ai mis le pied sur le sol algérien, je me demande si la condamnation que l'opinion publique, dans la colonie et en France, semble avoir prononcée contre le système de la colonisation officielle est bien définitive et sans appel. Poser une telle question, c'est s'exposer, je le sais, à passer pour un esprit rétrograde. La colonisation libre est seule en possession de la faveur populaire. A en croire les journaux, c'est elle qui a tout fait en Algérie, et les efforts de l'État pour fixer dans le pays des cultivateurs européens, n'ont fait qu'entraver les colons libres, les seuls véritablement dignes du nom de colons. Cette opinion, qui tend à se généraliser, n'est-elle pas empreinte d'une certaine exagération, conséquence de cette tendance naturelle à l'esprit français qui le porte à passer sans transition d'un extrême à l'autre, et à brûler aujourd'hui ce qu'il adorait hier? Le moment me semble venu, à la veille de quitter définitivement le territoire de l'Algérie, de résumer mes impressions et de faire connaître mon sentiment sur cette question, capitale pour l'avenir de la colonie.

Les fluctuations de l'opinion publique à cet égard ne s'expliquent que trop par les variations de conduite du gouvernement, qui a pratiqué les systèmes les plus opposés et essayé les méthodes les plus diverses. Pendant les premières années qui ont suivi la prise d'Alger, l'autorité militaire, préoccupée avant tout de se défendre contre un ennemi qui harcelait nos troupes jusque sous les murs de la ville, et ne sachant même pas si l'occupation serait définitive, ne s'inquiétait nullement de colonisation. Les premiers colons furent des hommes hardis qui, ne comptant que sur leur initiative et leur intelligence, achetèrent aux propriétaires maures des domaines dans le Sahel et la Mitidja et se mirent à les cultiver. Bien loin de s'appuyer sur les faveurs de l'administration, ils durent au contraire lutter contre les entraves de toute nature qu'elle leur suscita. Un ordre du jour du général en chef alla jusqu'à interdire à tous les habitants d'Alger de dépasser la ligne des avant-postes et à ordonner aux factionnaires de faire feu sur quiconque tenterait de forcer la consigne[1]. Ce n'était qu'en bravant les balles de leurs compatriotes que les premiers colons pouvaient se rendre sur leurs terres. Malgré de telles difficultés, ils avaient réussi à créer plusieurs belles exploitations, lorsque l'insurrection provoquée par Abd-el-Kader vint anéantir le résultat de leurs labeurs. Le maréchal Bugeaud, nommé gouverneur général, apporta en Algérie des idées tout opposées à celles de ses prédécesseurs. Dans l'adresse aux habitants de la colonie, qu'il publia en prenant possession de son poste, il proclama solennellement la nécessité de la colonisation. Mais cet esprit absolu, qui voulait administrer une colonie comme on commande un régiment, ne pouvait se départir de ses habitudes militaires. Le principe de la colonisation une fois admis, il en découlait naturellement, à ses yeux, que c'était à l'État seul qu'incombait le devoir de coloniser ; lui seul devait avoir la charge de défricher les terres incultes, de créer les villes et les villages, de peupler le pays. Du premier coup le maréchal inventa l'idéal du système : la colonisation militaire. Quel élément plus docile et plus soumis que l'armée pouvait-il trouver pour l'exécution de ses plans ? Les villages qu'il créa étaient de véritables places fortes avec mur d'enceinte et tours de flanquement. On leur donna une garnison d'une compagnie recrutée spécialement parmi les cultivateurs et les

---

[1] *Histoire de la colonisation de l'Algérie,* par Louis DE BEAUDICOUR. Paris, Challamel, 1860, p. 41.

ouvriers d'art : un officier la commandait ; des sergents, caporaux et tambours complétaient les cadres. Ainsi organisés, les militaires-colons labouraient leurs terres, ensemençaient leurs champs, rentraient leurs récoltes comme ils fussent allés à la manœuvre ou à la parade. Mais cela ne suffisait pas au gouverneur ; pour peupler une colonie il est indispensable d'avoir des colons mariés. Les colons militaires furent envoyés en France avec ordre de revenir à l'expiration de leur congé pourvus d'une légitime épouse. Il est facile d'imaginer ce que donna un système de colonisation qui pouvait être parfait en théorie, mais auquel manquait une condition essentielle de succès : la spontanéité, la libre volonté des éléments mis en jeu. Le résultat facile à prévoir ne manqua pas de se produire : dès que les colons échappèrent à l'autorité militaire par leur libération du service, ils trompèrent l'espoir naïf du maréchal Bugeaud et s'empressèrent de quitter les camps agricoles pour rentrer dans leurs foyers, au lieu de continuer volontairement à mener la vie qui leur avait été imposée. Le crédit demandé aux Chambres pour continuer l'expérience fut refusé, et la colonisation par l'armée définitivement abandonnée.

Malheureusement, le principe qui avait été posé devait présider pendant de longues années à toutes les tentatives de l'État, et ce n'est que par degrés, et après de cruels déboires, qu'on est arrivé à se débarrasser entièrement des idées fausses qui avaient été inculquées à cette époque à l'administration algérienne.

Lorsque, après les événements de 1848, on voulut créer en Algérie des colonies agricoles avec des émigrants parisiens, on suivit un système analogue à celui des colonies militaires. Sans se préoccuper du métier et des aptitudes des nouveaux colons, on leur donna des maisons, des vivres, des semences, des bestiaux, et, sous les ordres d'un

« directeur de colonie », on les mit à l'œuvre, leur promettant au bout de quelques années un titre de propriété définitif de quelques hectares. On s'aperçut bien vite qu'il ne sert de rien de mettre une charrue entre les mains d'un homme, s'il ne sait pas labourer. La plus grande partie des ouvriers de fabriques qui composaient cette émigration ne tardèrent pas à se dégoûter d'un labeur auquel leur passé ne les avait pas préparés, et il fallut les remplacer par de véritables cultivateurs. Plus tard, dans les nouveaux villages fondés par l'administration, on remplaça le « directeur de colonie » par un « inspecteur de colonisation ». On commençait à comprendre que le véritable colon, celui qui est capable de défricher des terres vierges et de se créer en pays barbare un établissement durable, n'est pas un être passif, simple exécuteur des ordres de l'État, mais un homme d'une trempe peu commune, doué d'une énergie à toute épreuve et possédant les notions agricoles nécessaires pour savoir cultiver ses terres. Cependant, comme le gouvernement délivrait gratuitement le terrain aux concessionnaires qui se chargeaient de le mettre en culture, il croyait avoir le droit d'imposer certaines conditions de plantations et de construction et d'en faire surveiller l'exécution par ses agents. De là une ingérence continuelle de l'inspecteur dans les travaux du colon, ingérence qui était parfois d'autant plus gênante que les conditions à remplir pour obtenir le titre de propriété définitif ayant été établies d'une façon générale et uniforme, il en résultait souvent des dépenses qui n'étaient d'aucune utilité pour la mise en valeur du domaine.

L'annexion de la Lorraine et de l'Alsace à l'Allemagne fournit l'occasion d'un nouvel effort fait par l'État en vue du peuplement de l'Algérie. Sous l'empire de la préoccupation patriotique d'offrir un asile à nos infortunés compatriotes qui abandonnaient leurs villages pour conserver leur nationalité, on offrit des terres à tous les Alsaciens et à tous les Lorrains qui en demandèrent, sans se préoccuper de leurs connaissances agricoles. Cette fois encore, une grande partie des émigrants, dès qu'ils eurent été déclarés propriétaires définitifs, se hâtèrent de vendre à vil prix, terres, maisons, bestiaux, tout ce qu'ils avaient reçu de la générosité nationale et de se retirer dans les villes. Cette dernière expérience a été salutaire. L'administration s'est enfin décidée à ne plus donner de concessions qu'à des cultivateurs de profession, possédant des ressources suffisantes pour mettre leur lot en culture ; elle a supprimé les inspecteurs de colonisation, surveillants inutiles, qui ne servaient qu'à entraver les libres efforts des colons : ce sont les préfets qui sont chargés de mettre en déchéance les concessionnaires qui n'ont pas, au bout de cinq ans, fait sur leurs terres des travaux suffisants. A défaut de ces formalités, ils deviennent propriétaires de droit. Les colons qui ont dépensé sur leur concession, en travaux d'amélioration une certaine somme, peuvent même obtenir au bout de trois ans leur titre définitif. L'État se borne à donner à l'émigrant qu'il a cru digne de cette faveur une maison et une terre ; et il s'assure qu'il a pris possession dans les six mois et qu'il a mis en culture dans les cinq ans. Son intervention est ainsi singulièrement réduite. Quelques-uns la trouvent encore trop considérable. Se rappelant les difficultés que l'administration a suscitées aux premiers colons en voulant les prendre sous sa tutelle, ils soutiennent que l'intervention de l'État dans l'œuvre de la colonisation est inutile et même nuisible et que le mieux qu'il puisse faire est de ne pas s'en préoccuper. Faut-il donc revenir à l'indifférence des premières années de la conquête ? On peut affirmer hardiment que si cette indifférence avait persisté, la colonisation libre aurait fait bien peu de progrès en Algérie. Certes, la colonisation libre a eu sa large part dans le développement de la colonie, et ce n'est pas moi qui chercherai à la diminuer. Mais si elle avait été abandonnée à elle-même on peut se demander ce qu'elle aurait produit. Les terres possédées par les indigènes à titre individuel, les seules susceptibles d'être vendues, auraient été bientôt épuisées et, dès lors, la colonisation se serait heurtée à la propriété collective comme à une barrière infranchissable.

Dans un pays comme l'Algérie, où la propriété collective est la règle générale, et la propriété individuelle une rare exception, l'intervention de l'État est une nécessité inéluctable pour permettre à la colonisation de se développer normalement. Dans quelles limites cette intervention doit-elle se produire ? Telle est la question à résoudre.

En premier lieu, le rôle de l'État doit consister à faciliter le passage des terres cultivables des mains des indigènes, qui les détiennent sans profit, aux mains des Européens, qui feront naître la vie et la prospérité là où il n'y avait auparavant que le désert. Sans déposséder entièrement les Arabes, ce qui serait injuste et cruel autant qu'inutile, l'État doit s'efforcer d'étendre le plus possible la zone ouverte aux bienfaits de la colonisation. Il a divers moyens, interdits aux particuliers, pour se procurer les territoires dont il a besoin. Le premier est le séquestre appliqué sur une partie des terres des tribus révoltées pour les punir de leur rébellion. Il faut espérer que l'on n'aura pas de longtemps l'occasion de l'appliquer et que l'ère des insurrections est définitivement close. L'État a aussi le devoir de constituer la propriété individuelle chez les Arabes. Mais cette œuvre immense, avec les complications infinies qu'elle entraîne, n'avance qu'avec une lenteur désespérante, et ne sera pas terminée, si l'on s'en tient aux moyens employés actuellement, avant plusieurs siècles.

Cependant, la colonisation ne peut pas attendre ; elle a besoin de s'étendre sans cesse. Il ne reste donc plus qu'à employer, avec discernement et modération, l'expropriation pour cause d'utilité publique. J'ai démontré plus haut la parfaite légitimité de ce procédé.

En second lieu, incombe à l'État le soin de désigner et de préparer l'emplacement des centres de population, villes ou villages. Aux alentours des villes déjà fondées, la colonisation libre peut s'étendre et se développer à son aise, à la condition de trouver des terres disponibles[1]. Il n'en est pas de même dans les endroits éloignés des centres civilisés. Il serait très-difficile à un colon d'aller s'établir avec des chances de succès sérieuses à une grande distance de tout centre de population européenne. Le plus audacieux comprendra qu'il a besoin d'avoir à sa portée un point de ravitaillement où il puisse trouver des secours en cas de maladie, faire réparer ou renouveler au

---

[1] Il est surprenant qu'un esprit aussi éminent que M. Leroy-Beaulieu n'ait pas été frappé de l'évidence de ce fait en Algérie, et qu'il ait pu écrire dans son admirable ouvrage : *De la colonisation chez les peuples modernes*, véritable chef-d'œuvre d'érudition autant que de doctrine (p. 320 de la 2e édition) : « Cette idée que la colonisation procède par centres est, au point de vue économique et historique, une idée complétement fausse ; la colonisation rayonne et s'étend indéfiniment par projection sur tout le pays cultivable ; les centres viennent plus tard ; les villages, — qu'on n'ait aucune crainte sur ce point, — sauront bien se créer tout seuls et se placer aux situations les meilleures. » Ceci peut être vrai pour l'Amérique et l'Australie, dont les conditions économiques diffèrent essentiellement de l'Algérie, mais j'ai constaté précisément le contraire en Afrique. C'est dans les environs immédiats d'Alger, d'Oran et de Bone, les trois premières villes occupées, que la colonisation a pris naissance ; elle a rayonné autour de ces centres à mesure que la conquête faisait des progrès. Plus tard, elle a procédé de même autour des villes créées par l'administration : Philippeville, Guelma, Bel-Abbès, etc.

besoin ses instruments, et surtout vendre ses récoltes. Or, dans la marche en avant de la colonisation, il arrive fatalement un moment où le centre autour duquel la civilisation a rayonné se trouve trop éloigné pour permettre un développement plus étendu. Si l'État n'intervient pas par la fondation d'un nouveau centre bien placé, le mouvement s'arrête et se porte ailleurs. Je n'ignore pas toutes les objections qui ont été faites à la création administrative des villages ; presque toutes sont basées sur les erreurs qui ont été souvent commises dans le choix des emplacements. Rien n'est plus délicat qu'un pareil choix; c'est de lui que dépend dans la plus large mesure le succès ou l'échec. Si les agents de l'administration rencontrent un endroit bien situé, réunissant toutes les conditions requises, le village prospérera tôt ou tard ; mais si par malheur ils se trompent, s'ils obéissent, comme le cas s'est présenté trop souvent, à des conditions stratégiques plutôt qu'à des considérations agronomiques, l'énergie et la persévérance des colons s'useront contre un sol ingrat ou dépourvu d'eau, et les espérances que le nouveau centre avait fait naître seront déçues. Cependant, il n'est pas impossible, en confiant cette délicate mission à des hommes réellement compétents, de ne faire que des créations viables[1]. En fait, presque tous les villages que l'État a fondés en Algérie depuis la conquête, se retrouvent sur la carte actuelle. Il est incontestable que le même résultat

---

[1] Les emplacements des centres sont désignés actuellement par une commission spéciale, composée de délégués de l'administration qui n'ont pas toujours les connaissances agronomiques qui leur seraient nécessaires, et d'un colon du pays qui devrait toujours être un agriculteur de profession. Mais il se rencontre quelquefois que, dans les parties de l'Algérie où la colonisation n'a pas encore pénétré, les seuls colons que l'on puisse trouver pour les adjoindre à la commission des centres sont des épiciers ou des débitants de liqueurs. Cette organisation demande une réforme.

aurait pu être obtenu à moins de frais, si l'on avait su éviter les erreurs dans lesquelles on est tombé trop souvent, et que les événements ont renversé bien des prévisions : tel centre qui dans la pensée de ceux qui l'ont créé devait devenir une ville florissante, est resté un pauvre hameau ; tel autre, sur le développement duquel on n'osait pas compter, est devenu une importante sous-préfecture. Tout cela ne prouve que l'inexpérience des agents qui ont choisi les emplacements. Il reste établi que presque tous les centres créés existent. D'autre part, on aurait de la peine à citer quelques agglomérations tant soit peu considérables de population qui aient pris naissance en dehors de l'initiative gouvernementale. Et quand même il n'en serait pas ainsi, il va de soi que l'État a tout intérêt à deviner par avance les points où se produiront les groupements de population, pour s'y réserver à peu de frais les terrains nécessaires aux services publics qu'il serait obligé plus tard de payer très-cher, et pour faire passer à proximité les lignes de chemin de fer qu'il concède. Puisque, en Algérie, c'est lui seul qui détient ou qui a la faculté de se procurer les terres qui doivent être livrées à la colonisation, n'est-il pas préférable qu'au lieu de vendre ou de concéder au hasard, il dirige avec intelligence les colons vers des points bien choisis, sur lesquels il lui sera facile de concentrer, avec les premiers services publics, nécessaires même à une société en formation, les travaux publics indispensables à la réussite de la colonisation? Dans l'intérêt du colon lui-même, il vaut mieux que l'État ne lui livre un terrain à défricher qu'après avoir tracé les routes qui le mettront en communication avec le monde civilisé, au lieu d'attendre pour faire les frais de ces routes qu'une population européenne suffisamment dense se soit groupée dans un périmètre déterminé.

Si j'avais quelques titres pour que ma modeste voix fût entendue dans les conseils de l'État, voici comment j'engagerais le gouvernement à procéder désormais, afin de tenir compte des coûteuses leçons de l'expérience. Il devrait confier à des hommes possédant les connaissances économiques et agronomiques nécessaires, le soin de choisir les endroits où des centres de colonisation seraient utiles. Ces emplacements une fois déterminés, il aurait à se mettre en possession de l'étendue de terrain nécessaire, soit par voie d'échanges avec les propriétaires indigènes, soit en recourant, s'il le fallait, à l'expropriation. Des terres ainsi placées entre ses mains, le domaine ferait deux parts : la première comprendrait l'emplacement du village, c'est-à-dire des maisons des colons et des divers établissements publics, tels que, école, église, gendarmerie, justice de paix, etc., et les lots à distribuer aux premiers colons ; la deuxième serait mise en réserve pour l'avenir et, en attendant, louée aux meilleures conditions à tous ceux qui se présenteraient, Français ou étrangers, Européens ou indigènes. L'administration ferait ensuite procéder, comme cela se pratique aujourd'hui, aux travaux d'installation indispensables, tels que tracé des rues et des places, construction des bâtiments publics, captage des eaux, drainage, etc. Les maisons des colons pourraient à leur convenance être construites par eux-mêmes à leur arrivée sur les lieux, ou bien édifiées sous la surveillance des ponts et chaussées, et moyennant un prix fixé d'avance, remboursable à l'État par annuités. Les lots de terrain seraient concédés gratuitement aux premiers colons dans les conditions actuelles. Mais le gouvernement pourrait exiger le versement préalable dans une caisse publique de la somme de 3,000 francs, dont il faut aujourd'hui justifier la possession pour obtenir une concession, cette somme devant être restituée au colon après son installation par l'agent du Trésor le plus voisin. Il devrait, en outre, s'entourer, avant de délivrer une concession, de renseignements plus sérieux qu'il ne le fait souvent sur la moralité des futurs concessionnaires; une enquête administrative ne serait pas superflue pour arriver à ce résultat[1]. Pour former ce premier embryon du village, il ne serait pas mauvais d'utiliser une classe de cultivateurs malheureux, qui ne sont pas rares en France, à qui leurs faibles ressources et les mauvaises récoltes ne permettent plus de vivre dans nos campagnes et qui, au lieu d'aller augmenter le nombre déjà trop considérable des mauvais ouvriers des villes, auraient, avec de l'honnêteté, beaucoup plus de chances de réussite en Algérie, où ils trouveraient à exercer leur ancienne profession et deviendraient propriétaires avec l'aide de l'État. Pour ces intéressantes victimes de la crise agricole, l'économie du prix de la terre a une valeur énorme en leur permettant de consacrer toutes leurs ressources aux cultures et aux améliorations.

Au bout de quelques années, quand le village aurait réussi et serait devenu prospère, les terres environnantes

---

[1] Actuellement, quand on reçoit une demande de concession, on se contente d'écrire au maire de la commune d'où elle est partie. Or il arrive souvent que celui-ci dissuade les bons sujets de quitter leur pays, et, heureux au contraire de se débarrasser des fainéants et des ivrognes, donne sur leur compte d'excellents renseignements. On n'évalue pas à plus de trois ou quatre sur dix le nombre des colons sérieux désireux de se fixer définitivement en Algérie, que l'État recrute avec les procédés actuels. Il ne serait pas impossible d'obtenir des renseignements sûrs par l'entremise des préfets et des commissaires de police. Il n'est pas admissible que l'État ne puisse pas se renseigner sur des personnes domiciliées en France, alors que les simples négociants se procurent tous les jours des renseignements suffisants pour expédier à l'autre extrémité du territoire de la marchandise payable à terme.

auraient obtenu une plus-value notable. Ce n'est pas faire une supposition exagérée que de dire que l'État trouverait acquéreur à deux cents francs l'hectare au minimum pour des terres mises en réserve après les avoir achetées au prix de cinquante à cent francs. Cette vente l'indemniserait des frais d'établissement du village, tout en livrant à la colonisation libre le terrain nécessaire à son fonctionnement. Avec ce système, on ne verrait plus des centres végéter faute de trouver aux environs des terres disponibles. Le prix de ces ventes qui pourraient être consenties à prix fixe sans aucun inconvénient[1] servirait à constituer une « caisse de colonisation » qui permettrait bientôt à l'Algérie de continuer sur une large échelle l'œuvre du peuplement et de se passer au besoin des subventions de la métropole affectées à cet objet.

En sortant de Morris on traverse la Bou-Namoussa, qui va se réunir à peu de distance de la mer à l'oued El-Kébir. Les deux rivières forment la Mafrag, qui porte ses eaux dans le golfe de Bone, après un cours de très-peu d'étendue. Sur les rives fertiles mais encore un peu fiévreuses de la Bou-Namoussa se trouve, à peu de distance au sud de la route que nous suivons, le village de Merdès[2], dont la fondation ne date que de l'année dernière. Une colline le dérobe à nos yeux.

La plaine, une fois la rivière franchie, ne tarde pas à

---

[1] La vente aux enchères a le tort grave de faciliter la spéculation beaucoup plutôt que la colonisation. Une brochure récente : *La colonisation en Algérie*, par un sous-chef de bureau de préfecture (Constantine 1884), démontre que les dernières ventes consenties par l'État n'ont eu d'autre résultat que de constituer aux adjudicataires un placement au taux de 32 p. 100, obtenu par la simple location aux indigènes.

[2] Merdès a pris le nom du colonel Combes, tué à la prise de Constantine.

devenir marécageuse. De grands troupeaux de vaches, les plus nombreux que j'aie encore rencontrés en Algérie, paissent sous la conduite de bergers arabes. Des troupes de chevaux à moitié sauvages, qui gambadent, poulains en tête, rappellent les paysages de la Camargue. De loin en loin se montrent quelques rares douars. Nous croisons des Arabes montés sur des bourriquots et portant en croupe leur femme, qui se hâte de se voiler le visage à l'approche des étrangers. Progressivement, la route s'est rapprochée des collines, dont elle longe maintenant la base. Tout est devenu désert. Les kilomètres s'ajoutent aux kilomètres sans que rien vienne révéler la présence d'un peuple civilisé. Voici pourtant une habitation européenne qui apparaît dans le lointain. On l'a construite uniquement pour servir de relais à la diligence. Pendant qu'on attelle des chevaux frais, je fais le tour de la pauvre masure. On me montre une source d'eau minérale qui coule tout à côté. Malgré les questions réitérées que je pose aux deux ou trois habitants, je ne puis arriver à découvrir le nom de l'endroit. On ne l'appelle pas autrement que « le trente-cinquième kilomètre ». Contentons-nous de cette appellation, qui persistera peut-être, et qui aura eu du moins l'avantage de ne pas mettre ceux qui l'ont proposée en frais d'imagination. Peut-être dans quelques années, les riches algériens iront-ils passer la saison « aux eaux du Trente-cinquième kilomètre ».

La voiture repart : toujours la plaine immense et monotone, qu'une chaîne de monticules sépare seule de la mer vers le nord. Arrivés au lac des Oiseaux, jolie petite nappe d'eau dont le niveau ne s'abaisse pas pendant l'été, ce qui ferait supposer que les rives ne sont pas malsaines, nous nous arrêtons pour déjeûner. Un Italien, au nez empourpré, vieux débris de ce qu'on appelle en Afrique « l'armée roulante », a planté là sa tente. Cette expression est à peine une métaphore; car c'est sous une mauvaise cabane en planches qu'il s'abrite avec sa famille en guenilles et qu'il a ouvert une auberge pour les voyageurs que chaque jour la voiture publique transporte de Bone à la Calle et de la Calle à Bone. Comme il n'y en a pas d'autre à quarante kilomètres à la ronde, il faut bien la subir.

Après avoir franchi une ligne de collines qui courent du sud au nord, nous entrons dans le bassin de l'oued El-Kébir. Les marécages ont disparu; le pays s'élève et devient parfaitement sain. De belles prairies, de bonnes terres, de l'eau en abondance, voilà ce que ce pays peut offrir à la colonisation, qui ne demande pas autre chose. Aussi cette plaine était-elle toute désignée pour l'établissement d'un centre agricole. C'est ici que s'élèvera bientôt le village d'El-Biar. Des ouvriers travaillent à niveler l'emplacement qui a été choisi pour recevoir les maisons, à tracer les rues et à aménager les eaux. On attend les colons au mois d'octobre prochain. Bonne chance aux futurs habitants d'El-Biar[1]!

Une ligne de beaux arbres signale au loin le cours de l'oued Guergour, affluent de l'oued El-Kébir. Sur ses rives, une ferme qui a pris son nom est en exploitation depuis quelques années. Un habitant de Bone l'a achetée d'un caïd des environs et l'a mise en culture. La rivière franchie, nous sommes dans la magnifique plaine du Tarf. On aperçoit sur le penchant de la colline le bordj et la smala qui portent ce nom.

---

[1] Quarante-deux familles y ont été installées : chacune d'elles a reçu un lot de trente hectares. Un arrêté du gouverneur général a donné au nouveau village le nom de Blandan, en souvenir de l'héroïque sergent du 26ᵉ de ligne qui succomba glorieusement, le 11 avril 1841, à Béni-Méred, entre Boufarik et Blida, en tenant tête, avec vingt-deux hommes, à trois cents cavaliers arabes.

Mon voisin de diligence, ancien sous-officier de l'armée d'Afrique, m'explique l'organisation et le rôle des smalas. Cette institution tout algérienne et dont on ne trouverait le pendant que chez les Cosaques de Russie, est formée avec des indigènes enrôlés dans le corps des spahis, dont ils portent l'uniforme, mais sans faire absolument partie intégrante de l'armée au même titre que les autres troupes. Les spahis des smalas, en effet, s'engagent sous la condition de n'être astreints aux obligations du service que dans un périmètre donné. Ils sont mariés, habitent dans leur douar et cultivent un terrain dont l'État leur donne la jouissance ; mais ils sont tenus, à la première sonnerie de trompette, de monter à cheval pour suivre leurs officiers jusqu'aux limites convenues. Sous les armes, ce sont des militaires astreints à toutes les obligations du service ; rentrés chez eux, ils redeviennent de simples particuliers, s'occupant de leur famille et de leur récolte. Les cadres, composés d'officiers et de sous-officiers français et de quelques indigènes, sont casernés dans le bordj voisin. En un mot, les smalas sont de véritables colonies militaires indigènes telles que celles que le maréchal Bugeaud aurait voulu créer avec des soldats français. Elles avaient pour mission de garder la frontière tunisienne, continuellement violée par les Kroumirs, les Ouchetettas et autres tribus aussi turbulentes et pillardes, dont les incursions perpétuelles compromettaient la sécurité des indigènes algériens. Il n'était possible de voyager le long de la frontière que sous la protection d'une escorte fournie par l'autorité française. C'étaient les spahis des smalas qui formaient ces escortes. Ils faisaient, en outre, un service de patrouilles pour arrêter les maraudeurs. Une série de smalas, échelonnées le long de la frontière et en communication constante les unes avec les autres, veillaient ainsi à la sécurité de nos tribus.

Depuis que la Tunisie est occupée par nos troupes et que les tribus pillardes sont dominées et contenues, la frontière a pour ainsi dire disparu, puisqu'elle sépare deux pays également français, quoique à des titres divers, et l'utilité des smalas n'existe plus. Il est probable qu'elles ne tarderont pas à être supprimées. Celle du Tarf sera remplacée par un village de colons qui se trouvera dans une situation splendide et auquel rien ne manquera pour jouir d'une prospérité rapide.

L'organisation des smalas n'est pas, d'ailleurs, exempte d'inconvénients au point de vue militaire. On a eu plus d'une fois l'occasion de regretter les dispositions spéciales qui font que ces troupes ne sont pas entièrement aux ordres du ministre de la guerre, comme le reste de l'armée française. Un épisode peu connu de l'insurrection de 1871, que me raconte mon aimable compagnon de route, en est une preuve.

C'était à la smala d'Aïn-Guettar. On avait répandu le bruit, vers la fin de janvier, que, contrairement aux conditions stipulées dans l'acte d'engagement des spahis, l'escadron allait être envoyé en France se battre contre les Allemands. Il n'en fallut pas davantage pour provoquer un soulèvement qui fut le signal de l'insurrection générale des tribus d'Algérie. Le bordj occupé par les officiers et les sous-officiers français, par les cadres indigènes et quelques spahis restés fidèles, était bloqué par les insurgés, qui battaient la campagne. Au bout de quelques jours les vivres touchaient à leur fin ; il fallait aller en chercher de nouveaux et demander du secours à Souk-Arras, le poste le plus voisin. Le brigadier Lerazavet reçut l'ordre de partir avec quatre spahis pour remplir cette mission périlleuse. A cette nouvelle, les brigadiers indigènes allèrent trouver le capitaine qui commandait l'escadron.

« Mon capitaine, lui dirent-ils, tu sais bien que si Lerazavet sort du bordj il sera tué. Permets à l'un de nous de partir à sa place. Nous connaissons mieux que lui le pays; nous prendrons des chemins détournés et nous aurons plus de chance de réussir. » Le capitaine ne fut pas touché par un aussi beau dévouement. Il fut inflexible. « C'est le tour de service de Lerazavet; qu'il parte! » répondit-il. Lerazavet partit. Il savait bien qu'il allait à la mort; mais il n'hésita pas un instant, en brave militaire qu'il était. Il serra une dernière fois la main des camarades qui avaient voulu exposer leur vie à sa place, puis il rendit les rênes à son cheval et partit au galop, suivi de ses quatre cavaliers indigènes. Quelque temps après son départ, on entendit du bordj un bruit de fusillade dans la direction qu'il avait prise. Que s'était-il passé? L'anxiété était grande parmi la petite garnison française. Le soir, les spahis rentrèrent seuls, disant simplement que leur brigadier était tombé dans une embuscade et avait été tué. Il fut impossible d'obtenir d'eux des renseignements plus précis; et, plus tard, lorsque la colonne du général Pouget, accourue de Bone, eut débloqué les assiégés, toutes les recherches faites pour retrouver le cadavre de l'infortuné brigadier restèrent sans résultat. Cependant, quelqu'un connaissait la vérité. C'était un vieux spahi, retraité après vingt-cinq ans de service, ancien serviteur de la France, d'une fidélité inébranlable, et qui avait été uni à Lerazavet par les liens d'une amitié à toute épreuve. On se doutait qu'il savait quelque chose; mais il fut pendant longtemps impossible de lui arracher un seul mot: il avait juré de ne rien dire pour ne pas attirer sur sa tête d'implacables vengeances. Cependant, plusieurs années après la répression de l'insurrection, il se laissa aller, dans un moment d'expansion, à raconter l'assassinat. Ayant appris que son ami allait partir, il l'avait suivi inaperçu pour le défendre s'il était attaqué, et il avait vu ses cavaliers eux-mêmes tirer sur leur chef. Alors, le vieux brave, sortant de sa cachette, avait pris le brigadier français sous son burnous et l'avait défendu au péril de sa vie. Mais les quatre bandits avaient réussi à l'arracher de ses mains et l'avaient lâchement massacré sous ses yeux. Ainsi mourut le brigadier Lerazavet. J'ai cru qu'il n'était pas sans intérêt de faire connaître l'histoire de ce martyr du devoir militaire, qui suscita de la part des Arabes des dévouements héroïques, mais malheureusement inutiles.

Lorsqu'on a laissé derrière soi la plaine du Tarf, on ne tarde pas à atteindre les rives de l'oued El-Kébir, tout ombragées de grands arbres. C'est véritablement un paysage de France que celui que l'on trouve au bord de cette belle rivière qui coule paisiblement sous l'ombrage des ormeaux et des frênes. Après l'avoir franchie, on retrouve la vaste plaine basse avec ses troupeaux de vaches. La route passe entre les deux lacs de la Calle, dont un seul est visible, le plus rapproché de la mer. Elle entre ensuite dans la forêt de chênes-liéges qui entoure la ville, et, quand on l'a traversée, on se trouve tout à coup sur le rebord d'un plateau, et l'on voit la Calle à ses pieds, gracieusement assise sur le bord de la mer.

La Calle est une petite ville divisée en deux parties distinctes. L'ancienne ville est située sur une presqu'île qui abrite le port ; le quartier neuf a été construit sur la terre ferme. Elle est maintenant bien plus importante qu'au moyen âge, puisque les maisons de cette époque ne sortaient pas de la presqu'île. Ces dernières années, l'occupation de la Tunisie a donné une certaine impulsion au commerce de la Calle en lui ouvrant le marché voisin de la Kroumirie. A son unique industrie jusqu'à ce jour, la pêche du corail, vient s'ajouter, en outre, la culture de la vigne, qui promet de bien réussir sur ses coteaux exposés au soleil.

La Calle est donc en voie de progrès. Lorsque la région qui la sépare de Bone sera entièrement colonisée par la création des villages en projet qui combleront la distance qui s'étend entre les deux villes, son importance commerciale s'accroîtra considérablement.

SIXIÈME PARTIE

CHEZ LES KROUMIRS

CHAPITRE PREMIER

Les Kroumirs ne sont pas des mythes. — Un charmeur de serpents. — Les mines de Kef-Oum-Théboul. — La frontière kroumire. — La campagne de 1881. — Le col de Babouch.

Aïn-Draham, 13 avril.

L'aimable capitaine Wolff, commandant supérieur du cercle de la Calle, a mis à ma disposition un mulet et un cavalier pour me conduire à Aïn-Draham. Il faut commencer par gravir la côte que j'ai descendue hier pour gagner la hauteur du plateau de chênes-liéges qui domine la Calle, et redescendre ensuite vers le bassin du lac d'Oum-Théboul, qu'un joli bois dérobe d'abord à la vue. La fraîche verdure des arbres procure toujours une agréable sensation sur cette terre d'Afrique en tant d'endroits nue et déboisée. A gauche de la route, une chaîne de collines sablonneuses et couvertes de broussailles court le long de la mer. Le lac montre bientôt sa nappe calme entourée de montagnes. Des iris aux fleurs jaunes croissent en abondance sur ses rives et lui font une verte ceinture, mouchetée de points d'or. On l'atteint à sa partie la plus septentrionale, à l'endroit où il envoie vers la mer l'oued Messida, qui, depuis qu'il a été canalisé par les soins du génie militaire, sert en toute saison de déversoir au trop plein de ses eaux.

Cette route, que l'on parcourt aujourd'hui avec autant de sécurité qu'une route de France, et le long de laquelle on ne rencontre que de paisibles indigènes se rendant au marché, ou bien quelque officier français qui va passer le dimanche à la Calle, était loin d'être aussi sûre il y a quelques années. C'était un périlleux voyage que d'aller aux mines de Kef-Oum-Théboul, et l'on n'arrivait pas toujours à destination sans encombre. On ne serait pas sorti de la Calle sans être armé. Des assassinats se commettaient fréquemment sur les voyageurs paisibles, frappés par derrière d'une balle meurtrière. Les Kroumirs, descendus des montagnes qui ferment la vallée vers l'est, s'embusquaient derrière les arbres ou au milieu des broussailles, et n'hésitaient pas à tuer le cavalier pour voler le cheval. Réunis en petites bandes, ils fondaient sur les troupeaux des tribus soumises à la France, faisaient main basse sur leurs récoltes; puis, leur petite opération terminée, repassaient tranquillement la frontière. Pour les poursuivre, il eût fallu entrer en Tunisie, ce qui eût été une violation des traités. C'est pour cela que le gouvernement français a longtemps hésité et a toléré pendant de longues années un état de choses qui portait atteinte à son prestige aux yeux des indigènes. Quant à demander au Bey la punition des coupables, il n'y fallait pas songer, car les Kroumirs n'étaient sujets tunisiens que de nom. Il y avait bien un gouverneur de la Kroumirie, mais il se contentait de palper ses appointements et d'habiter Tunis, et se serait bien gardé de mettre le pied dans son gouvernement, où ses administrés lui auraient fait un mauvais parti. Quand le Bey avait voulu réclamer des impôts aux Kroumirs, il avait dû envoyer une armée, qui, du reste, avait été honteusement battue. Il n'y avait donc pour la France qu'un seul dénoûment possible à une situation qui ne pouvait se prolonger indéfiniment sans lui causer un grave préjudice : l'occupation du pays par ses troupes. C'est ce parti qu'on s'est enfin décidé à prendre en 1881. Les événements qui se sont précipités en quelques mois ont forcé le gouvernement français à aller plus loin qu'il n'avait songé et à occuper la Tunisie tout entière, placée désormais sous son protectorat. Il a ainsi ajouté une riche province à notre domaine colonial.

Certains journaux ont mis en doute l'utilité de l'expédition tunisienne. Ce n'est certainement pas à la Calle ou à Oum-Théboul qu'ils ont puisé leurs informations. Mais, l'esprit de parti aidant, les Parisiens ont trouvé spirituel de prétendre que les Kroumirs n'ont jamais existé que dans l'imagination de quelques hommes politiques, et, à force de le répéter, ils ont fini par le croire. Dernièrement, un député interrompait M. Journault à la tribune de la Chambre pour lui demander si sérieusement il avait vu des Kroumirs pendant son voyage en Tunisie. M. Journault a pu répondre que les Kroumirs n'étaient pas des mythes, et que les habitants de la frontière algérienne avaient assez longtemps pâti de leur voisinage pour en être persuadés.

Maintenant que des garnisons françaises sont établies en Kroumirie, la sécurité est complète; on peut voyager sans danger dans toute l'étendue du pays. Quelques vols isolés se commettent encore. Mon cavalier me raconte que l'autre nuit, dans un douar des environs, on a tué un Kroumir qui s'était introduit pour voler du bétail. Si les Arabes ne s'étaient pas fait justice à eux-mêmes, il est probable que le coupable aurait été arrêté par les soins de l'autorité française, à qui il aurait rendu compte de ses méfaits. La situation, des deux côtés de la frontière, a donc changé du tout au tout, et ce n'est là qu'un des moindres bienfaits de l'occupation française en Tunisie.

Qu'est-ce donc que cette double ligne de rails qui court à travers la plaine? Un chemin de fer dans ce pays désert et sauvage! Je ne me serais pas attendu à trouver ici une telle preuve de civilisation. Cette voie, aussi rapide qu'économique, sert uniquement à transporter les minerais des mines de Kef-Oum-Théboul au port d'embarquement, situé à l'embouchure de la Messida. Bientôt apparaît au pied de la montagne une sorte de forteresse aux hautes murailles crénelées : c'est le bâtiment de l'administration. A l'abri de ces murs épais, et le plus souvent sous la protection d'un détachement de troupes, la Compagnie logeait son personnel. Ce système de construction en dit plus sur le manque de sécurité dont on souffrait sur la frontière avant l'occupation de la Tunisie, que tous les articles de la presse intransigeante. On ne persuadera à personne que c'est pour fournir des arguments à un ministère opportuniste que vingt ans auparavant une société industrielle s'était imposé les frais d'un établissement semblable. A côté du « camp », tel est le nom tout militaire qu'il a conservé, se trouve le village, réunion de quelques maisons habitées par les ouvriers des mines et par plusieurs cantiniers.

Depuis quelques mois, un marché est ouvert à Oum-Théboul. Chaque dimanche, les indigènes des environs viennent y apporter leur blé et leur orge et s'approvisionner d'étoffes et de ces mille petits objets, tels que fil, aiguilles, miroirs, etc., indispensables à l'indigène à demi sauvage de l'Afrique aussi bien qu'à l'Européen civilisé. Les transactions ne sont pas encore considérables, mais déjà les Tunisiens ont appris le chemin du nouveau marché. On cite des négociants de Sousse qui ne craignent pas de traverser la Tunisie dans toute sa largeur pour apporter ici leurs marchandises. Quelques tentes sont dressées contre les murs du camp; sous leur abri, le marchand, coiffé de son turban, est assis par terre, les jambes croisées, au milieu des piles d'étoffes. Une foule d'indigènes vont et viennent, causant entre eux ou faisant leurs achats. Un peu plus haut, se tient le marché des grains, fort animé en ce moment.

Un rassemblement s'est formé sur la place; on entend sortir du milieu de la foule compacte le bruit d'une musique sauvage. Approchons et mêlons-nous aux curieux. Deux Arabes sont accroupis par terre et constituent l'orchestre ; l'un d'eux frappe de la paume de la main sur ce tambour de basque que j'ai déjà entendu à Biskra ; son compagnon souffle dans une cornemuse, peau de chèvre gonflée d'air, dont il tire un son aigre et discordant. Le public est rassemblé, la représentation va commencer. Sur un tapis sont posées trois outres de cuir. Un Arabe s'avance au milieu du cercle, tenant à la main un petit jonc à l'extrémité recourbée en bec de canne. Il dénoue avec précaution l'une des outres, y plonge le jonc et fait apparaître une tête de serpent. L'animal semble peu disposé à sortir de sa cachette; il se contente de balancer un moment sa tête au-dessus de l'ouverture de l'outre, puis disparaît. Le charmeur le sort de nouveau à l'aide de son bâton, le saisit par la queue et brusquement le dépose sur le tapis. La vipère se dresse alors menaçante, sa tête plate roulant des yeux méchants, et l'on croirait qu'elle va s'élancer sur l'audacieux qui a troublé son repos. Mais l'Arabe a commencé un chant monotone, accompagné par le ronflement du tambour et le sifflement de la cornemuse; il berce l'animal de son rhythme languissant. Puis il s'agenouille devant lui, le salue à plusieurs reprises le front par terre, et prononce de bizarres incantations, entremêlées d'invocations à tous les saints du paradis musulman. La fureur du serpent s'est calmée ; il s'est balancé un moment en suivant le mouvement de la musique, et soudain il est retombé inerte sur le tapis. Le charmeur passe alors à un autre, qu'il présente au public avec les mêmes cérémonies. Il s'arrête ensuite et annonce qu'il va faire une quête en faveur de Sidi Abd-el-Kader, un marabout quelconque, dont le nom lui permet de tendre la main avec plus de dignité que les bateleurs de nos foires. On fait circuler le tambour pour recevoir les offrandes. Pendant ce temps, la musique s'est tue, me laissant le loisir d'examiner le groupe qui m'entoure. Tous ces Arabes, drapés dans leurs burnous blancs, au milieu desquels tranche le burnous rouge de mon spahi, regardent les serpents avec curiosité. Quelques-uns sont coiffés de turbans rouges que je n'ai encore rencontrés nulle part. Un petit nombre d'Européens se sont mêlés à la foule. A côté de moi, une jeune fille arabe, presque une enfant, au visage tatoué, s'est glissée au premier rang ; parfois elle tourne vers moi ses grands yeux noirs étonnés. En dehors de ce groupe pittoresque, les vendeurs et les acheteurs parcourent le marché. A quelques pas plus loin, des chameaux entravés attendent le moment de reprendre le chemin du douar. Comme cadre à ce tableau tout brillant de couleur, les montagnes avec leur sombre manteau de forêts découpent leurs cimes sur le ciel bleu. Cependant la quête a pris fin. L'Arabe n'est pas donneur, c'est là son moindre défaut ; aussi le charmeur, en comptant sa recette, ne trouve-t-il que quelques gros sous, offrande indigne à coup sûr du grand Sidi Abd-el-Kader. Il déclare sans ambages qu'il ne continuera ses exercices que si on lui donne cinquante centimes de plus. Généreusement, je complète la somme demandée, dans l'espoir d'assister à la fin de cette représentation originale. Plusieurs nouveaux serpents sortent successivement des outres, au son de la même infernale musique, avec les mêmes invocations et les mêmes incantations, moitié magiques, moitié religieuses. Mais l'ingénieur de la mine vient me prendre pour me faire visiter l'exploitation et m'arrache à cette scène d'un caractère si franchement oriental.

C'est dans les entrailles de la montagne conique au pied de laquelle nous sommes, et d'où lui vient son nom de Kef, que se trouve le gisement métallifère. Le filon suit la direction de l'axe du cône. Il a été attaqué par plusieurs galeries superposées, ouvertes de vingt mètres en vingt mètres sur le flanc de la montagne et réunies à leur extrémité par une sorte de cheminée perpendiculaire, qui permet de faire descendre par leur propre poids les minerais extraits jusqu'à la galerie inférieure, creusée au niveau de la plaine, où des wagonnets courant sur des rails les chargent et les amènent sous de vastes hangars. Là a lieu l'opération fort délicate du triage, que rend nécessaire la nature complexe du minerai. En effet, dans certaines parties de la mine on trouve du plomb argentifère très-riche. Ailleurs, c'est un composé de cuivre, de galène et de fer en proportions variables. Il faut donc mettre à part les fragments de minerai de qualité semblable, en tenant compte à la fois de leur teneur et de leur grosseur. Pour certaines qualités, le triage se fait mécaniquement, à l'aide d'un appareil aussi simple qu'ingénieux. D'autres, au contraire, exigent un certain coup d'œil que l'homme seul peut donner. Des Arabes ont été dressés à ce travail, qui ne demande que de l'habitude. L'administration occupe même des jeunes filles qui s'acquittent de leur tâche avec intelligence.

Kef-Oum-Théboul est probablement le seul endroit de l'Algérie où le travail de la femme soit utilisé. Ce fait, tout isolé qu'il soit, mérite de fixer l'attention ; il est d'un heureux présage pour l'émancipation future d'un sexe que l'état social de la race laisse opprimer par la brutalité des hommes. Le jour où la femme arabe trouvera le moyen de gagner sa vie, elle inspirera plus de respect dans son entourage et ne sera plus à la merci d'un père ou d'un mari barbare. Son sort si profondément lamentable ne peut que s'améliorer avec le développement de l'industrie.

C'est une compagnie marseillaise qui est propriétaire de la mine de Kef-Oum-Théboul. Elle se contente d'extraire le minerai et de le vendre à une société anglaise qui l'embarque sur ses navires et va le traiter en Angleterre. Il est regrettable que ces riches produits soient perdus pour l'industrie nationale. Mais l'établissement de hauts fourneaux en Algérie est un problème qui n'a pas encore trouvé sa solution. Toutes les tentatives faites jusqu'à ce jour ont échoué devant le prix élevé du combustible, que l'on est obligé de faire venir d'outre-mer. Si l'on découvre jamais des mines de houille en Algérie ou en Tunisie, l'industrie, débarrassée des entraves mises à son développement, prendra immédiatement un grand essor.

A côté des ateliers, on me montre une mine d'un nouveau genre, véritable mine artificielle, dans l'existence de laquelle la nature n'est pour rien. C'est une vaste colline uniquement constituée de minerais que leur pauvreté en métal avait fait rejeter pendant les premières années de l'exploitation, alors que les transports ne se faisaient pas autrement qu'à dos de chameau, ce qui entraînait des frais considérables. Aujourd'hui, grâce à l'installation du chemin de fer Decauville, qui réunit Oum-Théboul au port d'embarquement de la Messida, ces détritus de rebut ont acquis une valeur suffisamment rémunératrice et sont devenus une précieuse réserve où l'on n'a qu'à puiser à la pelle pour augmenter dans une notable proportion le bénéfice des actionnaires. Telle est la puissance de l'industrie contemporaine, qu'à l'aide de procédés scientifiques sans cesse perfectionnés, elle parvient à utiliser ce qui jadis restait sans emploi, et à transformer en produits utiles même des détritus rejetés il y a vingt ans!

Mais il est temps de continuer ma route. Je remonte sur mon mulet et me dirige vers la barrière de montagnes qui ferme vers l'est la vallée d'Oum-Théboul et qui était, il n'y a pas plus de trois ans, la limite extrême du monde civilisé. En arrière, se cache le massif des Kroumirs, où pas un seul Européen n'avait pénétré lorsque la colonne du général Délebecque s'y lança en 1881 pour aller chercher ces populations barbares dans leur refuge inviolé, et les châtier de leurs brigandages. En m'élevant sur la croupe de la montagne du Kef, qui est un contre-fort de la chaîne qui longe la ligne de la frontière, je vois se dessiner sur ma gauche le profil net et hardi du mont Haddeda, au sommet dentelé de rochers. C'est sur ses flancs abrupts que, le 26 avril 1881, les zouaves s'élancèrent bravement à l'assaut, sous le feu de l'ennemi qui garnissait la crête, et, par ce brillant fait d'armes, inaugurèrent la campagne de Kroumirie. Une longue ligne jaunâtre, semblable à une égratignure qui aurait mis le sol à nu, balafre maintenant la montagne dans toute sa longueur, du sommet à la base : c'est la route qu'après la victoire notre vaillante armée a tracée elle-même pour assurer les communications avec Tabarque.

Le chemin que je suis, celui qui mène à Aïn-Draham, est également l'œuvre de nos troupes. Ce monument durable de leur passage dans ce pays attestera que les conquêtes de la France républicaine sont avant tout et toujours des conquêtes civilisatrices.

Bien que toute nouvelle, cette route est déjà fréquentée. Je rencontre des indigènes qui s'en reviennent en famille du marché, montés sur des ânes ou des mulets, et d'autres qui y conduisent leurs bêtes chargées de sacs d'orge. Plus loin, je croise une troupe de chameaux, qui ont sans doute porté des ravitaillements pour l'armée et s'en retournent à la Calle. Après avoir traversé un bois qui couvre tout le versant de la colline du Kef, on descend dans la vallée verte et bien arrosée, qui porte le nom d'El-Aïoun. Un douar en occupe le fond, non loin d'un fortin en ruine qui devait servir jadis à la défense de la frontière. On a construit à côté deux baraques en planches, surmontées du drapeau tricolore, où des cantiniers vendent des petits verres aux soldats de passage. Dans quelques années peut-être, à la place de ces bicoques s'élèvera un village français. Un petit berger arabe, assis sur le parapet d'un pont, non loin de ses vaches qui paissent, me crie « bonjour » en français. Ce salut, envoyé au passage par un enfant indigène dans la langue du conquérant, me réjouit le cœur. Si les jeunes générations qui grandissent apprennent notre langue, elles oublieront peut-être les rancunes que leurs parents leur ont léguées, et la conquête morale, la plus difficile, mais la plus durable des deux, sera près d'être accomplie.

La route remonte de l'autre côté de la vallée. Quelques champs arabes témoignent de ce que pourrait produire ce sol généreux, si ceux qui le cultivent savaient apporter à leur travail plus d'intelligence et moins d'esprit de routine.

Le col qui est devant moi, le Fedj-Kahla, se trouve exactement sur l'ancienne frontière. Il est placé sur la chaîne dont le Haddeda fait partie et qui se dresse, comme une muraille perpendiculaire à la mer, entre l'Algérie et la Tunisie. Au moment où j'arrive sur le point culminant, mon spahi m'arrête; il me montre sur le versant opposé, de l'autre côté de la rivière qui coule tout en bas sous nos pieds, une épaisse forêt qui couvre toute la montagne[1] de son ombre impénétrable. « C'est là, me dit-il, que les Kroumirs chassés du Djebel-Haddeda ont attendu pour la seconde fois le choc des Français. » L'artillerie, de la hauteur où nous sommes, lançait ses obus au milieu des arbres et tirait à mitraille pour déloger l'ennemi. Ici encore, il fallut donner l'assaut et enlever la montagne à la baïonnette. Plusieurs hommes payèrent de leur vie le succès de la journée. Mais le résultat fut décisif. Les tribus kroumires, menacées en face par la colonne d'Oum-Théboul et sur la gauche par celle de Souk-Arras, qui venait d'opérer sa jonction avec la première, n'eurent plus d'autres ressources que de se rejeter à travers la montagne sur le marabout de Sidi-Abdallah, où devait se terminer la campagne. Mon guide m'apprend encore que c'est près de l'endroit où nous sommes, au milieu de la forêt, qu'un petit poste de douze hommes, commandé par un sergent, se laissa enlever. Les treize malheureux furent horriblement mutilés et périrent dans des souffrances atroces.

La grande route remonte ensuite le cours de la rivière au milieu d'un paysage délicieux. A droite et à gauche, la forêt étend son splendide manteau jusqu'au sommet des montagnes. C'est le chêne-zéen qui en forme l'essence dominante. Des arbres magnifiques se rencontrent à chaque pas; on voit leur tronc se dresser droit et fier à une grande hauteur, comme le fût d'une colonne antique, pour lancer ensuite dans toutes les directions de fortes branches chargées de feuilles. Il me prend de folles envies d'abandonner le grand chemin, chauffé par le soleil, pour m'élancer au hasard dans les profondeurs mystérieuses des bois. Mais mon estomac, par ses appels réitérés, calme mes ardeurs aventureuses en me rappelant que je suis à jeun de-

---

[1] Elle porte le nom de Djebel-Dougreg.

puis le matin et qu'il est midi. Je presse l'allure de mon mulet pour arriver plus vite à une cantine dont l'existence m'a été signalée, et où j'espère trouver de quoi apaiser ma faim. Tout à coup j'aperçois des uniformes rouges qui débouchent à un tournant du chemin : ce sont des zouaves. Cette apparition soudaine de soldats français au milieu des forêts de Kroumirie, sur la route déserte, me cause une douce émotion. La patrie s'étend jusqu'ici ! Je ne sais ce qui me retient de crier : Vive la France ! J'arrête mes braves militaires. Ils m'apprennent qu'ils sont campés à quelques minutes plus loin, au col de Babouch, et que là se trouve la cantine tant désirée.

La voici enfin ! C'est avec soulagement que je mets pied à terre, et sans prendre le temps de regarder le paysage, j'entre et je demande à manger. C'est une pauvre baraque en bois, divisée en deux compartiments ; dans celui de devant est le comptoir chargé de bouteilles, une table et deux bancs pour les consommateurs ; celui du fond contient un misérable lit, à peine caché par la cloison, où est couchée la femme du cantinier, malade depuis quelques jours. Des œufs, du fromage et du café, voilà tout le menu que l'on m'offre pour mon déjeuner. Je m'assieds pour y faire honneur. En face de moi, trois soldats de la compagnie mixte d'Aïn-Draham, avec leur singulier uniforme, composé d'une veste bleue de tirailleur et d'un pantalon rouge de zouave, boivent un litre en causant de la Tunisie et de la France.

Du col de Babouch, la vue est magnifique : on a en face de soi, vers l'est, la vallée de l'oued Tabarka [1] et dans le lointain, vers le nord, la mer brillante et bleue. C'est à cet endroit que la route de Tabarque rejoint celle de la Calle. J'enfourche de nouveau mon mulet et je m'élève à

---

[1] Plus exactement oued Tessala.

travers bois, par des raccourcis du chemin, sur les pentes de la montagne derrière laquelle se cache Aïn-Draham. La forêt a changé de nature : maintenant, c'est le chêne-liége qui domine, non plus le maigre petit arbre que l'on voit en Algérie, mais un arbre puissant, au tronc noueux, dont les dimensions rappellent les plus beaux chênes de France. Sur le fond grisâtre de son feuillage tranche, à certains endroits, la claire verdure du chêne-zéen. A mesure que l'on s'élève ainsi, on découvre à travers les arbres le plus merveilleux panorama. La vallée de l'oued Tabarka se déroule presque en entier aux pieds du spectateur avec son étroite bande de cultures dans le fond et ses deux versants couverts de broussailles ou de pâturages brûlés par le soleil. En arrière, s'étend comme une ligne jaune le rivage sablonneux de la mer, terminé vers l'ouest par le vieux château fort de Tabarque, qui, vu de ce point, semble se rattacher au continent. Enfin, la Méditerranée ferme l'horizon de son large demi-cercle d'azur.

Quand on a achevé de contourner la montagne, Aïn-Draham apparaît avec ses petites constructions basses et ses toits de briques rouges, perché sur son col, au pied du Djebel-Bir, d'où il domine la Kroumirie tout entière.

CHAPITRE II

Aïn-Draham. — Une ville-camp. — Les transformations de « Coquinville. » — Une excursion au marabout de Sidi-Abdallah. — La foire aux jeunes filles à marier. — Le petit-fils du caïd. — Étude sur l'origine des Kroumirs. — Mœurs kroumires. — Organisation actuelle de la Kroumirie. — La future ville de Tabarque.

Aïn-Draham, 14 avril.

C'est une bien curieuse petite ville que Aïn-Draham. Au fait, est-ce une ville ou un camp? Le doute est possible. Aïn-Draham, à vrai dire, a été créé pour l'armée et par l'armée; tout ce qui existe ici est l'œuvre de l'armée, car elle n'a rien trouvé en y arrivant, pas même des habitants. Après avoir campé un certain temps, la garnison a cherché à se donner une installation plus confortable que la tente. Le troupier est devenu maçon et l'officier architecte. On a construit des gourbis pour les chevaux, des baraquements pour les hommes, des maisonnettes pour les officiers et quelques maisons pour le commandant du cercle et pour les officiers supérieurs. La réunion des officiers a aussi son immeuble, dans une belle situation, au sommet du plateau; du haut du perron on domine toute la vallée de l'oued Tabarka, depuis ses sources jusqu'à la mer. Devant la porte, on a tracé un jardin, un espoir de jardin, devrais-je dire; car les eucalyptus de trente centimètres se contentent de promettre de l'ombre pour l'avenir. Non loin du cercle, devant la maison du commandant supérieur, un petit jardin entoure un kiosque où, l'année dernière, la fanfare d'un bataillon de chasseurs à pied donnait des concerts, tout comme dans nos grandes villes. Mais le bataillon est parti et le kiosque solitaire semble pleurer son abandon. La garnison n'est pas pour cela privée de distractions; elle a reporté toutes ses faveurs sur le grand théâtre d'Aïn-Draham. C'est le vétérinaire de la place qui cumule les fonctions de directeur et de régisseur. Quant à la troupe, hommes et femmes, elle appartient en entier au 4e zouaves.

Les rues d'Aïn-Draham, car il y a des rues tracées, ont, les dimanches et les jours de fête, un aspect animé et pittoresque. On n'y rencontre guère que des militaires : artilleurs, spahis, tringlots, lignards, zouaves, soldats de la compagnie mixte se promènent par groupes aux uniformes variés, ou se dirigent vers les nombreuses cantines qui peuplent le bas de la ville. Un étranger qui se trouverait brusquement transporté ici, serait surpris de l'absence presque complète de l'élément civil. Si l'on monte par les escaliers qui donnent accès aux divers plateaux superposés habités par les troupes, ce n'est pas sans étonnement que l'on voit dans de simples gourbis, recouverts en broussailles, des chevaux broyant leur orge sous la surveillance d'un cavalier de garde, aussi tranquillement que dans une écurie de caserne. Ailleurs, par une porte entr'ouverte, on aperçoit un zouave en pantalon bouffant, sa chéchia sur la tête, en train de plumer une volaille ou de remuer la casserole de son officier.

Le service de la voirie, il faut l'avouer, laisse à désirer. Ce sont des corvées militaires qui sont chargées de l'entretien, rendu fort difficile par la situation topographique de la ville, que l'on a installée sur le penchant assez rapide du Djebel-Bir. Il arrive souvent que les pluies entraînent les terres et rendent peu praticables les sentiers qui conduisent dans les quartiers les plus élevés. Aussi est-il difficile, la nuit, de s'aventurer dans Aïn-Draham. On a bien placé des reverbères à certains endroits, mais je ne sais pour quel motif on a renoncé à les allumer. C'est que Aïn-Draham, à peine né, est déjà en décadence. Après avoir été un moment le siége d'une subdivision militaire, et avoir compté une population, je veux dire une garnison d'une brigade presque entière, il est descendu au rang de chef-lieu de cercle, et l'effectif des troupes qui y sont cantonnées ne dépasse guère, en ce moment, un bataillon.

Je n'ai parlé encore que de la ville militaire. Il me reste à dire un mot du quartier civil, qui s'étend, des deux côtés de la grande route, sur une longueur déjà considérable. A peine ai-je besoin d'ajouter qu'il ne renferme que des marchands de boissons et des aubergistes. Ce sont les besoins essentiels à la vie de la garnison qui sont pour le moment la seule raison d'être de la population civile d'Aïn-Draham. Les cantiniers venus à la suite de la colonne expéditionnaire se sont fixés avec les troupes chargées de garder la Kroumirie ; ils ont bâti d'abord des baraques en planches, et maintenant quelques-uns d'entre eux ont des maisons en pierre. On m'avait engagé à descendre au *Grand Hôtel de France*. Je m'y suis rendu en arrivant, mais je lui ai trouvé, malgré son nom ambitieux, une ressemblance trop frappante avec la cantine de Babouch, où j'avais déjeuné le matin. L'*Hôtel des Pacificateurs* m'a séduit davantage ; c'est au moins une construction en pierre. Malgré cet incontestable avantage, on reconnaît bien vite que tout y est nouveau et improvisé. Les cloisons sont en planches mal jointes, de sorte que, par les interstices, il m'arrive souvent, le plus innocemment du monde, de plonger chez mes voisins un regard indiscret. Heureusement, la chambre contiguë sert de salle à manger aux officiers de la garnison, qui n'ont rien à cacher. C'est dans la mienne que je dois prendre mes repas ; encore l'espace est si restreint dans l'hôtel, que je suis obligé de donner l'hospitalité à la table du brigadier de gendarmerie.

Aïn-Draham, côté des civils, n'est pas autre chose qu'une de ces cités provisoires nées de la réunion subite en un même point d'un grand nombre d'hommes, que les Algériens ont fort irrévérencieusement dotées du surnom de « Coquinville ». Leur population, en effet, se compose d'éléments fort mêlés. Il faut bien reconnaître cependant que leurs habitants, tels qu'ils sont, ont rendu et rendent encore des services aux garnisons françaises en leur permettant de s'accorder certaines douceurs qui seraient inconnues sans eux dans ces pays reculés. Quelques-uns, pendant la campagne de Tunisie, n'ont pas craint d'affronter les balles de l'ennemi pour apporter aux colonnes des ravitaillements précieux. On aurait tort d'ailleurs de prononcer contre toute une catégorie d'hommes une condamnation sommaire et sans appel. Il s'est trouvé en Algérie quelques membres de « l'armée roulante » qui, arrivés avec des antécédents douteux, se sont réhabilités par le travail et ont fait oublier par un présent sans reproches un passé peu correct. Du reste, après quelques années d'existence, « Coquinville » se transforme forcément. Une partie des premiers venus, les moins recommandables généralement, poussés par leur humeur vagabonde, vont chercher fortune plus loin ; il ne reste que ceux qui, plus laborieux et plus rangés que les autres, renoncent à la vie nomade, se constituent un foyer et se fixent définitivement. Bientôt de nouveaux émigrants, attirés par l'agriculture ou par un commerce sérieux, viennent se joindre à eux, et la ville est fondée. Aïn-Draham paraît être précisément au moment où cette transformation s'accomplit. L'écume s'est écoulée avec la réduction du corps d'occupation. Les maisons de pierre remplacent petit à petit les cabanes en bois des premiers jours. Quelques rares cultures commencent à se montrer autour des habitations, signe incontestable d'une prise de possession définitive du sol. Ce ne sont guère que des jardins potagers. Un cantinier cependant a planté un champ de vigne. Sa tentative mériterait d'être encouragée, car si elle réussit, comme tout porte à l'espérer, l'exemple ainsi donné sera certainement suivi, et ce sera le début de la colonisation.

Bientôt la mise en exploitation des richesses forestières de la Kroumirie attirera à Aïn-Draham une population civile plus stable et lui donnera une vie moins factice que celle qui résulte d'une garnison dont l'importance varie au gré des circonstances.

On m'a proposé aujourd'hui une excursion à Sidi-Abdallah. J'ai quitté la ville avec le secrétaire du Bureau de renseignements et un de ses amis, sous la conduite d'un cavalier indigène. Une heure de marche sur le flanc de la montagne opposée au Djebel-Bir, au milieu des genêts en fleur et par des sentiers défoncés où des montures autres que celles du pays seraient restées cent fois, nous a conduits au fameux marabout. Tout le long du chemin, nous rencontrons des femmes kroumires qui reviennent du marché. Elles ont le visage découvert et portent sur la tête une marmite renversée qui leur fait la plus singulière coiffure que l'on puisse imaginer. De petite taille, elles ont toutes, même les jeunes, l'air fatigué et usé par un travail excessif.

Le monument, qui renferme les restes d'un saint vénéré, est une simple bâtisse en maçonnerie blanchie à la chaux, sans aucune prétention architecturale. Il a la forme bien connue de toutes les koubas orientales : un dé à jouer surmonté d'une coupole qui en sort comme un œuf d'un coquetier. Il se dresse au centre d'un vaste plateau recouvert de gazon. C'est là qu'en 1881 toutes les tribus rebelles, refoulées par les troupes françaises, comme le gibier d'une immense battue, s'étaient donné rendez-vous pour livrer un suprême combat autour du tombeau du saint, lieu sacré dont l'approche devait être fatale aux chrétiens détestés. Cependant la lutte ne fut pas longue. Foudroyés par l'artillerie qui couronnait les hauteurs et les entourait d'un cercle de feu, les indigènes déposèrent les armes. Un certain nombre d'entre eux, les plus redoutables, furent faits prisonniers et envoyés à l'île Sainte-Marguerite; les autres purent retourner dans leurs villages sans être inquiétés par les vainqueurs.

Sidi Abdallah, qui n'a pas su protéger ses dévots contre les infidèles, n'a rien perdu pour cela de la vénération dont il était l'objet de la part des Kroumirs et de leurs voisins. Sa renommée s'étend à de grandes distances. Le mois prochain le plateau qui entoure le marabout sera couvert de centaines de tentes d'indigènes venus en pèlerinage au tombeau du saint, non-seulement de chez les tribus voisines, mais des parties les plus reculées de la Tunisie et de l'Algérie. Entre autres vertus miraculeuses, les restes du saint marabout possèdent, d'après la croyance populaire, le don de guérir la stérilité des femmes. Il n'est pas surprenant que chez un peuple qui considère cette infirmité comme une cause irrécusable de divorce, un saint qui a le pouvoir d'y mettre un terme ait de nombreuses adoratrices. On m'assure que beaucoup de mariages se concluent sous son patronage. Les pères amènent leurs filles, et les jeunes gens désireux de se pourvoir arrivent également. Lorsque le jeune homme a rencontré la femme qui lui plaît, il va trouver le père et lui offre une certaine somme d'argent en échange de sa fille. On discute, on marchande, et lorsqu'on est enfin tombé d'accord, le mariage se conclut. L'argent est versé entre les mains du père, qui est tenu de le restituer au mari en cas de divorce. Le prix d'une femme varie suivant ses avantages physiques et le rang social de sa famille; il s'élève jusqu'à mille francs. Le pèlerinage de Sidi-Abdallah est, en toute réalité, la foire aux jeunes filles à marier. Espérons qu'un jour viendra où, sous l'influence civilisatrice de la France, la femme indigène pourra connaître avec toutes les joies honnêtes qui en découlent, ces trois états qui sont la couronne de son sexe : fiancée, épouse et mère !

Pendant que nous regardons le marabout en causant, le ciel s'obscurcit. De gros nuages noirs se sont amoncelés. Il est temps de repartir. A cinq cents mètres sur le flanc de la montagne se trouve la demeure de notre cavalier. Au milieu d'un enclos formé avec des ronces entrelacées, une tente est dressée : elle est pareille à celles des Arabes, mais élevée au-dessus d'un petit mur de broussailles : c'est une tente-gourbi. Le frère du propriétaire nous offre du lait aigre; c'est la boisson en usage dans le pays. Mais nous n'avons pas le temps de nous arrêter; la pluie commence à tomber. Sous l'averse, nous gagnons au galop le douar voisin. Il ne se compose que de quelques tentes entourées d'une palissade. C'est ici qu'habite le caïd de la tribu. Il n'est pas mieux logé que ses administrés, mais il s'est fait construire une sorte de hutte en paille où il rend la justice, donne ses audiences, et reçoit les officiers français en tournée. C'est sous cet abri que nous nous réfugions. Le caïd est absent. Ses petits-fils font les honneurs à sa place ; ils nous serrent la main et nous invitent à nous asseoir. La conversation s'engage par l'intermédiaire de l'un de mes compagnons qui parle l'arabe. Mes hôtes s'informent du but de mon voyage; on leur répond que je visite le pays pour m'instruire ; incontinent, ils me décernent le titre d'« inspecteur des montagnes ». Pendant ce temps, l'un deux prépare le café, principal élément de l'hospitalité orientale.

Le plus jeune des petits-fils du caïd, Ahmed, un garçon d'environ quatorze ans, se tient accroupi sur une natte sans rien dire. Il est revenu depuis quelques mois seulement d'une zaouïa de Tunis, où il était allé faire son éducation ; il sait maintenant lire et écrire en arabe. Ses parents, sans doute pour le récompenser de ses succès scolaires, lui ont fait un singulier cadeau ; ils viennent de lui acheter une fiancée ! C'est une enfant de dix ans, qu'il paraît aimer beaucoup et devant laquelle il reste en admiration pendant des heures entières. Le mariage n'aura lieu que dans plusieurs années ; jusque-là il la traitera comme une sœur. Ce fait n'a rien d'exceptionnel en Algérie. Les usages tolèrent que des fiancées entrent ainsi tout enfants dans la maison de leur futur mari. Il n'est pas besoin d'insister sur les graves inconvénients qu'entraîne parfois cette coutume au point de vue des mœurs. Les tribunaux algériens ont été souvent appelés à intervenir. Cependant l'orage a cessé. Nous prenons congé de nos aimables hôtes. Ahmed, qui professe une vive affection pour le secrétaire du Bureau de renseignements, se précipite à son cou et l'embrasse sur les deux joues. Nous remontons en selle et rentrons à Aïn-Draham.

L'origine des Kroumirs est enveloppée de l'obscurité la plus profonde. Avant l'expédition française on ne possédait que fort peu de renseignements sur les habitants d'un pays où aucun Européen n'avait pénétré[1]. M. Cherbon-

---

[1] M. le colonel Playfair, consul d'Angleterre à Alger, avait seul parcouru la route de Tabarque à la Calle par le littoral. Quelques marins naufragés avaient été retenus plus ou moins longtemps par les tribus de la côte ; mais ils n'étaient guère en situation de faire des observations ethnographiques.

neau, dans un article de la *Revue de géographie*, les rattachait sans preuves justificatives à la race berbère. M. Henri Duveyrier, dans son remarquable ouvrage sur la *Tunisie*, dont les documents ont été sans doute puisés à Tunis, auprès de l'administration du Bey, les considère, au contraire, comme Arabes, sauf une fraction. Une légende recueillie depuis l'occupation par les officiers du Bureau de renseignements d'Aïn-Draham est venue jeter un rayon de lumière au milieu de ces affirmations contradictoires. Les vieillards kroumirs racontent que, il y a plusieurs siècles, un Arabe, nommé Abdallah-el-Kroumiri vint s'établir dans le massif montagneux qui porte aujourd'hui le nom de Kroumirie, et qu'il fut le père de tous les Kroumirs ; il eut sept fils, dont les noms ont été conservés, et chacun d'eux donna naissance à l'une des fractions de la tribu. Ses vertus et sa piété le firent considérer comme marabout, et après sa mort il fut inhumé au centre du pays occupé par ses descendants. Il paraît assez difficile de donner à cette tradition, ainsi présentée, droit de cité dans l'histoire. Mais si on la rapproche des quelques données fournies par les historiens arabes, on peut arriver à des conclusions qui présenteront certains caractères de vraisemblance. Ibn-Khaldoun nomme les Homr parmi les fractions des Beni-Ali, l'une des subdivisions de la grande tribu arabe des Soleim. De son temps les Beni-Ali occupaient le pays situé entre El-Djem et Gabès, mais ils émigrèrent plus tard vers le nord et se fixèrent aux environs de la Calle, où nous les avons trouvés à l'époque de la conquête. Il est probable qu'une fraction ou groupe de familles plus ou moins considérable des Homr [1] se sépara du reste de la tribu et

---

[1] Homr peut, en forçant l'aspiration initiale, se prononcer Kromr. On peut donc voir dans ce mot la racine de celui de Kroumir, qui se prononce souvent Kromir.

alla s'établir dans les montagnes qui dominent Tabarque. L'Abdallah de la légende, le saint marabout dont on vénère les restes, devait être à sa tête. Mais ici se pose un autre problème ethnographique dont la solution est encore douteuse. Ces envahisseurs trouvèrent-ils en Kroumirie une population autochthone qui aurait été incontestablement étrangère à la race arabe, ou bien s'établirent-ils dans un pays inhabité? Ce qu'il y a de certain, c'est que l'on trouve chez les Kroumirs des coutumes et des institutions évidemment berbères, telles que les djemaa, qui, avant l'occupation, étaient la seule autorité à peu près régulière. On pourrait expliquer ce mélange de mœurs berbères avec des mœurs arabes par l'arrivée au milieu du premier noyau kroumir de réfugiés kabyles ou chaouïas, qui seraient arrivés soit par groupes, soit isolément, mais en nombre suffisant pour modifier d'une manière sensible l'état social du peuple qui leur aurait donné asile. De longue date, la Kroumirie a servi de refuge aux exilés venus de toutes les parties de l'Algérie et de la Tunisie. Les bandits et les contumaces des deux États se donnaient rendez-vous sur ce terrain neutre, où ils étaient accueillis à bras ouverts par la population et où aucune gendarmerie n'avait accès. L'hypothèse d'une population indigène vaincue et plus ou moins complétement assimilée par des envahisseurs arabes expliquerait bien le sens du mot *kroumir*, qui veut dire levain [1], mais elle renverserait absolument la légende d'Abdallah-el-Kroumiri, ancêtre unique de tous les Kroumirs. Ce document traditionnel ne paraît cependant pas devoir être rejeté complétement.

---

[1] M. Duveyrier applique le sens du mot *kroumir* à l'état de fermentation perpétuelle dans lequel se trouvait cette société barbare, lorsque la France lui a imposé par la force des armes la paix et le bon ordre.

M. Duveyrier voit dans les Tademaka l'une des grandes fractions kroumires, les frères des Kel-Tademekket, l'une des tribus qui font partie de la confédération des Touareg Aouelimmiden des bords du Niger. Les noms d'une partie des sous-fractions des tribus kroumires semblent révéler une origine berbère ; mais rien n'indique si leur arrivée dans le pays a précédé ou suivi celle des Arabes. Je me suis borné à indiquer quelle est la position actuelle de cet obscur problème. Il y a lieu d'espérer que la solution définitive sera donnée par les intelligents officiers du Bureau de renseignements d'Aïn-Draham, qui savent mettre à profit leurs délicates fonctions pour recueillir avec un louable empressement toutes les informations scientifiques qu'ils peuvent se procurer.

Les Kroumirs sont à moitié nomades ; les uns habitent sous la tente et se déplacent sur des espaces forcément restreints. D'autres se construisent des gourbis ; mais ce n'est pas, comme on pourrait le croire, dans le but d'augmenter leur bien-être ; c'est plutôt parce que leur extrême pauvreté les oblige à se loger dans une hutte de branchages et de broussailles. La seule richesse de ces tribus consiste dans leurs troupeaux. Ils cultivent fort peu et fort mal le fond des vallées. Ils possèdent quelques rares oliviers et un petit nombre d'arbres fruitiers. Le long de la côte, on trouve encore quelques plantations de tabac ; mais cette culture tend à diminuer depuis que, l'occupation française ayant soumis le pays aux mêmes lois que le reste de la Tunisie, le tabac se trouve frappé de droits exorbitants. Il serait nécessaire que l'administration du protectorat se préoccupât de cette situation, qui ne pourra être améliorée que par un abaissement dans les taxes qui pèsent sur les indigènes.

Avant l'expédition française, on ne connaissait guère en Kroumirie d'autre autorité que celle des djemaa, qui rendaient la justice et se prononçaient sur les questions politiques. Dans les incursions de guerre ou de brigandage qu'ils faisaient chez leurs voisins, les Kroumirs étaient commandés par des chefs que les circonstances faisaient surgir et qui ne se faisaient pas faute d'abuser de leur pouvoir. Les vols entre fractions et sous-fractions de la même tribu ne discontinuaient pas, et souvent ils entraînaient des conflits entre voleurs et volés. Un des principaux objets de leurs convoitises et de leurs rapts, c'étaient les femmes. Cet usage, malgré les efforts de l'autorité française, n'a pas encore entièrement disparu. On raconte à Aïn-Draham une anecdote toute récente qui jette un jour singulier sur les mœurs kroumires. Dernièrement, deux bergères qui gardaient leurs troupeaux dans un endroit écarté et désert, furent surprises par plusieurs hommes d'une autre tribu et emmenées de force. Cet enlèvement fit du bruit parmi les indigènes, et plainte fut portée au Bureau de renseignements. Après bien des recherches, nos officiers furent assez heureux pour retrouver les deux femmes et pour mettre la main sur les voleurs. Le caïd, chargé d'arrêter les coupables, leur infligea la peine en usage. On croyait l'affaire terminée, lorsque plusieurs jours après le mari vint se plaindre de ce qu'il n'était pas encore rentré en possession de ses épouses. Une enquête fut immédiatement ouverte, et l'on découvrit que le caïd, après avoir dûment puni les voleurs, avait trouvé bon de s'adjuger les deux Hélènes. Si la véracité du fait ne m'avait pas été attestée par des personnes dignes de foi, je n'aurais vu dans ce récit qu'une variante bien arabe de la fable de *L'huître et les plaideurs*.

Actuellement, les Kroumirs dépendent du cercle d'Aïn-Draham. Ils sont divisés en trois caïdats :

1° Le caïdat de Tabarka, qui comprend trois groupes : les Ouled-Amor, les Haoumdia et les Ouled-ben-

Saïd, répartis en cinq cheikats. Les Ouled-Amor se subdivisent en R'Rouarissia, Brika, Brirem, Dj'gabia et Hémaïssia ; les Ouled-ben-Saïd en El-Athouatmia, Kedéïria, Méléïkia, Kheleïfia et Ouled-Sghir'.

2° Le caïdat des Tademaka, qui comprend sept cheikats : Tebaïnia, Gouaïdia, R'Kraïssia, Hamram, Debabsa, Atatfa-Azeraïdia et Atatfa-Aroufia.

3° Le caïdat des Selloul et des Ouled-Cédra, réparti en douze cheikats : Djenaïnia, Ouled-Embareck, Khoraïssia, Ouled-Helal, Ouled-Sedra, Ouled-Ali-ben-Naceur, Ouled-Moussa, Ouled-ben-Saïd, Laosma, Chouaïbia, Souaïbia et El-Nouaïssia. Les trois dernières sous-fractions portent le nom collectif de Komaïria.

A côté des caïds nommés par le Bey, sur la présentation des autorités françaises, et qui ont dans leurs attributions l'application de certaines pénalités, on a créé dernièrement des cadis dont les fonctions sont toutes judiciaires et qui étaient inconnus avant l'occupation. Malheureusement, ces fonctionnaires, choisis à Tunis dans l'entourage du Bey, ne montrent pas un grand empressement à aller se fixer au milieu de leurs administrés. Ils préféreraient sans doute suivre les anciens errements en usage dans le pays et continuer à résider dans la capitale, en se contentant de fonctions purement honoraires mais grassement rétribuées.

La Résidence française se chargera certainement de leur faire comprendre qu'en Tunisie les temps sont changés et que de semblables abus ont pris fin depuis le traité du Bardo.

On englobe souvent, en France, sous la dénomination générale de Kroumirs, des tribus voisines qui n'ont aucun droit à porter ce nom et qu'il convient de distinguer nettement. Tels sont les Zouaoua, qui habitent les environs immédiats de Tabarque. Ce sont de purs Kabyles qui ont conservé le nom qu'ils portaient dans le Djurdjura, leur pays d'origine. A la demande des beys, une fraction de cette tribu vint s'établir en Tunisie pour réprimer les incursions des Kroumirs et remplir le rôle que les Turcs, à l'époque où ils dominaient en Algérie, donnaient aux tribus *makzen*. On n'est pas d'accord sur l'époque à laquelle eut lieu cette migration ; il est probable toutefois qu'elle ne remonte pas au delà de cent cinquante à deux cents ans. Quoi qu'il en soit de la date de leur installation, les Zouaoua de Tabarque n'ont guère répondu à l'espoir que le gouvernement tunisien avait placé en eux. Ils n'ont pas tardé à devenir aussi peu soumis et aussi indisciplinés que les sauvages voisins qu'ils avaient reçu la mission de contenir et de combattre. Ils se contentaient de fournir des hommes aux recruteurs de l'armée beylicale : c'est à cela que se bornaient leurs rapports avec Tunis. Les mauvais traitements qu'ils faisaient subir aux naufragés que la tempête jetait sur leurs côtes, et en particulier la part qu'ils ont prise au pillage de l'*Auvergne* en 1878, n'ont pas été étrangers à l'expédition de 1881.

Une autre tribu que l'on confond souvent avec les Kroumirs est celle des Ouchetettas, qui sont échelonnés le long de la frontière algérienne, aux environs de Gardimaou, la tête de ligne provisoire du chemin de fer tunisien. Ramassis de repris de justice, de contumaces, de condamnés en rupture de ban, venus de tous les points des territoires algérien et tunisien, ces incorrigibles bandits, forts d'une trop longue impunité, en étaient venus à ne plus ensemencer leurs champs, trouvant plus commode et moins pénible d'aller piller les récoltes des paisibles tribus du cercle de Souk-Arras. L'occupation française, appuyée sur la ligne ferrée qui dans quelques mois traversera leur pays pour souder le réseau algérien avec celui de la Tunisie, ne peut manquer de mettre un terme à d'aussi coupables pratiques.

Le col d'Aïn-Draham domine le versant des eaux qui coulent vers le nord et se jettent à la mer en face de l'île de Tabarka, et celui du bassin de la Medjerda. Il est surmonté à l'est par le Djebel-Bir, le plus haut sommet du pays, élevé de 1,020 mètres au-dessus du niveau de la mer. Son importance stratégique l'a fait choisir pour en faire le centre administratif de la Kroumirie. Il aura donc un rôle politique analogue à celui que joue Fort-National en Kabylie. Pas plus que lui Aïn-Draham ne paraît appelé à devenir un centre économique important. C'est la future ville de Tabarque qui centralisera dans son port tout le mouvement commercial de la région. En ce moment, on ne voit sur la plage que quelques baraques de cantiniers ruinés par la réduction de la garnison. Mais la situation ne tardera pas à changer. La Société de Mokta-el-Hadid vient de recevoir du gouvernement tunisien la concession d'une riche mine de fer découverte aux environs, à la condition de construire un port à l'abri de l'île de Tabarque. Cette condition du cahier des charges sera un bienfait inappréciable pour cette côte escarpée, qui n'offre aucun abri entre la Calle et Bizerte. Les navires battus par la tempête pourront à l'avenir trouver un refuge dans le port de Tabarque. Une ville française ne tardera pas à s'élever sur cette plage, qui était, il y a trois ans, un nid de pirates. L'exportation des minerais, du liège et des bois lui fournira des éléments de vitalité suffisants. Dans quelques années, l'ancienne ville romaine, dont les archéologues viennent de retrouver les ruines, aura été relevée par les soins de la France.

CHAPITRE III

A travers la forêt. — Un bataillon en marche. — Fernana. — Entêtement de mes guides. — Le gué de la Medjerda.

Souk-el-Arba, 15 avril.

Deux mulets et leurs conducteurs, envoyés par l'obligeant lieutenant P..., chef du Bureau de renseignements, sont de bon matin devant ma porte. Je monte en selle et suis la grande route dans la direction du sud. Après avoir contourné le Djebel-Bir, on ne tarde pas à entrer dans la forêt. Elle étale ici toutes ses merveilles de végétation. Pour en mieux jouir et les admirer plus à l'aise, j'abandonne le chemin des voitures et, par un étroit sentier de piétons, je m'avance à travers le fourré, respirant à pleins poumons l'odeur pénétrante des bois. Par malheur, le ciel bleu et les gais rayons du soleil manquent à la fête. D'épais nuages répandent leur ombre mélancolique sur le paysage. Bientôt la pluie commence, et elle tombe si drue qu'elle enlève toute poésie au voyage. Mon sentier me ramène à la route, sur laquelle je presse le pas de ma monture, tandis que mes deux Kroumirs me suivent à distance. Comme ils ne comprennent pas plus le français que je n'entends l'arabe, toute conversation est impossible entre nous. Je poursuis ma route en silence. Tout à coup j'entends un sourd bourdonnement qui semble sortir des profondeurs de la forêt. J'avance en prêtant l'oreille ; le bruit devient plus distinct : ce sont des voix, des chants. J'ai bientôt reconnu le refrain d'une vieille chanson de troupiers, dont l'écho, dans ce pays sauvage et si loin de la France, réveille en moi des souvenirs déjà lointains et m'émeut profondément. C'est un bataillon d'infanterie parti d'Aïn-Draham au point du jour pour gagner Kairouan par étapes. Bientôt j'aperçois la file des pantalons rouges et des capotes bleues qui s'allonge sur la route. Les malheureux soldats avancent lentement sous l'averse, le dos plié sous le poids du sac qui les écrase, leurs vêtements traversés par la pluie et maculés par la boue. Pour sympathiser réellement avec eux, il faut avoir connu cette anéantissante fatigue d'une longue route par un mauvais temps ; il faut avoir senti les courroies du sac labourer les muscles des épaules et avoir goûté l'immense soulagement que cause le repos à la fin de l'étape. C'est pendant une halte que je rejoins la colonne. Les hommes ont mis sac à terre pour respirer un moment ; les officiers, serrés dans leur manteau, leur capuchon relevé par-dessus leur képi, se tiennent immobiles sous la pluie. Je quitte encore une fois la grande route pour prendre un raccourci qui m'évitera de nombreux lacets en me faisant descendre directement vers le lit de l'oued Badi, qui se jette dans l'oued Ghrezela, affluent de la Medjerda. Tandis que je m'éloigne, le clairon jette au vent les notes claires du « En avant ! »

Quelques minutes de marche me mènent à Fernana. Je ne sais quels vagues souvenirs de l'expédition de 1881 ce nom me rappelait, mais j'étais sûr de trouver en cet endroit, sinon une ville, tout au moins un village tunisien. Grande est ma déception, en ne voyant que deux ou trois baraques en planches, et plus loin un cimetière, dont les blanches murailles, qui tranchent sur le fond vert de la plaine, protègent contre toute profanation les restes de nos malheureux soldats emportés par les épidémies : c'est pour le moment le seul monument de l'occupation française à Fernana. L'une des baraques sert de cantine. Grâce au gibier qui pullule aux environs, j'obtiens pour deux francs un véritable déjeuner de gourmet ; encore l'aubergiste a-t-il soin de ne pas oublier dans l'addition un morceau de corde dont j'ai besoin pour attacher mes bagages. Pendant que j'achève mon repas, le bataillon arrive. Je le vois prendre ses dispositions de campement. Les compagnies forment le cercle pour entendre la lecture du rapport ; puis, en quelques minutes, les faisceaux sont formés et les tentes dressées. Dans le désert, un village de toile a surgi. Les officiers montés galopent de tous côtés ; les hommes de corvée s'éloignent par groupes pour aller à la recherche du bois et de l'eau : c'est le mouvement et la vie d'un camp. La pluie a cessé ; le soleil reparaît ; il aura bientôt séché les uniformes mouillés, et dans une heure, le troupier assis par terre, sa gamelle pleine de soupe chaude sur ses genoux, oubliera les misères de la matinée et retrouvera son inaltérable gaieté.

Mais il est temps de repartir, car je veux arriver à Souk-el-Arba pour prendre le train de Tunis. J'appelle mes hommes et leur ordonne de charger les mulets. Ils me font signe qu'ils ne veulent pas aller plus loin. Je proteste, je me fâche ; peine perdue : mes sauvages restent impassibles. Un mercanti de passage, qui sait quelques mots d'arabe, voyant mon embarras, essaye de leur faire entendre raison ; il n'obtient aucun résultat. Je donne l'ordre qu'on aille chercher le cheik voisin. Un de mes Kroumirs disparaît et revient au bout d'un instant dire que le cheik ne veut pas venir. Je suis persuadé qu'il me trompe et qu'il n'a pas transmis mon message. Mon embarras est grand. A ce moment, je vois sortir de la cantine le brigadier de gendarmerie d'Aïn-Draham, mon commensal de la veille. Je lui explique ma situation désagréable. Grâce à son intervention, tout s'arrange; la vue de son uniforme a bientôt raison de l'obstination de mes hommes. Le cheik mandé par lui arrive enfin, et, sur son ordre, mes Kroumirs se décident à charger les mulets. Nous partons.

Fernana, qui a été occupé en 1881 par huit cents hommes de troupes, est un point stratégique important. Mais c'est surtout une plaine splendide où l'eau ne manque pas. Quelles récoltes magnifiques des colons européens sauraient en tirer! Le plateau qui a servi de campement à l'armée semble prédestiné par la nature à servir un jour d'emplacement à une ville considérable. Aujourd'hui, quelques rares douars posés sur le flanc des montagnes qui bornent l'horizon et quelques maigres cultures autour de ces douars, sont les seules preuves de la présence de l'homme dans la contrée.

C'est à travers un paysage presque désert, où apparaissent seules quelques rares traces de culture, que l'on descend les derniers contre-forts du massif de la Kroumirie. Cependant, à mesure que l'on approche de la Medjerda, les champs indigènes deviennent plus nombreux. Nous laissons maintenant les montagnes derrière nous et entrons dans l'immense plaine toute verdoyante de blés. Dans le lointain, à côté d'un bouquet d'arbres, apparaît la gare de Souk-el-Arba. Je sors de la barbarie pour rentrer en pays civilisé.

Depuis Fernana, j'ai suivi l'ancien sentier, une simple piste. La grande route est presque terminée; il ne reste plus qu'un pont ou deux à construire. L'armée française peut être fière de son œuvre, et les rares charretiers qui parcourent le pays devraient la bénir. Loin de là; si grande est la force de la routine, qu'ils préfèrent fatiguer leurs chevaux dans des terres défoncées à côté du beau chemin empierré de frais et vierge encore de toute trace de roues!

Voici la Medjerda qui nous barre le passage. Elle coule entre deux rives encaissées, et, malgré les fortes pluies de l'hiver, elle est assez basse en cet endroit pour que je puisse, monté sur mon mulet, la traverser à gué et sans me mouiller. Encore quelques minutes et je mets pied à terre devant la gare. Le train est parti depuis une heure, ce qui me force à passer la nuit dans l'une des auberges de Souk-el-Arba. Je congédie mes deux Kroumirs en leur glissant un écu dans la main. Mes récalcitrants de ce matin ne savent comment me témoigner leur joie et leur reconnaissance. Ils me baisent les mains avec effusion et repartent, sans doute pour aller célébrer dans leur tribu la munificence de l'*Inspecteur des montagnes*.

CHAPITRE IV

La vallée de la Medjerda. — Souk-el-Arba. — Le chemin de fer tunisien. — Souvenirs classiques. — Les roses de l'Oued-Zergua. — L'aqueduc romain. — Arrivée à Tunis.

Tunis, 16 avril.

Souk-el-Arba n'est pas long à parcourir. C'est un simple camp, entouré de quelques maisons de cantiniers et d'aubergistes : Aïn-Draham descendu dans la plaine et dépouillé du pittoresque de sa situation. Groupées autour de la gare, quelques pauvres baraques constituent l'embryon de la ville future. Ici, la présence des troupes n'est pourtant pas l'unique raison de l'agglomération humaine en train de se former. Le voisinage de la station du chemin de fer contribue à y entretenir le mouvement et la vie. Un important marché, où les indigènes viennent une fois par semaine échanger les produits d'une terre qui leur donne, presque sans travail, les plus riches moissons, fait de Souk-el-Arba un centre commercial plein d'avenir.

De bonne heure, je monte dans le train. Il arrive de Gardimaou, à quelques minutes plus à l'ouest, où se trouve pour peu de temps encore la station terminus du chemin de fer de Tunis. Au mois de septembre prochain, à ce qu'on assure, le raccordement se fera à Souk-Arras avec le réseau algérien, au grand soulagement des voyageurs qui de l'Algérie veulent gagner Tunis par terre. Pour le moment, ils sont obligés de passer une longue journée en diligence avant d'atteindre Gardimaou, de suivre, non sans danger, une mauvaise route défoncée et de traverser en quelques heures vingt-sept fois la Medjerda à gué. Ces inconvénients et ces fatigues disparaîtront bientôt, lorsqu'il suffira de s'installer commodément dans un wagon, à Constantine ou à Bone, pour n'en descendre qu'à Tunis. Le pittoresque du voyage y perdra sans nul doute, et les touristes s'en plaindront, mais les relations commerciales du pays ne pourront qu'y gagner.

Pendant que je fais ces réflexions, la locomotive a sifflé, et la vapeur m'entraîne à travers la vaste plaine de la Medjerda, toute couverte de blés, jaunissant déjà sous l'ardeur du soleil. De quelque côté que je regarde, je n'aperçois qu'une immense mer d'épis qui s'inclinent sous la brise du matin. Dans le lointain, au nord et au sud, deux lignes de hauteurs ferment l'horizon, tandis qu'à l'est et à l'ouest la plaine s'étend à perte de vue. Au milieu de la vallée, le fleuve laisse couler paresseusement, entre deux berges profondes, ses eaux grisâtres. De loin en loin, sur un mamelon, apparaît une blanche *kouba*.

Je songe à ce que fut cette terre, qui paraît presque inhabitée aujourd'hui. Que sont devenus ces colons carthaginois et romains qui l'avaient couverte de villes, de villages et de fermes, et en avaient fait le premier marché de blés du monde antique? Le sol n'a guère changé, mais ces vaillants agriculteurs ont disparu. Puissent-ils être remplacés bientôt par nos énergiques paysans français qui, avec l'aide de la main-d'œuvre indigène, ne tarderaient pas à rendre à la Tunisie son ancienne prospérité! Combien de petits cultivateurs de France, dont les récoltes insuffisantes parviennent à grand'peine à nourrir leur famille, gagneraient à échanger le lopin de terre trop étroit qu'ils ont hérité de leur père contre une vaste propriété en Afrique, dont la valeur intrinsèque n'est pas plus considérable, mais dont les produits seraient dix fois plus abondants ! S'ils se décidaient à abandonner leurs champs, où ils vivent dans un état voisin de la misère et à traverser la mer, c'est la fortune assurée après quelques années d'un pénible travail qu'ils trouveraient dans les fertiles plaines de l'Algérie ou de la Tunisie.

Que de noms célèbres ont illustré la contrée que je traverse à toute vapeur ! Annibal et les Scipion, Marius et Jugurtha, combien d'autres héros ont employé leur génie à faire cette histoire épique qui me passionnait jadis, aux belles années de mes études, et qui a eu pour témoins ce ciel et ces paysages ! C'est non loin de Souk-el-Arba, où j'ai passé la nuit, que les archéologues ont cru retrouver le champ de bataille de Zama. Sicca-Veneria, si souvent nommée dans l'histoire de l'Afrique romaine, était à quelques kilomètres dans le Sud, près de la ville tunisienne du Kef.

Au milieu de ces souvenirs classiques, le train s'arrête, et un employé crie le nom de Béja. C'est une ville qui porte ce nom, mais elle est trop éloignée de la gare pour que le voyageur puisse l'apercevoir. A partir de là, la nature du terrain change complétement. La grande plaine est finie ; les deux lignes de montagnes se sont rapprochées et la voie pénètre dans les gorges de la Medjerda. Ce sont toujours les beaux rochers africains rougis par le soleil, mais ils manquent d'élévation et paraissent étriqués à mon imagination encore pleine de l'imposante grandeur du Chabet-el-Akra.

Les hauteurs s'éloignent vers le nord et vers le sud. Voici de nouveau la plaine, mais maintenant aride et inculte. Le train s'arrête devant une gare semblable à toutes les gares d'Afrique et de France : une petite maison banale à un étage, autour de laquelle un modeste jardin, planté de magnifiques roses épanouies, éveille les idées les plus gracieuses et les plus pacifiques. Mais pourquoi a-t-on construit derrière la station ce grand bâtiment aux murailles épaisses et crénelées comme celles d'une forteresse? Sans s'en douter, le chef de gare répond à la question que je me pose, en criant avec son accent italien : « Oued-Zergua! Oued-Zergua! » C'est donc ici qu'a eu lieu cet horrible massacre qui a transporté la France entière d'indignation. Les employés étaient là, le long de la voie, vaquant à leurs occupations habituelles, en attendant le passage du train; peut-être arrosaient-ils leurs fleurs, quand la bande furieuse des assassins a fondu sur eux. Et lorsque le train est arrivé amenant les troupes chargées de protéger la ligne, on n'a plus trouvé qu'une maison incendiée et des cadavres mutilés! Qui se douterait aujourd'hui du drame épouvantable qui s'est joué ici il n'y a pas trois ans? La gare a été reconstruite, de nouveaux employés ont remplacé les malheureuses victimes et les rosiers continuent à fleurir sur ce sol où le sang a coulé. C'est ainsi que le temps poursuit sa course vers l'avenir, vers l'éternité, rappelant à l'homme qu'il ne fait que passer dans cette vie; et la nature, indifférente aux guerres et aux passions qui bouleversent les sociétés humaines, reste toujours la même, gracieuse et tendre, image de la bonté, que rien ne lasse, du Créateur. De longtemps, je n'oublierai les roses de l'Oued-Zergua!

Quelques minutes d'arrêt me permettent de m'informer dans quel but a été construit en ce désert le bâtiment qui a attiré mon attention dès que le train est entré en gare. On m'apprend que la compagnie chargée de l'exploitation du chemin de fer a résolu d'utiliser les terrains incultes qui lui appartiennent le long de la voie, en y plantant de la vigne. L'Oued-Zergua sera le centre de cette entreprise agricole[1]. Pour loger le personnel, on y a construit une vraie citadelle, à l'abri de laquelle les Européens de la contrée pourront, si besoin est, braver l'assaut de toute la Tunisie insurgée.

Tébourba est la première ville tunisienne que je rencontre. J'en étais presque venu à me demander s'il existait dans toute l'étendue de la régence une seule maison bâtie en pierre ; il m'a fallu arriver jusqu'à trente-cinq kilomètres de Tunis pour en voir. Sur le penchant d'une colline, un petit groupe d'habitations aux murs blancs et aux toits en terrasse, au milieu desquelles émerge le minaret d'une mosquée, le tout baigné d'une éclatante lumière, tel est l'effet d'ensemble que produit Tébourba. Le temps me manque pour observer les détails, car le train repart après quelques minutes d'arrêt.

Les blés ont disparu depuis Béja. Ils sont remplacés ici par des oliviers, alignés comme des régiments en ligne de bataille, qui rayent la plaine de leurs longues files entrecroisées. Ce ne sont point les puissants oliviers kabyles ; ici l'arbre est rabougri et rappellerait plutôt le chétif et maigre olivier de la Provence et du Languedoc. Ce n'est pourtant pas la faute de la nature, qui se prête merveilleusement au développement de tout ce que l'on confie à la terre : l'incurie de l'homme est seule coupable. Jamais le cultivateur tunisien ne taille ses arbres ; il se contente d'attendre la récolte et de recueillir ce qu'il trouve sans faire le moindre effort pour augmenter la production. Le voisinage de l'agriculteur français deviendra pour lui la meilleure des écoles.

Le train, courant au milieu des oliviers qui s'étendent à perte de vue, s'arrête devant une petite ville, Djedeida,

[1] M. Géry, administrateur de la compagnie Bone-Guelma, a constitué une société anonyme qui est en train de transformer en vignoble les 18,000 hectares qu'elle possède.

où se manifeste une certaine activité industrielle. Après avoir franchi une dernière fois la Medjerda, qui, faisant un brusque coude vers le nord, va porter ses eaux à la mer, non loin de Porto-Farina, on entre dans la plaine de Tunis, plaine inculte et caillouteuse, qui revêt un ton rougeâtre de brique cuite, que nulle part encore je n'ai trouvé aussi prononcé, pas même au désert. Soudain une immense ligne barre l'horizon tout entier ; c'est le célèbre aqueduc romain qui amenait l'eau à Carthage et qu'un ingénieur français a utilisé, il y a quelques années, pour alimenter Tunis. Il n'est comparable à aucun des travaux analogues dont l'antiquité nous a laissé les ruines. Sa hauteur est médiocre, et une seule rangée d'arcades sépare le canal du niveau du sol. Mais sa longueur, qui le fait ressembler à une immense dentelle tendue en travers de la plaine, lui donne un cachet d'inoubliable originalité. Contre un pilier à demi éboulé, un groupe de dromadaires agenouillés semble être placé tout exprès pour réjouir les yeux d'un amateur de scènes orientales.

La vapeur qui m'entraîne ne me permet pas de jouir longtemps de ce paysage aux couleurs si vives. Nous nous arrêtons à la Manouba, simple agglomération de villas, où les fonctionnaires et les favoris du Bey viennent à proximité du Bardo fuir, au milieu de leurs orangers et de leurs citronniers, les chaleurs accablantes de la capitale. Le train repart, le tableau change encore : les glacis verdoyants d'une forteresse, garnis de leurs canons, apparaissent dans l'encadrement de la portière comme un décor de théâtre ; puis brusquement, sans aucune transition, mes yeux éblouis contemplent une mer de terrasses d'une blancheur de lait, reluisant sous l'éclat du soleil de midi, dans l'embrasement d'un ciel implacablement bleu : voici Tunis !

COUP D'OEIL RÉTROSPECTIF

En rade de la Goulette.

L'*Abd-el-Kader* est à l'ancre dans cette admirable rade que le cap Fortas et le cap de Carthage enlacent mollement de leurs bras. De la dunette du vapeur, je contemple ce panorama grandiose et m'efforce de le graver dans ma mémoire. En face de moi la Goulette sur son canal, dominée par son vieux château fort espagnol, me cache Tunis et son lac si poétique au coucher du soleil. A ma gauche, la plage court basse et sablonneuse vers Radès et Hammam-Lif, que domine une montagne escarpée. A ma droite, au pied de la colline Saint-Louis, s'étendent des champs d'orge, dorés par le soleil, qui recouvrent aujourd'hui complétement l'emplacement de Carthage. J'ai parcouru ce matin les ruines de la grande cité, accompagné de deux guides aussi obligeants qu'érudits, MM. Reinach et Badelon, chargés par le ministre de l'instruction publique d'une exploration archéologique en Tunisie. J'ai visité leurs fouilles, qui ont mis à jour les fondements de l'antique ville punique, que la barbarie des Romains réduisit en cendres. Avec eux, j'ai longé la ligne de ses quais dont les blocs de maçonnerie se voient encore par places recouverts par les flots transparents de la mer, à quelques mètres du rivage ; j'ai traversé le port militaire, le célèbre Cothon, aujourd'hui simple marais à demi desséché, qui abrita jadis les flottes des Carthaginois; j'ai recherché l'emplacement controversé du canal que suivaient les navires pour entrer au port ; j'ai vu la digue encore presque intacte que construisit Scipion pendant le fameux siége de l'an 146. Pendant que je repasse dans mon esprit les mille incidents de cette promenade à travers l'antiquité, mes regards se posent sur cette côte où s'éleva la métropole de l'Afrique ancienne. Malgré la menace de Caton, qui retentira éternellement dans l'histoire, ce n'est pas Rome qui est coupable de la destruction de Carthage. Une fois le crime accompli, le remords la saisit, et la nouvelle ville qu'elle éleva sur les ruines de l'ancienne, aussi somptueuse que celle dont elle avait pris la place, fut épargnée par les Vandales, qui laissèrent aux Arabes le soin de faire disparaître la vieille capitale de l'Afrique occidentale. C'est par sa destruction que les disciples de Mahomet marquèrent leur prise de possession ; mais il ne se trouva point d'Auguste parmi eux, et Kairouan n'a pas remplacé Carthage. C'est Tunis qui a ramassé, grâce à son voisinage, une partie des prérogatives de son ancienne rivale. Maintenant la France est appelée par les circonstances à recueillir l'héritage de ce passé glorieux. En Tunisie comme en Algérie, elle a repris l'œuvre civilisatrice de Rome, interrompue par plusieurs siècles de barbarie musulmane. Puisse-t-elle faire oublier bientôt, par une administration réparatrice, les désastres causés par l'invasion arabe et ouvrir aux heureux habitants de cette riche contrée la perspective d'un long avenir de progrès et de prospérité !

Cependant l'*Abd-el-Kader* a levé l'ancre ; nous longeons quelque temps la côte, nous doublons le cap de Carthage et nous gagnons le large. Petit à petit la terre devient moins distincte ; elle finit par se noyer dans la brume du soir.

Terre d'Afrique sur laquelle je viens de mesurer un long itinéraire, je te salue comme une amie qui m'a procuré des moments de douces et pures jouissances, et le vœu que je forme en te disant adieu est de te revoir quelque jour !

J'emporte la conviction que la France a trop longtemps méconnu et rabaissé ses possessions de l'autre rive de la Méditerranée. Des peuples rivaux, jaloux de sa grandeur, après lui avoir ravi au siècle dernier les colonies qu'elle avait fondées, lui ont persuadé que le dur labeur de la colonisation n'était pas fait pour les races vieillies, que les peuples efféminés du Midi n'avaient pas la virilité nécessaire pour aller au delà des mers créer des nations nouvelles à leur image et augmenter d'autant la patrie. Pour son malheur, il s'est trouvé chez elle des hommes politiques, même des économistes, pour accepter ces théories intéressées, pour en étayer leurs systèmes et pour répandre dans le pays ces conceptions décourageantes. Ils ont dit que nous avions assez de peine à nous relever des désastres de 1870, sans aller épuiser nos forces au dehors; qu'avant de songer à fonder des colonies, il fallait reconstituer la France dans son intégrité territoriale, que notre population en décroissance numérique devait s'interdire l'émigration, de crainte d'affaiblir la mère patrie. Et pendant que ces théories désespérantes avaient cours dans la presse et arrivaient presque à convaincre l'esprit public, il se passait à quelques heures de nos ports un phénomène étrange. Une poignée de Français audacieux, qui avaient franchi la mer à la suite de nos armées, parvenaient, à force de courage et de persévérance, à vaincre les difficultés sans nombre d'un établissement en Afrique. Ils triomphaient des entraves créées par une administration maladroite; ils relevaient les ruines de leurs fermes incendiées par les insurrections ; ils domptaient une terre trop longtemps rebelle à leurs efforts et voyaient de riches moissons récompenser leur activité. Les terres en friche se transformaient par la culture ; la fièvre disparaissait devant le travail de l'homme ; des villages s'élevaient de tous côtés et remplaçaient le désert ; des routes, plus tard des chemins de fer, traversaient des contrées sauvages qu'elles ouvraient à la civilisation. Des émigrants de plus en plus nombreux avaient suivi les premiers colons, et l'on constatait, chose étrange, que dans ce pays neuf ils voyaient leur postérité s'augmenter dans des proportions beaucoup plus fortes qu'en France. Le commerce se développait, l'industrie tentait avec succès ses premiers pas.

Une autre France naissait et grandissait aux rayons du soleil d'Afrique, sur la rive méridionale de la Méditerranée. En un demi-siècle, un demi-million de colons européens installés en Algérie et un demi-milliard de commerce créé dans l'ancien repaire des pirates barbaresques, c'est là un résultat indéniable que l'on peut opposer aux détracteurs du génie colonial de la France, sans craindre aucune comparaison avec les pays étrangers. Après l'Algérie, la Tunisie est venue s'ajouter à notre domaine, et les résultats déjà acquis, après trois ans seulement d'occupation, font bien augurer de l'avenir. Le rêve patriotique de Prévost-Paradol, cette vision prophétique par laquelle se termine son admirable livre de la *France Nouvelle* est en train de devenir une réalité.

Les premières difficultés de la colonisation sont aujourd'hui vaincues. L'Afrique française est soumise depuis la Méditerranée jusqu'au désert ; il n'y a plus qu'à marcher résolûment en avant et à continuer l'œuvre si bien commencée. La place ne manque pas pour les travailleurs laborieux et intelligents. Si l'on ne peut pas leur montrer en Afrique un de ce ces eldorados fantastiques dont le mirage trompeur a toujours nui à la colonisation sérieuse, on peut tout au moins leur promettre, s'ils ont la persévérance de leurs devanciers, un accroissement de bien-être et peut-être la fortune au bout de quelques années. Les capitaux nécessaires au développement de toute colonie ne manquent pas dans notre pays ; ils commencent à prendre le chemin de l'Algérie et de la Tunisie, et ils ne le regrettent pas. Quoi qu'on en dise, les hommes susceptibles d'émigrer avec succès s'y trouvent aussi. Il ne s'agit pas de dépeupler la France pour peupler l'Afrique ; il suffit que quelques milliers de cultivateurs aillent chaque année chercher de l'autre côté de la mer l'aisance qui leur manque chez eux. La mère patrie n'en sera pas affaiblie et cette perte peu considérable suffira, par suite de l'excédant toujours croissant des naissances sur les décès, pour constituer un peuple algérien-français, fidèle à la patrie, dont le cœur battra comme le nôtre aux noms sacrés d'Alsace et de Lorraine, qui, le jour venu, pèsera de tout son poids dans la balance des destinées de l'Europe, et qui saura, s'il le faut, donner à la France, sans marchander, son argent et son sang.

Rien n'est fortifiant pour le patriotisme comme le voyage que je viens de faire à travers l'Afrique française. Il est bon parfois d'oublier les tristesses de l'heure présente, de détourner ses regards des divisions politiques et des compétitions de partis pour songer à l'avenir glorieux que réserve à la France républicaine le peuple frère qui se prépare à doubler ses forces dans un avenir prochain. Quoi qu'en puisse dire la jalousie de nos rivaux, une nation n'est pas épuisée par une sénilité précoce, lorsqu'elle met au monde un rejeton aussi vigoureux que l'Algérie. La France n'aura pas à rougir non plus de sa nouvelle-née, la Tunisie, qui est assez fortement constituée, elle aussi, pour lui faire honneur avant qu'il soit longtemps.

FIN.

TABLE DES MATIÈRES

Préface... i

PREMIÈRE PARTIE
ALGER ET LA MITIDJA

CHAPITRE PREMIER

Arrivée nocturne. — Promenade autour d'Alger. — Le Jardin d'*Essai*. — Un lever de soleil sur la place du Gouvernement. — Les mosquées. — Un cimetière musulman................ 5

CHAPITRE II

Promenade dans le Sahel. — Un village indigène. — L'avenir de la race arabe. — Blida. — La question de la sécurité. — La Mitidja en 1830 et en 1884. — Boufarik et son marché. — Un colon... 12

CHAPITRE III

Le vieil Alger. — La ville nouvelle et son avenir.......... 23

DEUXIÈME PARTIE
EN KABYLIE

CHAPITRE PREMIER

Ménerville, une ville à ses débuts. — Le rôle des cantiniers dans la colonisation. — Palestro et la vallée de l'Isser. — La défense de Palestro en 1871. — De Ménerville à Tizi-Ouzou. — La colonisation alsacienne et ses résultats. — Situation de Tizi-Ouzou. — La vallée du Sébaou............................ 27

CHAPITRE II

La route de Fort-National. — Souvenirs de 1857 et de 1871. — Le siége de Fort-National. — Mœurs kabyles. — Un paysage célèbre. — Un village kabyle. — Topographie de la Kabylie.   41

CHAPITRE III

Fort-National et son avenir économique. — Une conférence à dos de mulet sur la constitution kabyle. — Le rôle de la race kabyle dans le développement futur de l'Algérie. — Les écoles en Kabylie. — Aïn-el-Hammam. — Une soirée aux avant-postes de la civilisation... 52

CHAPITRE IV

Nos guides. — Le mariage en Kabylie. — La religion chez les Kabyles. — Le christianisme et les Kabyles. — Le col de Tirourda. — La vallée du Sahel.. 67

TROISIÈME PARTIE
A TRAVERS LE DÉPARTEMENT DE CONSTANTINE

CHAPITRE PREMIER

Akbou et la colonisation dans la vallée du Sahel. — Bougie. — L'Oued-Agrioun et le Chabet-el-Akra. — La petite Kabylie. — Sétif... 77

CHAPITRE II

Les Hauts-Plateaux. — En route pour le Sahara. — Un paysage africain. — La colonisation dans le désert................ 86

CHAPITRE III

A quoi sert le palmier dans le Sahara. — Une oasis. — L'entrée du gouverneur général à Biskra......................... 92

CHAPITRE IV

Une ville française au désert. — Biskra capitale du Sahara français. — Son avenir commercial............................ 99

QUATRIÈME PARTIE

UNE EXCURSION DANS LES MONTS AURÈS

CHAPITRE PREMIER

Géographie physique des monts Aurès. — Les populations primitives de l'Afrique du Nord. — Origine des Zénatas. — Les divers groupes berbères. — Intérêt qu'offrent les Chaouïas pour l'étude de l'ethnographie africaine........................... 107

CHAPITRE II

Histoire de la région des Aurès. — Colonisation romaine. — Conquête des Aurès par le général Salomon. — Les Arabes et leur adversaire Koceila. — La Kahéna et ses luttes contre les envahisseurs. — L'islamisme imposé aux habitants des Aurès. — Révolte de Abou-Yézid. — Apparition des tribus modernes. — La période turque. — La conquête française.............. 124

CHAPITRE III

De Biskra à Mchounech. — Une noce israélite à Biskra. — La lutte du désert contre la montagne. — L'oasis de Drau. — Réception à Mchounech. — Les gorges de l'oued El-Abiod. — Une ancienne guelaa....................................... 139

CHAPITRE IV

Les guelaas de Mchounech. — Des docks en pays chaouïa. — Le judaïsme dans les Aurès. — Un orage. — Paysage d'hiver. — El-Arich. — La maçonnerie et la serrurerie chez les Chaouïas. — Le cimetière des Béni-Bou-Slimann. — Tkout et sa mosquée. — Cheunnaoura.................................... 150

CHAPITRE V

Le col de Teniet-el-Beïda. — Arrivée à El-Adjeudj. — Le caïd des Ouled-Daoud. — Promenade à El-Hammam. — La répression de l'insurrection de 1879. — Découverte de ruines berbères. 165

CHAPITRE VI

En route pour le Chélia. — L'hospitalité d'un Chaouïa. — Traditions relatives à l'histoire du pays. — Le dernier refuge de la Kahéna. — Ce que pense mon hôte du régime civil...... 175

CHAPITRE VII

Une route improvisée. — La plaine de Médina. — Projet du général Saussier. — Difficultés pour trouver un guide. — L'ascension du Chélia.. 184

CHAPITRE VIII

Le versant septentrional des Aurès. — Paysage suisse. — Découverte de monuments mégalithiques. — Le défilé de Foum-Ksantina. — Ichoukkann. — La vallée et le bordj de l'oued Taga. Le drame de 1879................................... 195

CHAPITRE IX

Ce que la France a fait dans les Aurès et ce qui lui reste à accomplir. — Nécessité de l'occupation militaire. — Construction de routes ; aménagement des eaux ; reboisement. — Création d'écoles. — La colonisation dans les Aurès............. 203

CHAPITRE X

De l'oued Taga à Lambèse. — Le pénitencier. — Le Prætorium. — Les thermes. — Le forum et le temple d'Esculape. — L'œuvre de la France en Algérie............................... 217

CINQUIÈME PARTIE

LE LITTORAL CONSTANTINOIS

CHAPITRE PREMIER

De Constantine à Philippeville. — Jemmapes. — La culture de la vigne en Algérie................................. 223

CHAPITRE II

L'expropriation des terres arabes. — Aïn-Mokra et ses mines — Le lac Fetzara. — Bone............................. 228

CHAPITRE III

La route de Bone à la Calle. — Nouveaux villages. — La grande querelle de la colonisation libre et de la colonisation officielle. — Du rôle de l'État dans la colonisation algérienne. — Les smalas de spahis. — Un épisode ignoré de l'insurrection de 1871. — La Calle 235

SIXIÈME PARTIE

CHEZ LES KROUMIRS

CHAPITRE PREMIER

Les Kroumirs ne sont pas des mythes. — Un charmeur de serpents. — Les mines de Kef-Oum — Théboul. — La frontière kroumire. — La campagne de 1881. — Le col de Babouch... 257

CHAPITRE II

Aïn-Draham. — Une ville-camp. — Les transformations de « Coquinville ». — Une excursion au marabout de Sidi-Abdallah. — La foire aux jeunes filles à marier. — Le petit-fils du caïd. — Étude sur l'origine des Kroumirs. — Mœurs kroumires. — Organisation actuelle de la Kroumirie. — La future ville de Tabarque.. 270

CHAPITRE III

A travers la forêt. — Un bataillon en marche. — Fernana. — Entêtement de mes guides. — Le gué de la Medjerda...... 285

CHAPITRE IV

La vallée de la Medjerda. — Souk-el-Arba. — Le chemin de fer tunisien. — Les roses de l'Oued-Zergua. — L'aqueduc romain. — Arrivée à Tunis................................. 290

Coup d'œil rétrospectif........................... 297

PARIS. — TYPOGRAPHIE DE E. PLON, NOURRIT ET Cie, RUE GARANCIÈRE, 8

À LA MÊME LIBRAIRIE

Un printemps sur le Pacifique. — **Îles Hawaï**, par Marcel MONNIER. Un volume in-18, avec gravures et carte spéciale. 4 fr.

Aux Pays du Soudan, *Bogos, Mensah, Souakim*, par DENIS DE RIVOYRE. In-18, avec carte et gravures. 4 fr.

L'Afrique centrale, par le colonel CHAILLÉ-LONG. Traduit de l'anglais. 2ᵉ édition. In-18, carte et gravures. 4 fr.

Une visite à Khiva. Aventures de voyage, par Fred. BURNABY. Traduit de l'anglais. In-18, avec cartes. 4 fr.

Les vrais Arabes et leur pays, par DENIS DE RIVOYRE. Un vol. in-18, avec carte et gravures. Prix 4 fr.

Obock, Mascate, Bouchire, Bassorah, par DENIS DE RIVOYRE. Un vol. in-18, avec carte et gravures. 4 fr.

Mer Rouge et Abyssinie, par DENIS DE RIVOYRE. Un vol. in-18. Prix 3 fr. 50

La France transatlantique : **Le Canada**, par S. CLAPIN. Un vol. in-18, avec cartes et gravures. 4 fr.

Expédition du « Rodgers » à la recherche de la « Jeannette », et retour de l'auteur par la Sibérie, par William H. GILDER, membre de l'expédition, traduit par J. WEST. Un vol. in-18, avec carte et gravures. Prix 4 fr.

La Côte des Esclaves et le Dahomey, par l'abbé Pierre BOUCHE, ancien missionnaire. In-18, avec carte. 4 fr.

Dans les Montagnes Rocheuses, par le baron E. DE MANDAT-GRANCEY. Un vol. in-18, avec dessins de Crafty et carte spéciale. Prix 4 fr.

Ouvrage couronné par l'Académie française, 1886.

En visite chez l'oncle Sam, par le baron E. DE MANDAT-GRANCEY. Un vol. in-18, avec gravures. 4 fr.

Voyages, aventures et captivité de J. Bonnat chez les Achantis. Un vol. in-18, avec carte et gravures. 4 fr.

En Asie centrale : **De Moscou en Bactriane**, par G. BONVALOT. Un vol. in-18, avec carte et grav. 4 fr.

En Asie centrale : **Du Kohistan à la Caspienne**, par G. BONVALOT. Un vol. in-18, avec carte et grav. 4 fr.

Paris. Typographie E. Plon, Nourrit et Cⁱᵉ, rue Garancière, 8.

www.ingramcontent.com/pod-product-compliance
Lightning Source LLC
Chambersburg PA
CBHW060325170426
43202CB00014B/2670